JN123157

三訂

金融経済の基礎

益田安良・浅羽隆史 著

Basic series

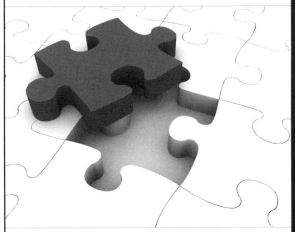

経済法令研究会

は じ め に

　金融市場の自由化以降，銀行等金融ビジネスに携わる方々には，マクロ経済・金融の動向に見識をもつことが従来にも増して求められます。銀行等金融ビジネスにおいては，銀行等の根源的な業務である企業・個人への貸出をはじめ，投資信託，デリバティブズ，保険商品の取扱いなど，金融分野におけるサービスの範囲・手法は拡大と多様化の一途をたどっており，それに伴って関連する諸規制，法制度も，より精緻なものへと姿を変えてきています。同時に顧客がどういった金融サービスを求めているのかを洞察することも極めて重要です。その際，マクロ経済や金融市場の動向，あるいは企業や個人の経済活動のパターンを認識していないと，顧客ニーズにマッチした適切なサービスを提供できません。これが，金融ビジネスに携わる皆様に，マクロ経済や金融構造・金融市場に関する正確な知識・見識をもってほしいと考える理由です。

　このように，今後の金融ビジネスに携わる皆様には，マクロ経済や金融構造・金融市場に関する正確な知識・見識がますます必要不可欠なものとなると考えられます。

　以上のような観点から，銀行業務検定試験「金融経済3級」が毎年6月に実施されています。本書は，この「金融経済3級」試験に備える際の参考書として刊行されました。試験対策としては，「金融経済3級」の問題解説集を活用して過去の出題（いわゆる過去問）を解き，出題内容や出題のポイントを知ることが有効です。しかし，検定試験の本来の狙いは金融・経済に対する知見を身につけることにあります。また，過去問をいくらたくさん解いても，各検定問題の背景にある経済・金融の基本的な仕組みや諸制度，経済・市場動向を理解していなければ，試験の合格も容易ではないでしょう。

　本書は，そうした金融・経済に関する知見を養う第一歩となる基礎的な枠組み，仕組み，諸制度，そして近年の経済・金融市場の動向のエッセンスを書き下ろしたものです。本書に盛り込まれた項目は，検定試験の出題範囲と一致する部分が多いので，本書の内容を理解することで自信をもって試験に

臨み，合格への最短の道を登ることができるでしょう。いわば，「急がば回れ」です。

　手前味噌になりますが，本書の２名の執筆者は，ここ20年間は大学教授として経済・金融を教える立場に転じましたが，2002年頃までは，都市銀行，あるいは銀行系シンクタンクにて長年にわたり調査・研究業務に携わっていました。その間，銀行業務はもちろん行内の研修や検定試験にも度々関わり，銀行本部の諸部門や支店，関連会社と頻繁に交流をもってきました。したがって，僭越ながら，金融機関にお勤めの方々がどのような知識と見識を備えなければいけないか，についても一定の考えを持っています。筆者たちは，そうした想いを込めて，金融・経済に関して金融機関に勤務する方々に伝えたいことを書き記しました。

　第１編では，「金融」に関し，基本構造，市場・商品の体系，日銀の金融政策，各金融機関の位置づけ，国際金融の捉え方，金融のリスク管理とプルーデンス政策，等を解説しています。

　第２編では，「経済」に関し，経済成長と景気の動向，労働市場と社会保障制度，国際経済の見方と動向，等を解説しています。

　第３編では，なかなかわかり難い「財政」に関し，予算制度，主な歳出項目の動向，財政投融資，地方財政の仕組み，等を解説しています。

　なお，本書出版の際には，経済法令研究会・出版事業部の西牟田隼人氏，横山裕一郎氏及び北脇美保氏（現銀行業務検定協会）に，ひとかたならぬお世話になりました。企画・構想段階から頭をひねっていただき，編集段階では様々な事実確認にご尽力をいただきました。ここに，謝意を表したいと思います。

　読者の方々が本書を精読し，検定試験に合格されることはもちろん，金融ビジネスの発展に資する実務の糧となれば，筆者としてこれ以上の喜びはありません。

　2021年2月

益田安良，浅羽隆史

目　次

第1編 金融

総　　論

●金融の役割

　金融とは「マネー（通貨）を融通する」ということですから，金銭の貸借を意味します。モノやサービスの購入・販売，賃金や税金の支払いなどの経済行為には，必ず金銭の支払いが伴います。金銭の支払いにあたっては，現金を授受することもありますが，預金などで決済することのほうが一般的となっています。あるいは有価証券の授受で行われることもあり，このように様々な金融資産の授受によって金銭の支払いがなされます。この金融資産の授受においては，何らかの貸借関係が生じます。例えば，消費者が商品を購入すれば，家計の資産にその商品が加わり，家計の現金や預金が減少します。企業が従業員に賃金を支払えば，企業の預金が減少し家計の預金が増えます。すなわち，消費や分配といった実体経済の活動により，家計・企業・政府・海外部門のいずれかのバランスシート（資産・負債など）が変化します。このため，金融は消費・生産・分配といった実体経済と表裏の関係にあるといわれます。

　バランスシートの変化を横から眺め，資金の流れを捉えたものが資金循環（マネーフロー）です。このため，すべての実体経済の変化は，マネーフローの変化を伴います。これがマネーフローが「経済の血液」といわれる所以です。血液が流れなければ，栄養分も酸素も体の隅々まで届きません。

　マネーフローの見方については，第1章で述べますが，これは金融動向のみならず，第2編で述べる実体経済を裏側からみる際にも大変重要です。

　また，実体経済とは離れた純粋な金融取引も盛んになされ，これもマネーフローに変化をもたらします。例えば，個人が預金を取り崩して株式を購入すれば，実体経済における貯蓄額は変わりませんが，カネの流れは変化します。近年は，この純粋な金融取引が実体経済取引よりも急激に膨張しており，こうした状況を「マネー経済化」とよんでいます。金融動向をみる際には，

実体経済との関連をもつものか，純粋な金融取引によるマネーゲームによるものかを，極力峻別して捉える必要があります。

　マネーフローは，企業や家計などのいずれかのバランスシートの変化を伴い，その際に必ず決済が生じます。例えば，消費者が商品を購入しクレジットカードで支払えば，カード会社との間に貸借が生じ，後にカード会社からの請求に基づき消費者の預金口座から代金が決済されます。このように各主体のバランスシートに影響する金融行為を決済とよび，これは「経済の呼吸」にたとえることができます。血液の流れによって酸素や栄養分を運ぶ原動力になっているという意味です。決済が滞ると，呼吸停止と同様，経済活動は停止します。これが，銀行預金などの決済性金融商品に預金保険が付され，銀行に公的資金を注入する根拠となっています。

●直接金融と間接金融

　経済全体のマネーフローは，その形態によって間接金融，直接金融に区分されます。間接金融とは，最終的な資金の出し手（供給者）と資金の取り手（需要者）が，金融仲介機関を通じて資金を運用・調達する形態です。銀行預金を原資に銀行が企業に融資をする形態が典型的です。

　これに対し直接金融とは，最終的な資金の出し手（供給者）が直接，資金の取り手（需要者）の発行する証券に投資する形態です。日本では，間接金融の比率が欧米諸国に比べ高く（詳細は第1章），この構造を是正するために1996年には「日本版金融ビッグバン」が実施されました（詳細は第7章）。しかし，直接金融の拡充は目論みどおり進まず，21世紀になるとより現実的な策として市場型間接金融の育成が進められました。元来，直接金融の大半は証券市場でなされ，間接金融の大半は相対（あいたい）型の銀行取引でなされますが，金融仲介機関が介在しつつ証券市場に資金を投下するという形態が市場型間接金融です。銀行の貸出債権の証券化や証券投資信託によるマネーフローが代表例であり，市場型間接金融を促進することでも，証券市場

の拡充を図り得ると考えられます。

　なお，日本では長年にわたり間接金融依存からの脱却が求められてきましたが，元来，間接金融は直接金融に劣るわけではありません。イノベーションを誘発するには直接金融の力が必要ですが，経済の安定化のためには間接金融は重要な役割を果たします。このように2つの金融形態には一長一短があるので，車の両輪としてどちらともしっかり育てることが重要です。

●金融論の体系

　金融論とは，金融資産や金銭の貸借（すなわちマネーフロー）を，様々な側面から考える学問分野です。そのなかには，①金融政策論（中央銀行の市場調節に関する考察），②金融システム論（金融制度，構造，金融機関等に関する考察），③ファイナンス論（企業の資金調達，投資家の資産選択，デリバティブズ等に関する考察），④国際金融論（世界の通貨制度，為替レート，国際投資，開発金融等に関する考察）といった分野があります。

　①金融政策を理解するには，日本銀行の実際の政策・制度に関する知識に加え，マクロ経済学の理解，景気変動をみる眼が必要です。本編第4章と第2編をマスターして研鑽を積んでください。②金融システムについては，第5・7章にそのエッセンスを述べたほか，第1～3章にも関連事項を記しています。③ファイナンス論については，第2章の債券市場，貸出市場，株式市場，第3章のデリバティブズに関連の説明がありますが，この分野を探求するには，ファイナンス論あるいは企業金融論といった書籍を別途読破する必要がありましょう。④国際金融論については，第6章に詳述しています。

　金融は，経済理論や金融理論のみならず，法制度や仕組みに関する最低限の知識がないと理解できません。また，金融市場や金融政策については，金利，株価，為替レートの変動に関する理論のみならず，現実の市場の構造や経済指標，景気変動に関する知識も必要となります。このように広範な知識を必要としますので，本書をベースとして地道に勉強してください。

第1章
金融構造の特色と経済主体

Introduction

　この章では，金融の基本構造を示す，「資金循環」について学びます。金融の本質は金銭の貸借です。そして2時点の貸借残高（バランスシート）の増減（フロー）を捉える統計が資金循環（マネーフロー）です。日本銀行は，四半期ごとに，主要部門の期末の金融資産・負債残高と，その間の変化（フロー）を『資金循環統計』として発表しています。この統計により，家計，企業といった各経済部門の財務状況と，資金調達・運用の状況がわかります。それらは，消費や投資などの実体経済の活動と密接に結びついており，金融機関のマーケティング戦略や，営業活動の方向を考える際にも有用です。資金循環の仕組みと，その意味，そして統計の見方をマスターしてください。

1. 資金循環統計

(1) 指標の骨格と見方

a 資金循環統計の骨格

　資金循環統計は，日本でなされた金融取引と，その結果としての金融資産・負債を，金融商品別に，また家計・企業・政府といった経済主体ごとに記録した統計です。日本銀行の調査統計局が，1954年から作成しており，毎四半期（約3ヵ月）ごとに発表されます。各経済主体を列，金融商品別の金融資産・負債あるいは取引額を行とする表（マトリックス）で示すので，日本全体の資金の流れだけでなく，各主体の金融商品別の取引の詳細も把握できます。金融取引表（フロー表）と金融資産・負債残高表（ストック表）があり，前者は各主体の金融取引額（資金調達・運用）を示し，後者は取引の結果として保有される資産・負債の残高を示します。

　各金融商品の取引額（フロー）と資産・負債残高（ストック）は次のような関係にあります。

> 当期の資産残高＝前期末資産残高＋期中のフローの純運用額（金融資産購入－売却）＋資産価格上昇金額
>
> 当期の負債残高＝前期末負債残高＋期中のフローの純調達額（資産調達額－返済額）＋負債価格上昇金額

　なお，資金循環統計では各経済主体のことを部門とよびます。

b 実体経済との関係

　また，資金循環は，直接的には金融市場での資金の流れを示しますが，実体経済とも密接な関係にあります。各主体の資金過不足は，その主体の貯蓄投資差額と，概念上で一致します。ここでいう貯蓄は可処分所得（総所得か

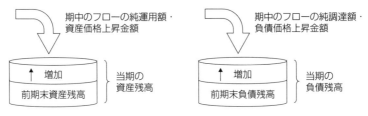

▶図表1-1　資金循環統計におけるフロー（運用・調達）と
　　　　　　ストック（資産・負債）の関係

ら税などの公的負担を引いた額）と消費の差額です。民間主体は，SNA
（United Nations System of National Accounts，国民経済計算。国全体の各
主体の所得・支出・生産を総合的に記した統計）上は貯蓄から設備投資や住
宅投資を行うと考え，各主体の貯蓄投資差額（貯蓄－投資）が，最終的な各
主体の余剰資金となると考えます。そして余剰資金は，資金循環上の金融資
産増加（資金運用増加額）と負債増加（資金調達額）の差額と一致します。

　貯蓄投資差額と資金余剰は，概念上は以下のような関係にあります。

> 貯蓄投資差額＝貯蓄額－投資額（固定資産形成＋在庫投資）
> 　　　　　　　＝資金余剰＝資金運用増加額－資金調達額

　すなわち，各主体について，「SNA上の貯蓄超過＝資金循環統計上の資金
余剰」という関係がみられます[1]。

　このため，資金循環統計は，直接的には金融市場での資金の流れを示し，
同時に実体経済での所得，消費，貯蓄，設備投資，在庫投資，住宅投資等の
状況を反映しているのです。資金循環統計の部門別の資金過不足の説明に際
し，金融商品の運用・調達の変化だけでなく，資金や設備投資などの動向で
説明されることがあるのは，こうした理由によるのです。

---

1)　ただし，実体経済の所得・支出を捉えるSNAと資金循環統計は統計のベースが異なるので，両
　　者の金額は実際には一致しない。

(2)　部門別資金過不足(フロー)

　図表1-2は，年ベースの部門別資金過不足を時系列でグラフにしたもの
です。家計は恒常的に資金余剰，一般政府は恒常的に資金不足となっていま
す。民間非金融法人企業（企業部門）は，本来は資金不足になるのが健全で
す。しかし，2007〜19年度の日本では，設備投資が低調なこと，金融面では
債務の返済が続いていることから，企業も資金余剰となっています。海外部
門の資金不足は，国内部門全体の資金余剰と同じ意味であり，これは日本が
経常収支の黒字（金融収支の資本流出超過・純資産増加）をもつことに対応
しています。海外部門の資金不足と経常収支黒字は，統計的には一致しませ
んが，大きな方向性は一致します。近年は経常収支黒字の縮小に伴い，海外
部門の資金不足も縮小し，四半期ベースでは時折資金余剰に転ずることもあ
ります。

(3)　部門別金融資産・負債残高(ストック)

　また，図表1-3の金融資産・負債残高表（ストック表）は，日本全体や

▶図表1-2　日本の主要部門の資金過不足(年度，兆円)

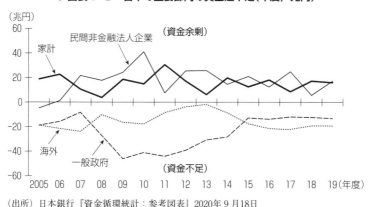

(出所) 日本銀行『資金循環統計：参考図表』2020年9月18日

▶図表1-3　日本の部門別の金融資産・負債残高（2020年6月末，兆円）

<国内非金融部門>　　　　　　<金融機関>　　　　　　<国内非金融部門>

負債（資金調達）　　　　　資産　　　負債　　　　　資産（資金運用）

家計 (345) (自営業者を含む)	
借入	329
その他	16

預金取扱機関 (銀行等、合同運用信託)			
貸出	865	預金	1,589
証券	421		
		証券	70

家計 (1,883) (自営業者を含む)	
現金・預金	1,031
証券	267
保険・年金 ・定型保証	528
その他	56

民間非金融 (1,697) 法人企業	
借入	454
証券	976
(うち上場株式	552)
その他	267

保険・年金基金			
貸出	45	保険・年金 ・定型保証	532
証券	385		

民間非金融 (1,185) 法人企業	
現金・預金	308
証券	394
その他	484

一般政府 (1,361) 中央政府、地方公共 団体、社会保障基金	
借入	154
証券	1,159
その他	48

その他の金融機関 証券投資信託、ノンバンク、公的金融機関、公的専属金融機関、ディーラー・ブローカー			
貸出	524	財政融資 資金預託金	27
		借入	287
証券	155	証券	506

一般政府 (648) 中央政府、地方公共 団体、社会保障基金	
財政融資 資金預託金	20
証券	226
その他	402

<海外>　資産　　　　　　　　　　　　　<海外>　負債

海外 (740) (本邦対外債務)	
証券	404
貸出	213
その他	123

中央銀行			
貸出	91	現金	118
証券	569	日銀預け金	447

海外 (1,125) (本邦対外債権)	
証券	642
借入	169
その他	314

（出所）日本銀行『資金循環統計：参考図表』2020年9月18日

各部門の金融構造を示します。「1,800兆円に上る家計の金融資産」といった表現がしばしば用いられますが，これはこの金融資産・負債残高表を根拠にしています。また，日本の金融構造の特徴として，銀行等の金融仲介機関を介する「間接金融[2]の比率が高い」としばしば指摘されますが，これも家計資産における預貯金の比率の高さや，企業の負債における借入の比率の高さを根拠としています。

　さらに，資金循環統計では，部門別・金融商品別に資産・負債が記されていますので，部門間の貸借関係を把握することができます。例えば，日本の国債を誰が保有しているかを知りたければ，「国債・財融債」という取引項目に沿って，各部門の資産の欄の金額をみれば，それぞれの主体の保有額がわかり，それらの合計が一般政府の負債の欄の国債・財投債の金額と一致することがわかります。

---

[2]　これに対し，資金調達者が発行する証券を，資金の出し手（投資家）が金融機関を介さずに保有する資金の流れを「直接金融」とよぶ。

2．金融機関

(1)　役割と全体感

　金融の本質であるマネーフローに直接・間接に関わり，それを業とするものが金融機関です。金融機関には，個人等から預金他を受け入れ，企業等に貸出他を行うことによってマネーフローの仲立ちをする「金融仲介機関」と，企業等の証券発行や証券売買の代行といった金融仲介を側面から補助する「非金融仲介型機関」があります。前者の代表は銀行や信用金庫，保険会社であり，後者の代表は証券会社です。

　個人や企業から資金を預かったり，資金を供給したりして資金循環（マネーフロー）に直接関わるのは，前者の金融仲介機関です。特に銀行や信用金庫など預金によって資金を調達する預金取扱金融機関は，マネーフローの中核に位置しているといえましょう。また，預金は，経済活動に不可欠な決済機能を提供すること，金融機関の与信を通じて信用創造（本編第4章参照）を担うこととあわせて，経済システムにとって重要な役割を果たしており，預金を受け入れる預金取扱金融機関は，公的な使命を負っているといってよいでしょう。これが，本編第7章で述べるとおり，預金保護のための公的な枠組みが重要となる理由となっています。

　他方で，近年の金融市場は，預金・貸出の間接金融よりも，証券市場の重要性が高まっています。また，日本では間接金融の比率が高すぎるため，今後は直接金融，あるいは証券投資信託を重視する市場型間接金融の拡充が求められています。そうした点では資金循環に記入されない証券会社等の非金融仲介型機関の役割が重要になっています。

⑵　資産・負債構成

a　資産・負債構成の見方と各金融組織の特徴

　金融（仲介）機関は，自身のバランスシートの負債として預金などの形態で資金を受け入れ，資産として企業などへの貸出や証券投資を行っています。このため，資金循環統計の金融仲介機関の資産・負債の変化をみると，日本の間接金融の動向（すなわち間接金融を通じたマネーフローの活発さ）と同時に，金融機関の活動状況がわかります。

　日本の金融仲介機関の資産・負債の構成（2020年6月末）をみると，預金取扱金融機関は，負債側では1,589兆円の預金を受け入れ，70兆円を証券（社債等）で調達し，貸出を865兆円，証券投資を421兆円行っています。銀行等では，預金のうちどれだけを貸出に回したかを預貸率（貸出残高／預金残高）という指標で示し，これが銀行等の収益力や与信発掘力を示すとされています。預金取扱金融機関では，2020年7月平残の預貸率は56％です（日本銀行『貸出・預金動向』）。この比率は100％である必要はありませんが，70％を下回るようだと，銀行等が貸出を十分にできていないことになります。

　また，保険・年金基金は保険料などを保険・年金・定型保証（2020年6月末532兆円）として負債に計上し，これを原資に運用します。国内での運用の大半は証券投資（2020年3月末385兆円）です。その他の金融機関（ノンバンク金融など）は，社債等の証券（506兆円）と借入等によって調達した資金を，主に貸出（524兆円）で運用しています。このように，金融機関の資金調達（負債）・運用（資産）の構成は，業態によってかなり異なります。本編第5章で述べる金融組織の性格とあわせて，理解してください。

b　金融（仲介）機関の貸出・証券投資の長期推移

　金融（仲介）機関の運用の中心である貸出残高の伸びの推移をみると，1990年代のバブル崩壊以降長期的に停滞し，2005〜2006年頃には一時的に増加しましたが，その後リーマン・ショックを受けて急落し2011年半ばまで減

少（新規借入よりも返済のほうが多い状況）が続きました（図表1−4）。その原因としては，1990年代末頃には，自己資本比率の維持（詳細は本編第7章2節参照）・向上のために貸出を圧縮するいわゆる「貸し渋り」が生じていた可能性がありますが，21世紀に入ってからの貸出低迷は，主に中小企業の資金需要の低迷，金融機関の過当競争とゼロ金利政策の長期化を背景とする貸出採算の悪化，が主な原因であると考えられます。

　2013年には，景気回復や大胆な量的金融緩和等を受け，金融機関の貸出残高は回復しましたが，内訳をみると増加分の半分程度を海外向け貸出が占めています（図表1−4）。これは，国内の企業・家計の資金需要が限られるなかで，金融機関が余剰資金を海外に振り向けるしかなかったことを示しています。また，2020年には新型コロナウイルス感染拡大（以下「コロナ禍」という）に伴う経済打撃に対応して，実質ゼロ金利での民間非金融法人向けの貸付が急増しましたが，これもコロナ禍が収まれば再び停滞すると予想されます。

　他方でこの間，金融仲介機関，特に預金取扱金融機関の証券投資は旺盛でした。金融仲介機関の証券投資は1990年代末から，貸出の低迷に呼応するよ

▶図表1−4　日本の民間金融機関の貸出残高の伸びと内訳の寄与度(%)

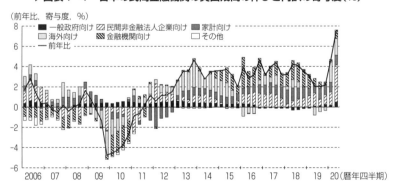

（注）　1．貸出残高の前年比増減率と貸出の内訳別寄与度。
　　　　2．「その他」は，公的非金融法人企業向け，対家計民間非営利団体向けの合計。
（出所）日本銀行『資金循環統計：参考図表』2020年9月18日

うに拡大し，その後もサブプライム・ローン問題，リーマン・ショック（2006
〜2008年）時を除き旺盛でした。証券投資のうち国債への投資は，2016年頃
までは巨額に上り，国債残高に占める預金取扱金融機関の保有比率は40％以
上に上っていましたが，マイナス金利政策の導入以降は金融機関による国債
保有は下火になっています。2020年6月末の国債残高（含む国庫短期証券，
財投債）1,170兆円のうち，預金取扱金融機関の保有分は164兆円（国債残高
の14％）にまで縮小しました。預金取扱金融機関は，なかなか国内貸出を本
格的に拡大できないなかで運用先の中心であった国債運用も縮小し，運用先
に窮している状況にあることがうかがえます。

3. 家 計

(1) 家計の金融行動の背景

a 家計の金融行動

　家計は，勤労などで得た所得（Income）から税金等を支払った後の可処分所得（Disposable Income）で消費（Consumption）を行い，残った金額が貯蓄（Savings）となります。経済学では，この貯蓄の蓄積と借入（住宅ローンなど）を原資として，住宅取得・建設などの住宅投資（Housing Investment）を行うと考えます。このように家計は，貯蓄，住宅借入の際に金融市場との関わりをもつことになります。

　家計（個人）にとって，住宅取得・建設の際の住宅ローンなどの借入は，人生における最も重要な行為の1つであり，多くの家計は住宅ローン以外に債務を負うことは少ないでしょう。また，金額も家計にとっては高額です。しかし，経済全体を均すと，家計の住宅借入は，金融資産1,883兆円（2020年6月末）に比べてかなり小さい192兆円です。負債全体でも329兆円ですので，家計は1,538兆円という大きな純資産（資産−負債）を抱えています。これは先述の部門別資金過不足（フロー）において，家計が恒常的に資金余剰であることと符合しています。こうした背景から，家計は経済全体において資金供給主体として位置づけられます。

b 家計と経済情勢，金利およびライフサイクルとの関連

　家計の資金供給の源泉である「貯蓄（経済学上の意味)」は，「可処分所得−消費」ですので，所得の増減と消費の増減で決まります。いずれも経済（景気）情勢の影響を受けますが，同時に，金利水準やライフサイクルなどの影響も多く受けます。一般に，所得が増えれば消費よりも貯蓄が増え，金利が高くなれば消費が減り貯蓄が増えますので，貯蓄率（貯蓄／可処分所

得）が上昇します。

　また，ライフサイクルとの関係では，一般に世帯主が20歳代の家計では貯蓄はほぼゼロであり，30〜40歳代には住宅ローンなどにより負債が金融資産を上回る家計が多く，40歳代後半から50歳代にかけては所得の上昇と退職金等により債務の返済が終わり貯蓄の蓄積が進む傾向があります。また，60歳代以降は，収入が年金などに限られるため，貯蓄率が低下する，あるいはマイナスとなる（資産を取り崩す）家計が多いです。こうしたライフサイクルは，就業形態や家計形態，結婚・出産行動，年金支給開始年齢・定年の変化により，多様化してきていますが，今でも一般的な傾向を示していると考えられます。金融機関の個人金融におけるマーケティング（営業）戦略，商品設定においては，こうした家計の貯蓄行動，ライフサイクルとの関連をも考える必要があります。

⑵　資産・負債構成

　家計の金融資産残高は，日本銀行の『資金循環統計』が発表される3ヵ月ごとに新聞記事で紹介されるなど，一般に流布される数字です。家計の金融資産全体の残高は，長期的に増加傾向にあり（図表1-5），2020年6月末には1,883兆円にのぼっています。この数値は，家計の金融資産運用の積み増し（新規運用額−解約・売却額）によって増加しますが，株式や投資信託などは保有金融資産の価格上昇（値上がり）によっても増加します。1980年代後半のバブル期や2003〜2006年度，2013・2014年度には，株価の上昇により家計の金融資産残高は増加しました。

　2020年6月末の家計の金融資産の内訳をみると，現金・預金が1,031兆円と金融資産全体の55％を占めています。保険・年金・定型保証は528兆円（同28％）であり，両者を足すと金融資産の83％が金融仲介機関を通じたマネーフローである間接金融であることがわかります。

　こうした間接金融優位の金融構造を是正し，証券市場を用いる直接金融，

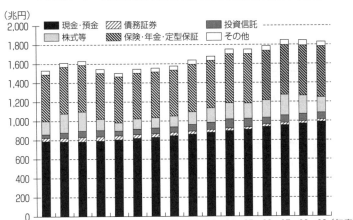

▶図表1-5　日本の家計の金融資産残高の内訳（年度末，兆円）

（出所）日本銀行『資金循環統計：参考図表』2020年9月18日

あるいは市場型間接金融を拡充しようという問題意識から，1990年代より金融ビッグバンなどの様々な改革・規制緩和がなされてきました。しかし皮肉なことに，家計の金融資産残高に占める現金・預金，保険・年金・定型保証の比率は上昇傾向にあります。

4. 企　業

(1)　資金の調達方法

a　企業の金融活動

　金融機関以外の事業法人（以下「企業」という）にとって，最も重要な金融活動は，資金調達です。もちろん，どんな企業も，資金決済や当座の支払いのために流動性預金（当座預金など）を保有します。また，内部留保が潤沢で財務状況が優れた企業は，「無借金経営」「純預金先」といった言葉に象徴されるとおり，債務を負っていないこともあります。

　しかし，通常のビジネスにおいては，生産活動の前にまず原材料の仕入れや従業員雇用のための資金が必要であり，何ヵ月も後に商品・サービスを販売し，売掛金を回収して初めて資金が入ります。そこには，自ずと資金需要が生じ，運転資金を外部から調達する必要が生じます。また，本社ビル，店舗，事務所や工場，機械などの設備がなければ生産活動はできません。製造業はもちろん，サービス業でも最低限の事務所などが必要です。設備が売上，ひいてはキャッシュを生むのはずいぶん先ですので，最初に設備を購入・建設する際の資金は，基本的には外部資金調達によることになります。こうしたことから，企業は，ストック面では基本的に金融資産よりも多くの負債をもちます。フローにおいても，先述のとおり，民間非金融法人企業は本来ならば資金不足になるのが健全です（ただし現実には，近年の日本では設備投資が低調なこと，債務の返済が続いていることから，企業も資金余剰となっている）。

　このため，企業の金融活動を論ずる際には，企業の資金調達がどうあるべきか，どの方法で資金を調達すべきか，が最大の関心事項となります。

b　資金調達手段の区分

　企業の資金調達手段とは，まず大きく内部資金と外部資金に分けられます（図表1-6）。内部資金は，内部留保，減価償却費，引当金からなり，これらは企業会計上の概念として企業内部で資金が手当てされるだけであり，実際にはカネは動きません。一方，外部資金は，実際にその企業の外から資金が入ってくるものです。外部資金には，自己資本（株主資本）に属する株式と，社債，CP，借入，企業間信用などの他人資本があります。この自己資本・他人資本の分類は企業会計上の分類であり，外部から資金を調達する点では株式も債券も同様です。また，外部資金のなかで株式に関連する増資，転換社債，ワラント付き社債をエクイティ・ファイナンスとよび，普通社債のデット・ファイナンスと区別します（詳細は本編第2章2・4節参照）。また，同じデット・ファイナンス内でも，証券市場での調達である社債と，銀行等からの借入では，金融の形態が全く異なります。

c　資金調達手段の選択

　このような様々な資金調達手段のうち何を用いればよいかは，一概にはいえません。しかし一般的には，企業はコストの低いほうから調達手段を選択

▶図表1-6　企業の資金調達手段の体系

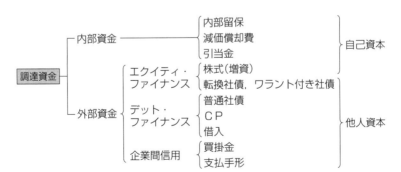

するため，情報の非対称性[3]の小さい金融手段から選択されることになると考えられます。通常は，内部留保が情報の非対称性が少なく，コストもないことから，内部留保が潤沢なうちは外部資金を取り込むことはしません。外部資金のなかでは，通常は，親密な銀行等とは情報の非対称性が少ないため，銀行等からの借入がまず選択され，それでも資金が不足するならば証券市場での調達を行うと考えられます。また，利子を法人税における費用に計上することによる節税効果から，優良黒字企業は株式での調達よりもデット・ファイナンスを優先する傾向もあります。

　なお，中小企業にとっては，社債など証券市場での資金調達は，固定費が高いこと，規模の不利益があることなどから困難であり，実態的には多くを金融機関からの借入に頼ることになります。

　金融機関の企業担当者は，こうした企業の経営状態や信用力，規模，および資金使途等をみて適切な資金調達手段を企業に提案する必要があります。また，企業の設備投資計画や運転資金の繁閑（季節性）などを把握して資金ニーズを的確に把握しておく必要があります。

⑵　資産・負債構成

　企業（民間非金融法人）の2020年6月末の金融負債残高（含む株式調達）は969兆円であり，金融資産（現金・預金，証券資産）の702兆円の約1.4倍にあたります。負債残高は1990年代後半から減少傾向を示していましたが，2010年に底を漸増傾向にある（図表1-7）。企業が経済の低迷や金融システムの動揺のなかで，財務リストラの一環として債務の返済を進め，その後も負債の拡大に慎重な姿勢を続けていることがうかがえます。

　負債の構成としては，借入が457兆円（2020年3月末）と47％を占めます。

---

3)　資金の出し手は，資金調達者の情報を調達者ほどもっていないということ。あるいは，その出し手・調達者間の情報の格差をいう。もともとは，通常の売買において，買い手は売り手ほど，その商品の情報を有していないことを指す。

▶図表1-7　日本の民間非金融法人の負債の内訳(年度末, 兆円)

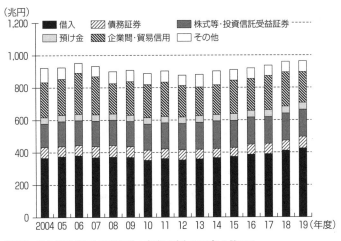

(出所) 日本銀行『資金循環統計：参考図表』2020年9月18日

この比率は，以前よりは低下しましたが，依然として国際的には極めて高く，これが家計の金融資産に占める預金の比率の高さとともに，日本の金融構造における間接金融優位の論拠としてしばしば指摘されます。

コラム／インフレ・ターゲティング

具体的なインフレ率（物価上昇率）を目標として掲げ，その達成のために自動的に金融調節を行う金融政策の方式を「インフレ・ターゲティング」といいます。イギリスや英連邦諸国の多くでとりいれられ，日本銀行も，この方式の導入を強く主張していた黒田東彦総裁・岩田規久男副総裁への交代直前の2013年1月に，白川方明総裁の下で「消費者物価前年比上昇率を＋2％とする」との目標を導入しました。

いずれの国でも，物価の安定は金融政策の最終目標ですが，物価安定を直接達成するよりも，マネーストックの伸び等を中間目標として掲げ，これを達成するためにマネタリーベースや政策誘導金利を裁量的に調整するというのが，1980年代までは金融政策の主流でした。しかし，マネーストックと景気・物価の関係が不明確であることから，インフレ率自体に目標を設定するほうがより透明であるという議論が高まりました。また，インフレ率目標達成のために自動的に金融調整を行うことにより，中央銀行の政策の政府（政治）からの独立性を強化できる，という利点も強調され，イギリスなどが，インフレ・ターゲティングを導入しました。

しかし，インフレ・ターゲティングは，主に「インフレを未然に予防するために有効である」と考えられています。1990年代からデフレが続いている日本では，インフレ・ターゲティングは十分に力を発揮しないと多くの論者は考えてきました。こうしたなかで2013年に日本銀行が大胆な量的金融緩和を進めつつ，「＋2％のインフレ率目標」を掲げたのは，目標設定により期待物価上昇率を高め実質金利の低下を図る狙いがあったようです。

期待インフレ率を測る代表的な指標であるBEI（Break Even Inflation Rate，固定利付き国債と物価連動国債の流通利回りの差，財務省が毎月Webサイトで公表）をみると，日本の期待インフレ率は2012年3月頃にプラスに転じ，2013年初から日本銀行の異次元緩和導入を受けて高まり2014年半ばには1.4％程度となりました。しかし，2014年半ば以降は低下傾向が続いています。さらに，2016年2月のマイナス金利導入以降は，期待インフレ率は0％近くに低下し，以後低水準で推移しています。期待インフレ率を高めるために実施した異次元緩和政策が，かえってインフレ期待を弱める皮肉な結果となっています。

インフレ率目標の成果は，残念ながら発揮されていないようです。

（本コラムは第1編第4章に関連）

第 2 章
金 融 市 場

Introduction

　金融の基本である貸借が実際になされる場が「金融市場」です。金融市場には，企業・政府・個人・海外部門が参加し，その多くに金融機関が介在します。市場は，貸借期間の長さに応じて，期間1年未満の短期金融市場と，1年以上の長期金融市場に分けることが通例です。また，資金の出し手（貸し手）と取り手（借り手）が1対1で取引をする相対市場，不特定多数の貸し手・借り手が一同に情報を共有して取引をする公開市場があります。さらに，証券市場，商品市場，貸出市場，銀行間市場など，取引対象，目的や参加者の違いによる分類もあります。そしてそれぞれの市場に，それぞれ異なる金利があります。それぞれの市場の性格と，参加者の違い等を意識して観察してください。

1. 短期金融市場

(1) 短期金融市場とは

　短期金融市場とは，貸借期間が1年未満の金融取引を行う市場です。これに対し，貸借関係が1年以上の貸借期間の場合，長期金融市場とよびます。このような長短の区分は絶対的なものではありませんが，短期金利と長期金利が物価上昇率等の影響を受けながら整合的に決まるため，両市場を分けて考えます（詳細は本編第4章参照）。

　短期金融市場はインターバンク（銀行間）市場，長期金融市場は国債など債券市場が代表的ですが，銀行間市場にも債券市場にも，また，貸出市場にも，短期市場と長期市場があります。なお，株式は，投資の際に保有期間を予め定めませんので，短期・長期の区分はありません。

　ここでは，短期金融市場の代表例として，マネーマーケットをとり上げます。マネーマーケットは，取引期間が1年未満の金融市場であり，預金取扱金融機関，証券会社，保険会社，事業法人，政府（国・地方自治体）などが参加します。本編第4章で述べる中央銀行の金融政策は，このマネーマーケットでの資金需給を操作することを通じて短期金利をコントロールするため，金融市場全体，あるいは金利体系のアンカー（碇）の役割を果たします。マネーマーケットは，多くの金融機関などが資金の貸借を頻繁に行う市場ですが，株式のように取引所があるわけではなく金融機関間のオンライン取引等で成り立っていますので，その実像がみえにくい面があります。

　マネーマーケットは，参加者が預金取扱金融機関と証券会社に限られるインターバンク（銀行間）市場と，金融機関以外の一般の事業法人なども参加するオープン市場とから成ります。

⑵ インターバンク市場

　インターバンク市場のうち，取引期間が最も短いのがコール市場です。コール市場とは，預金取扱金融機関が一時的な資金の過不足を調整するために貸借を行う場です。"money at call"（呼べばすぐに戻る）が語源であり，資金の放出をコールローン，資金の調達はコールマネーとよびます。伝統的に，資金余剰をもつ地方銀行，信託銀行，農林中金が資金の出し手，資金が不足がちな都市銀行，外国銀行，証券会社が資金の取り手とされてきました。しかし，近年は都市銀行などでも預貸率が低下し（貸出が低迷し），日本銀行が量的金融緩和の下で債券の買いオペレーションを行い銀行に潤沢な流動性を提供しているため，こうした伝統的な資金の出し手・取り手の構図は当てはまらなくなっています。これを受け，残高も1990年代後半から減少傾向となり停滞気味です（図表1-8）。

▶図表1-8　マネーマーケットの市場規模

（単位：兆円，%）

	1980年末	構成比	1990年末	構成比	2000年末	構成比	2010年末	構成比	2015年末	構成比	2019年末	構成比
インターバンク市場	9.9	58.9	41.1	42.5	22.9	12.7	15.9	6.9	19.3	8.1	6.9	2.3
コール市場	4.1	24.7	24.0	24.8	22.9	12.7	15.9	6.9	19.3	8.1	6.9	2.3
手形売買市場	5.7	34.2	17.1	17.7	0.0		0.0		0.0		0.0	
オープン市場	6.9	41.1	55.6	57.5	157.1	87.3	213.2	93.1	219.7	91.9	293.2	97.7
公社債現先・レポ	4.5	26.8	6.6	6.8	22.4	12.5	12.3	5.4	30.4	12.7	144.4	48.1
譲渡性預金（CD）	2.4	14.3	18.9	19.5	38.5	21.4	35.1	15.3	48.5	20.3	33.5	11.2
国内CP					22.6	12.6	15.6	6.8	16.4	6.9	20.5	6.8
国庫短期証券（T-Bill）							150.1	65.5	124.4	52.1	94.9	31.6
政府短期証券（FB）	0.0	0.0	22.5	23.3	40.2	22.3						
割引短期国債（TB）			7.6	7.9	33.4	18.5						
短期金融市場計	16.8	100.0	96.7	100.0	180.0	100.0	229.1	100.0	239.0	100.0	300.1	100.0

（出所）日本銀行『金融経済統計月報』，証券保管振替機構Webサイトにより作成

　コール市場には，その期間によって翌日物（オーバーナイト）と期日物があります。翌日物は，資金を借りた翌日に返済する取引であり，コール市場の主流です。期日物は，2日から12ヵ月の取引を指しますが，ほとんどは数週間以内の取引です。また，コール取引には国債，手形などの担保付の有担保コールと，担保を付さない無担保コールがあります。無担保コールは1985年から導入され，一時はコール市場の主流でしたが，昨今は量的金融緩和政策のもとで縮小しました。

　金融市場すべてのなかで，最も短期の市場は，翌日物コール市場ですので，日本銀行の金融調整は，無担保コール翌日物を操作目標としてなされます（ただし，その時々の日本銀行の方針で，最も重要な指標は量的金融指標等となることもある（詳細は本編第4章参照））。

　マネーマーケットには，手形売買市場もあります。これは預金取扱金融機関が，コール市場よりもやや長めの資金の過不足を調整する場でした。しかし，民間企業の手形振出と預金取扱金融機関の手形割引の減少を背景に，インターバンクでの手形売買市場は自然消滅した形となっています。

⑶　オープン市場

　金融機関以外の一般の事業法人なども参加するオープン市場には，公社債現先・レポ市場，譲渡性預金（CD）市場，国内CP（コマーシャルペーパー）市場，国庫短期証券（T-Bill）市場があります。このうち，規模が最も大きいのが国庫短期証券市場，次いで公社債現先・レポ市場，CD市場です。

　オープン市場のうち，最も歴史が古いのは公社債現先市場です。公社債現先取引とは，一定期間後に一定の価格で売り戻すあるいは買い戻すことを約束して債券を売買する取引です。買い戻し条件付きの債券売却を売現先，売り戻し条件付きの債券購入を買現先といいます。先物予約付きの債券の売買ですが，実態的には，債券を担保とした短期の資金貸借です。3ヵ月未満の短期の取引が多く，その金利は現先レートとよばれます。公社債現先市場は，

1949年の起債市場再開の直後からある最も歴史の古いオープン市場でしたが，後発のCD市場，CP市場，公社債レポ市場に徐々にとって代わられ，以前より割合が小さくなっています。リーマン・ショック後にはCP市場が停滞したことから，その存在意義が見直されたこともありましたが，今後も長期的には縮小傾向を示すとみられています。

公社債レポ市場は，1996年4月に発足した市場で，国債等の債券の貸借により短期の資金を融通する市場です。現金を担保とする債券貸借取引の性格をもち，アメリカでは古くから短期金融市場の中核に位置づけられており，日本でもオープン市場の中核となっています。

譲渡性預金（CD）市場は，第三者への譲渡が可能な定期預金（譲渡性預金，Certificate of Deposit）を売買する市場です。CDは，預金金利自由化の先駆けとして1979年に導入された金融商品で，期間は通常3ヵ月以内です。CDの流通市場の取引には，①新発CDの売買，②既発CDの売買，③新発・既発CDの現先取引の3つの形態がありますが，③の現先CD取引がCD市場の主流となっています。

信用力の高い企業が無担保で発行する短期の社債であるCP（Commercial Paper，コマーシャルペーパー）を売買する市場が，CP市場（1987年設立）です。CD市場と同様，①新発CPの売買，②既発CPの売買，③新発・既発CPの現先取引があります。

国庫短期証券（T-Bill）市場は，期間1年未満の国債を売買する市場です。日本の短期の国債は，以前はTB（Treasury Bill，割引短期国債）とFB（Financial Bill，政府短期証券）に分かれていましたが，2009年2月からは両者は統合されて国庫短期証券（T-Bill）となりました。T-Billの償還期間は，2・3・6ヵ月，1年の4種類で，いずれも割引債です。T-Billは，国の債務で信用度が高く，発行規模が大きく流動性が高いことから，短期金融市場で重要な役割を担っています。

(4) 金利指標の見方

　短期金融市場の金利のうち主要なものは，前日のレートが日本経済新聞朝刊の「マーケット総合1」面の「短期金融市場」欄に掲載されます。コールレートは無担保・有担保について翌日物，1・2週間，1ヵ月物などが，CP現先金利は売り・買いのレートについて翌日物，1週間物，1ヵ月物が，レポ・レートについては平均値が翌日物，1週間物，1ヵ月物が，国庫短期証券利回りについては残存期間3・6ヵ月，1年の代表的な銘柄が，それぞれ日々掲載されています。

　金利は，将来について物価上昇率の低下期待が明確でない限り，期間が短いほど低くなります。また，資金調達者，あるいは証券発行者の信用度が高いほど金利は低くなります。このため，通常は，銀行間の1日間の貸借の金利であるコール翌日物の金利が最も低くなります（図表1-9）。1999年に日

▶図表1-9　短期金融市場の金利の推移

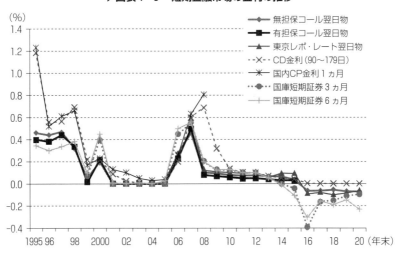

（注）2020年は6月末。
（出所）日本銀行『金融経済統計月報』等により作成

本銀行がゼロ金利政策を導入して以降，2016年初まで，無担保コール翌日物金利は一時期を除いてゼロ％近くに張り付いていました。しかし，2016年2月に日本銀行はマイナス金利政策に踏み切り，それ以降は無担保コール翌日物金利はマイナスで推移しています。また，日本銀行の量的金融緩和政策の下での大量の国債購入を受け，国庫短期証券利回りやレポ・レートは，コールレートを下回る（マイナス金利幅が大きい）状況となっており，従来の金利体系が崩れています。

2. 債券市場

(1) 債券市場とは

　債券は，国などの公共部門や企業などが主に長期資金を調達するために発行します（満期が1年未満の短期の債券もあるが，債券の多くは1年以上の長期債である）。

　国にとっては，国債発行は赤字のファイナンス手段のほとんどを占めるものです。企業が発行する社債は，銀行借入や株式発行と並ぶ，企業の外部資金調達のための手段です。ただし，同じく証券発行による調達で直接金融のツールである株式調達と異なり，社債は，バランスシート上は負債となります。負債（債務）ですので，通常，満期と額面があり，この点でも株式と異なります。また，バランスシート上は同じ負債となる借入は間接金融のツールですが，社債は直接金融に属します。このように，社債と借入，株式とはそれぞれ性格が異なります。

　こうした債券を発行する市場が発行市場，発行された債券を売買するのが流通市場です。発行市場での発行者と投資家，流通市場での売り手と買い手との間には証券会社や銀行等が仲介業者として介在します。債券の売買は，大部分が証券取引所ではなく証券会社等の金融機関の店頭で行われます。これを店頭取引といいます。これは，基本的に証券取引所で売買がなされる株式とは異なります。

　債券は，発行体別には公共債と民間債に分かれます。公共債には，国債，地方債，財投機関債，財投債などがあります。また，海外の政府や企業が発行する債券は外債，それが円建てであると円建て外債（通称，サムライ債）とよびます。日本企業が海外の市場で発行する債券はユーロ債，それが円建てであればユーロ円債とよびます。発行体が同じであれば，国内市場で発行

される円建て社債とユーロ円債は，ほとんど同じ金利となります。

(2) 債券利回り

　債券市場の金利は，債券利回りとよばれます。債券利回りは，債券投資による投資収益率であり，発行市場での利回りは応募者利回り，流通市場での利回りは流通利回りといい，いずれも表面利率と購入（流通）価格などから，以下のように決定されます。

$$応募者利回り = \frac{年間利息 + \dfrac{額面価額 - 購入価格}{満期期間}}{応募者の購入価格}$$

$$流通利回り = \frac{年間利息 + \dfrac{額面価額 - 流通価格}{残存期間}}{流通価格}$$

(3) 債券の種類

　債券市場の内訳をみると，国債が圧倒的なシェアを有していることがわかります。2020年6月末の公社債全体の発行残高は1,181兆円ですが，そのうち国債は974兆円で82％を占めています（図表1-10）。次いで大きいのは普通社債（71兆円），地方債（62兆円）ですが，国債残高とは大きな差があります。

　国債は，その国の債券のなかで最もリスクが小さく，金利体系においてベンチマーク（最低の金利水準）となるため重要です。それに加え，近年は日本銀行が大量の国債の買いオペを進めており，その点でも国債市場が重要な役割を果たします。国債の残高の拡大は財政事情の悪化を意味し，これは憂うべきことですが，その結果，国債の金融市場における重要性はますます強まっています。

　国債には，財政法で認められる建設国債と，税収不足を埋めるために発行

▶図表1-10　公社債発行残高(2020年6月末)

（単位：兆円，％）

	発行残高	構成比
公社債計	1,181.3	100.0
公募公共債	1,102.3	93.3
国債	973.5	82.4
地方債	61.8	5.2
政府保証債	27.6	2.3
財投機関債	39.4	3.3
公募民間債	71.2	6.0
普通社債	70.7	6.0
資産担保型社債	0.2	0.0
転換社債	0.2	0.0
金融債	6.6	0.6
円建て外債	7.9	0.7

（出所）日本証券業協会Webサイトにより作成

され，財政法では認められていない特例（赤字）国債があります（詳細は第3編第3章参照）。この区分は，財政事情を考える際には重要ですが，金融市場では両者は全く区別されていません。満期別にみると，中期国債（満期2〜5年），長期国債（同6〜10年），超長期国債（同15・20・30・40年）など多様です。このうち10年物国債は残高が多く，その金利は長期金利を代表するものとなっています。ほとんどが固定利付債ですが，個人向け国債など，変動利付債も少額発行されています。

　社債には，普通社債のほか，資産担保型社債，転換社債があります。一部の金融機関に発行が許される金融債もありますが，これは金融自由化前の特殊な業態の保護の名残りであり，2000年代に入り急速に縮小しています。

⑷　金利指標の見方

　長期金利については，そのリスクフリーの金利のベンチマークとして，国債の残存期間別の前日の利回りが，日本経済新聞朝刊の「マーケット総合1」面に掲載されています。本欄の冒頭に「新発10年国債」の利回りが記されており，これが長期金利の指標銘柄・基準金利となります。新発10年国債の利回り（終値）は，2016年1月以前は0.2〜0.3％で推移していましたが，2016年1月29日に日本銀行がマイナス金利政策の導入を決めた影響で大きく低下し，同年7月27日には▲0.295％の過去最低を記録しました。その後戻し，2020年8月19日時点では▲0.010％となっています。

　一般に株価や円レートほど長期金利は注目されませんが，経済活動や株価，為替レートに多大な影響をもたらすこと，経済実態との関連が明瞭であることなどから，常に注目しなければならない指標です。

　新聞の「債券市場」欄には，満期2・5年の中期国債，満期20・30・40年の超長期国債の利回りなどが記されています。これらのデータをもとに，横軸に満期償還までの年数，縦軸に金利をプロットすると，イールドカーブを描くことができ，このイールドカーブを観察・分析することにより，金融政策あるいはその背景にある物価上昇率に対する金融市場での期待や，各銘柄の利回りの水準に対する評価をすることができます（詳細は本編第4章参照）。

　また，公募民間債の発行には，信用格付けの取得が必要です。信用格付けは，その債券のデフォルトの確率を示し，通常，最上級をAAAとしAA，A，BBB，BB，B，Cと順次信用度が低下します。BBBから上位が，投資適格債券として市場で取引されます。世界の主要な格付け会社としてS&P，ムーディーズ，フィッチ，日本に日本格付け研究所，格付け投資情報センターがあります。格付け会社は，発行体の依頼により格付けを付すとともに，依頼の無い企業や国に対しても比較のために勝手格付けを付します。格付けが高いほど，リスク・プレミアム分だけ債券利回りは高くなります。

3．貸出市場

(1)　貸出市場とは

　貸出（貸付）は，マネーフローの中心に位置する重要な金融取引です。銀行等の預金取扱金融機関は，多数の顧客から預金を集め（銀行の負債に計上），これを原資に事業法人等に貸出を行います（銀行の資産に計上）。すなわち，貸出は銀行等の重要な資金運用手段であり，収益の主たる源泉となっています。ノンバンク金融機関は，銀行等からの借入や社債・CPの発行によって調達した資金を，同様に事業法人に貸し出します。また，事業法人が他の事業法人に貸し出す企業間信用もあります。

　企業や住宅建設を予定する個人などの資金需要のあるものが，銀行などから資金を借り入れる場が貸出市場です。その取引は1対1の相対取引ですので，「市場」という名が付いていますが，短期金融市場や債券市場のように複数の資金需要者・供給者が一堂に会する純粋な市場とはいえません。

　また，他の市場と同様，貸出市場も返済期限までの期間が1年未満のものを短期貸出市場，1年以上のものを長期貸出市場とよびます。前者は企業の運転資金に係る貸出（仕入れ資金から売掛金の回収までの資金繰り），後者は企業の設備投資資金や個人の住宅購入・建設資金に係る貸出が中心となりますが，両者の違いは絶対的なものではありません。特に日本の場合は，銀行等の短期の企業向け貸出が，借り換えを前提として，実態的には長期の貸出，あるいは期限を定めない資本（出資）に近いものとなっているケースが多く，こうした点でも貸出市場での長短区分は便宜的なものといえます。

　貸出には，担保を課すもの（有担保）と，第三者保証を求めるもの（保証付き），無保証無担保のもの（信用貸付）があり，有担保貸付が全体の約2割，保証付き貸付が約4割，信用貸付が約4割です。担保の対象は，不動産

（土地，建物）が多いですが，最近は動産（商品，家畜，在庫など）を担保に融資する動産担保貸出（ABL；Asset Based Lending）が注目されています。

　貸出金利を貸出時に定めるのが固定金利貸出，金融情勢の変化に応じて期中に金利の見直しを行うのが変動金利貸出です。近年は，金利変動が激しくなったことから，変動金利貸出の比率が高くなっています。従来は固定金利が多かった住宅ローンにおいても，変動金利ローンが増えています。通常，金利の先高観があるときには，変動金利は固定金利より低くなります。

(2)　金利指標の見方

　貸出金利は，債券金利と同様，期間や信用度に応じて金利が異なります。先行きの政策金利（物価上昇率）の低下期待が大きくない限り，通常，長期の貸出金利は短期の貸出金利より高くなります（順イールドカーブ，本編第4章参照）。また，借り手の信用度が低いほど（信用リスクが高いほど），貸出金利はリスク・プレミアムを織り込み高くなります。

　国内銀行（銀行勘定）の貸出約定平均金利（全貸出の平均金利）は，日本銀行が発表しています（図表1-11）。経済の低成長による借入需要の停滞と，1999年以降のゼロ金利政策の下で，貸出金利は全般的に低下しました。また，短期貸出金利と長期貸出金利の差はほとんど無くなりました。

　また，短期貸出約定平均金利は，2004年までは優良企業に対する最優遇貸出金利である短期プライム・レート[1]を上回っていましたが，2005年以降は貸出約定平均金利のほうが低くなっています。これは，借入需要の低下とゼロ金利政策があまりに長く続いたため，銀行が相対的にリスクの高い借入先にも低い金利で貸し出さざるを得なくなっていることを示しています。資金需給の影響を受ける長期貸出約定平均金利は，最優遇金利の長期プライム

---

1)　プライム・レートとは，銀行が融資する際に，最も信用度の高い借り手に適用する最優遇貸出金利。貸出期間1年未満のものを短期プライム・レート，1年以上のものを長期プライム・レートとよぶ。

▶図表1-11　国内銀行の貸出金利等の推移

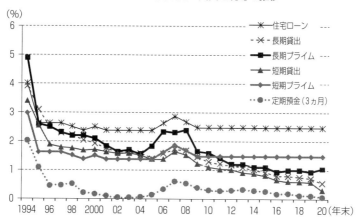

(注)1. 短期貸出・長期貸出は，全国銀行の貸出約定金利。
　　2. 横軸「20」は，貸出約定金利，定期預金金利は2020年5月末，他は2020年6月末。
(出所) 日本銀行『金融経済統計月報』により作成

レートを恒常的に下回っています。

　なお，2020年4月からは，コロナ禍に対応して民間金融機関も実質ゼロ金利の緊急融資を積極的に実施したため，貸出金利はさらに低下しました。

　近年は，銀行がプライムレートに借り手の信用度や担保の有無，取引関係を考慮して金利プレミアムを上乗せして貸出する「プライムレート方式（プライム貸し）」から，銀行が短期金融市場での資金調達金利に一定のマージンを上乗せして貸出する「スプレッド貸出（市場金利連動型貸出）」に移行してきたことも，プライムレートが形骸化する原因となっています。

　なお，住宅ローン金利は，個人の信用度が企業よりも低いこと，貸出期間が長いことから，長期貸出平均金利より高くなっています。

　また，貸出金利と預金金利（図中の定期預金金利）との差は，銀行の預貸利鞘であり，これが銀行業の主たる収益源となります。貸出金利の低下に伴い，この利鞘が長期にわたり縮小し乏しくなっていることがみてとれます。

4. 株式市場

(1) 株式市場とは

　株式と社債はいずれも有価証券であり，企業の重要な資金調達の手段ですが，その性格はかなり異なります。社債は単なる金銭貸借の条件を示す証書ですが，株式はその企業への出資者としての地位（持分）を示す証券です。したがって株主は，利益配分である配当を得るだけでなく，株主総会での議決権，残余財産分配請求権，代表訴訟提起権といった経営に関与する権利をもちます。もちろん株式投資を行う投資家の多くは，経営権の取得ではなく配当や値上がり益などの投資収益を目的としますが，企業買収や提携，企業グループ間や金融機関との間の株式持ち合いなどにおいては経営権の取得の観点が重視されます。また，社債には償還期限があり，満期での元金と期中の金利の支払いが約束されていますが，株式には満期はなく，また利益配分の方針も予め決められてはいません。

　このように株式は社債と性格を異にしますが，両者の中間的なものとして，転換社債とワラント債があります。転換社債は一定条件の下で株式に転換できる社債であり，ワラント債は一定条件の下で新株式を購入できる権利（ワラント）が付された社債です。これらの株式との関連をもつ社債の発行と後述の増資とをあわせてエクイティ・ファイナンスとよびます。エクイティ・ファイナンスは，株価が上昇しているときには投資家が殺到し，その際の社債の金利が低くなることから，証券発行者である企業もエクイティ・ファイナンスを活発に利用するようになります。

　株式の発行（増資）は，以前は株主割り当てによる額面発行増資が一般的でしたが，1969年以降は証券会社を通じた時価発行増資が行われるようになり，現在では時価発行増資が主流になっています。

　株式を売買する市場が，株式市場です。東京証券取引所などの証券取引所（本章5節参照）に上場する公開株式は取引所で売買され，上場していない未公開株式は売買当事者間で条件の合意がない限り売買は困難です。

(2)　株式の保有状況

　金融市場の中核を占める株式市場での保有構造をみると，金融構造あるいは産業構造の様々な特徴がみえてきます。まず，マネーフローにおいては最大の資金の出し手である個人部門は，株式市場では必ずしも最大の保有者ではありません（図表1-12）。これは個人資産が，銀行預金等の間接金融で運用されていることを示します。近年，個人株主やデイ・トレーダーの存在感が高まりましたが，個人の保有比率は上昇していません。

　日本の株式市場に特徴的なのは，銀行等と事業法人の保有比率が高いことです。これは，事業会社間，あるいは事業会社と銀行等との株式持ち合いを

▶図表1-12　各部門の株式保有比率（金額ベース）

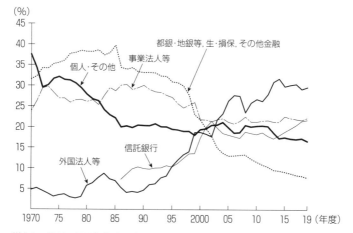

（注）1．2004〜2009年度は，ジャスダック証券取引所上場企業分を含む。
　　　2．全国4証券取引所上場企業（2020年3月末3,789社）の発行済株式時価
　　　　総額に占める各部門の保有残高（時価）の比率。
（出所）日本取引所グループ『2019年度株式分布状況調査』2020年7月3日

示しています。戦後，大企業，特に旧財閥系企業集団に属する企業は，買収防止のために株式持ち合いを進めました。しかし，1990年代からは，株式投資の運用収益率が低下したこと，時価会計の導入に伴い株式保有のリスクがより強く認識されるようになったこと，銀行がバーゼル規制の強化等により株式を保有し難くなったこと等により持ち合いは解消傾向にあり，これが事業法人と銀行等の株式保有比率の低下に反映されています。

　今世紀に入って急速に保有比率を高めたのが外国法人（ファンド，金融機関を含む）です。その背景には，外国企業や買収ファンドが日本企業の買収を増やしていること，日本の株価が割安であるとして日本の株式を購入してきたことに加え，世界的に国際分散投資が盛んになり，世界の投資信託等にアジアの中核として日本の株式が常に一定比率組み込まれるようになったことがあると考えられます。したがって，外国法人の比率の上昇を憂う必要はありません。

(3) 株価指標の見方

a 東証ＴＯＰＩＸと日経平均株価

　市場全体の株価動向を知るために，多数の株価を平均したり，指数化したりして作成された指標として，東証TOPIXと日経平均株価があります。TOPIXは，東京証券取引所に上場する全銘柄の時価総額合計を指数化したもので，1968年=100の指数として示されます（図表1-13）。時価総額の合計ですので，資本金，時価総額の大きい大企業の株価変動の影響がより大きくでます。一方，日経平均株価（日経225）は，東証一部上場企業から業種等のバランスを考慮しつつ225銘柄を選び，これらの株価を単純平均した指標で，単位は円です。したがって，規模の大きな企業の影響が強くでるということはありません。いずれも翌日の日本経済新聞朝刊「マーケット総合1」面に解説とともに掲載されます。また，日本経済新聞には，日経ジャスダック平均や，東証マザーズ指数などの新興株式市場の株価も記されています。

▶図表1-13　東証TOPIX株価指数とPER

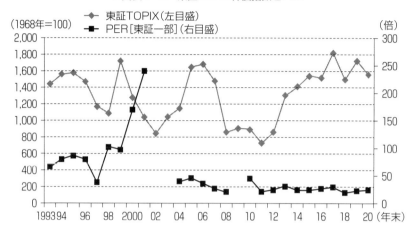

(注)　1. 横軸「20」は2020年6月末。2004～2009年度は，ジャスダック証券取引所上場企業分を含む。
　　　2. 2002～2004年のPERは分母が過小であることなど異常値につき記していない。
(出所)　日本銀行『金融経済統計月報』により作成

b　株価の見方

　株価をどうみるべきか，についてはここで語りつくすことはできません。株価変動の解説，あるいは短期の予測においては，株式の需給に関する見解が示されることが一般的です。確かに市場での価格は，すべて需要・供給が関与しますので，それは間違いではありません。しかし，事後的な需要と供給は常に均衡していること，株価に影響する潜在需要（買い意欲）・潜在供給（売り意欲）を予測することはほぼ不可能なこと，を考えると，株式投資にあたって株式の需給にこだわることは得策ではありません。むしろ，株価水準自体が経済基礎条件（ファンダメンタルズ）と比べて高すぎるか，低すぎるかを問うほうが有意義です。

　そうした観点から，株価水準を判断するための指標として重要なのが，「PER（株価収益率）」です。これは，株価を1株当たり利益（あるいはその予想）で割った数値です。株価は，株式投資による期待収益を現在価値に引

き直した水準に決まる，という考え方に則っています。伝統的には「配当利回り（１株当たり配当額／株価）」が株価水準をみる際に重視されましたが，配当されずに内部留保となった利益も将来の配当の源泉であり，いずれは株主に還元されるという考え方から，PERのほうがより意味があるといえましょう。ただし，PERは企業利益が落ち込んだ際には異常な高水準になったりすることから，これをみる際には長期的な視点が必要です。図表１-13に東証一部株価のPERの長期推移を示しており，長期的には25倍から30倍程度が妥当とみえます。2021年２月２日の東証一部のPERは27.56倍であり，この数字だけから判断すると「この日の株価水準は歴史的にみて妥当な水準にある」とみることができましょう。

　もう１つの株価水準に関わる重要な指標に，「PBR（株価純資産倍率）」があります。PBRは，株価を１株当たり純資産で割った数値で，やはり単位は「倍」です。企業の価値はバランスシートの純資産に表れるため，株価をその企業の純資産との対比でみるという考え方です。上述のPERが，「企業は永遠に存続する（going concern）」ことを前提としているのに対し，PBRは企業の清算価値をみる指標だといえましょう。PBRは，一般的な投資において割安株をみつける際に用いられるほか，買収ファンドが企業買収の標的を探す場合にもよく用いられます。PBRが１を下回る場合は，その企業の全株式を取得して清算すれば必ず利益が出ることを示していますので，存続価値のある企業のPBRは１を上回っているのが当然だということになります。東証一部全体のPBRは，2021年２月２日には1.34倍となっており，これは妥当な水準とみることができましょう。PERもPBRも，日本経済新聞の「マーケット総合１」面にてみることができます。

　なお，PERとPBRは，個別銘柄についても，市場全体についても，有益な指標です。上述のPER，PBRの水準に関する数値は市場全体のものですが，個別銘柄については，同業他社と比較することもよく行われます。

⑷　インサイダー取引規制

　洗練された株式市場は，公開情報が市場参加者にあまねく共有されていて初めて成り立ちます。このため，公開されていない企業の内部情報を得て株式取引を行い利益を得る不公平な行為がなされると，市場に対する信認は失墜します。そこで金融商品取引法第166・167条では，上場企業の重要な内部情報を知った者が，その情報が公表される前にその企業の株式等の売買することをインサイダー取引とし，これを禁止しています。

　インサイダー取引規制においては，対象となる取引を行った者が内部情報を悪意をもって利用しようとしたかではなく，その情報を持って取引を行ったこと自体が違法となります。偶然，重要な事実を知ることとなった場合には，その事実が公表されるまでは，対象取引を控える必要があります。

⑸　ESG投資

　地球環境問題への意識が高まり，経済・ビジネスに環境との調和が求められるようになっています。また，個人の価値観や働き方が多様化し，そうした多様性を包み込む活動が企業に求められるようになりました。そうした背景の下，企業の財務情報だけでなく，環境（Environment）・社会（Social）・企業統治（Governance）といった非財務情報を重視し，ESGに配する企業を中心に投資するESG投資を重視する風潮が強まっています。

　ESG評価の高い企業は，資金調達が円滑になり，その事業の社会的意義が高く成長の持続性を見込める優良企業と見なされます。

　世界持続的投資連合（GSIA）によると，世界のESG投資額は2018年に30.7兆ドル，日本では4兆円に上り拡大傾向を示しています。こうしたESG投資の趣旨に関連し，金融庁は2014年に機関投資家向けの行動指針の「日本版スチュワードシップ・コード」，2015年に上場企業向けの「コーポレートガバナンス・コード」を公表し，以降，情勢に応じて改訂が施されています。

5. 証券取引所の動向

(1) 証券取引所の系譜と再編

　証券取引所とは，株式や債券などを売買するための場（施設）であり，資本市場には欠かせない存在です。以前は，世界各国の証券取引所（英米ではStock exchange，フランス語ではBourse）はたいてい公的機関か証券業の会員組織として存立していましたが，金融自由化の世界潮流のなかで株式会社となり民営化され，それに伴い各国内の地方取引所の淘汰・集約と国境を越えた再編が進みました。日本の証券取引所も同様に再編されました。

　日本では，証券取引法（現在の金融商品取引法）で認められた特別法人として証券業者を会員として，1949年4月に東京証券取引所（東証）が設立され，これを含めて全国の主要都市に9の証券取引所が設立されていました。しかし，その後の証券市場の低迷と，企業の東京集中等により，1967年に神戸証券取引所，2000年に広島証券取引所，新潟証券取引所，2001年に京都証券取引所が東証や大阪証券取引所（大証）に統合されていきました。

　そして，2013年7月には東証と大証が統合されて日本取引所グループが形成され，2021年2月現在では名古屋証券取引所（名証），福岡証券取引所（福証），札幌証券取引所（札証）とあわせて4つの取引所が存在しています。

　この間，2001年4月には大証が，同11月には東証が，2002年4月には名証が株式会社に転換し，業務と組織の近代化・合理化を進めています。

　さらに2019年10月，日本取引所グループは東京証券取引所を完全子会社とし，ここに証券と商品の取引所の一体化が完了しました。

　また，近年は私設取引システム（PTS；Proprietary Trading System）による取引形態も増加しています。1998年12月施行の金融システム改革法（金融ビッグバンの一部）において取引所集中原則が撤廃され，証券会社に私設

取引システムの開設と運営が認められました。PTSは，主に夜間などにインターネットなどで取引を行う時間外取引市場として業容を拡大しています。

　証券取引所が扱う商品は，株式，国債，不動産投資信託（REIT；Real Estate Investment Trust），株価指数，債券先物等です。

(2)　新興企業株式市場

　証券取引所への上場（株式公開，IPO；Initial Public Offering）には，株式数，株主数，純資産額，利益等に関する公開基準があり，これらは新興（ベンチャー）企業にとっては厳しいハードルでした。このため，新興企業は株式による資金調達を困難とし，また，上場を出口として出資をするベンチャー・ファンドが投資採算を描けないために十分に機能しないこと等から，これらが新興企業の発展，誕生を阻んできたといわれていました。成熟した経済・産業を抱える日本にとって，新興企業が輩出することが不可欠です。

　こうした問題意識から，1990年代末から，新興企業が早い時期に容易に株式を上場できるように上場基準を緩和した新興企業株式市場が相次いで創設され，稼働しています。1999年に東証が傘下にマザーズ（Mothers）を開設し，2000年にはソフトバンクとアメリカNASD（National Association of Securities Dealers，全米証券業協会）の共同でナスダック・ジャパン（その後，大証ヘラクレスに統合）が開設され，その前後に大証がヘラクレス，名証がセントレックス，福証がQ-Board，札証がアンビシャスを相次いで創設しました。さらに，1963年から日本証券業協会が店頭（登録）市場として運営していた市場が2001年にジャスダック（JASDAQ）市場と名称変更し，2004年には株式会社ジャスダック証券取引所に改編され，マザーズと並ぶ新興企業株式市場として位置づけられるようになりました。その後，ジャスダックは2010年に大証のヘラクレスなどと統合して新ジャスダック市場となり，2013年7月の東証と大証の統合により日本取引所の傘下に入りました。

　なお，日本証券業協会が1997年に導入した未上場企業をリストアップする

グリーンシート制度は，2018年に廃止されました。

(3) 株式上場の要件と上場企業の義務

　日本には約180万社の株式会社があり，そのうち0.2％の3,715社（2020年7月末時点）が日本取引所に上場しています。上場企業のうち，東証第一部への上場企業が58％，東証第二部への上場企業が13％，マザーズ・ジャスダック等の新興企業株式市場への上場企業が29％です。市場全体の株式時価総額（発行株式数×株価，2020年6月末時点）は，東証第一部が588兆円（東証全体の96％），東証第二部が6.8兆円（同1.1％），マザーズ・ジャスダック合計で16.1兆円（同2.6％）と，第一部が圧倒的なシェアを占めています。

　なお，日本取引所グループは，2022年4月を目途に，東京証券取引所の再編と上場基準の見直しを企画しています。

　株式の上場には，資金調達力の向上，知名度や社会的信用の向上など多くのメリットがあるため，企業のほとんどは上場を目指します。しかし，上場企業は日本を代表する健全な企業であり，投資家が円滑にその企業の株式を売買できなければならないため，各市場は企業の株主数，流通株式数，時価総額，純資産額，利益額などの上場基準を設け，上場の申請に対して厳格な審査を行います。また，上場後も，純資産額，利益額などの基準を満たすことが求められます。審査基準は，しばしば変更されますので日本取引所のWebサイトなどで確認ください。

　また，投資家が十分な投資情報をタイムリーかつ公正に得られるように，上場企業には財務内容や事業概要を記した有価証券報告書，四半期報告書などの開示が求められます。上場企業は，こうした様々な義務を果たさなかった場合には，一定の基準の下で上場が廃止されます。

(4) 株式売買の仕組みと値幅制限

　投資家は，株式を売買したい場合，証券会社を通じて注文を出します。注

文には，具体的な価格を指定して注文をする「指値注文」と，価格を指定せずに注文する「成行注文」があります。

東証では注文を受けて，価格優先の原則（売りについては最も低い価格，買いについては最も高い価格を優先する）と，時間優先の原則（同じ価格の注文については先に出された注文を優先する）という競争売買の原則に基づき売買を成立させていきます。

株価は，基本的には市場実勢に基づいて形成されなければなりませんが，あまりに急激に株価が変動すると，投資家の冷静な判断が失われパニックが生じる懸念があるため，東証では株価の変動に一定の制限値幅を設けています。制限値幅は，前日の終値を基準として各銘柄の価格帯に応じて設定され，例えば終値が500〜700円であれば，値幅は上下100円に制限されます。各取引日においてその制限の上限に至った株価をストップ高，制限の下限に至った株価をストップ安とよびます。

売買の資金決済は，売買成立の4営業日後になされます。

証券会社が顧客に買付資金や売付株式を貸し付けて行う取引を，信用取引といいます。信用取引を用いると，投資家は株価が下がる局面でも投資利益を得ることができたり，手持ち資金に取引を制約されたりしないため，投資家の利便が増すだけでなく株式市場の活性化につながります。投資家は，債務を負うため，買付株式や売付代金を担保として供するとともに，価格変動による損失をカヴァーするために，委託保証金を差し入れます。しかし，株価の変動が激しく保証金が不足する場合，追加の保証金（追証）を差し入れなければならず，その負担が増すと破綻する投資家が出ることもあります。

6. 商品先物取引市場

(1) 商品先物市場とは

　商品先物取引は，農産物や貴金属，工業原材料等の商品を，将来の一定期日に一定の価格で売買することを約束する先物取引（Futures）であり，その取引がなされる場が商品先物市場です。特徴として，約束期日以前であればいつでも反対売買をして取引を終了することができること，取引に入る段階で商品価格の5〜10％の証拠金を預託することによって信用取引（レバレッジ取引）を行うことができること，があります。もともとは，生産者や商社などの商品を扱う業者の価格変動リスクのヘッジのため，あるいは業者が商品を事前に現金化するための市場でしたが，徐々に投資家（あるいは投機家）にとっての資産運用の場としての性格を強めています。

　商品先物取引は，商品先物取引法（1950年制定の商品取引所法に，2011年に海先法を併合し名称変更した法）によって規定されており，管轄は農林水産省と経済産業省です。

　2020年現在，日本では，東京商品取引所，大阪堂島商品取引所，大阪取引所の3つの取引所で商品先物取引が行われています。取扱商品は貴金属，工業用金属，農産物，石油などです。投資家や商品関連業者からの委託により国内・海外の商品先物を売買する取引業者は，2020年6月22日現在37社あり，そのうちの多くは証券会社，銀行などの金融機関です。また，商品先物取引を仲介する商品先物取引仲介業者は，2020年6月26日現在4社あります。

(2) 商品先物価格について

　商品先物市場の主要銘柄は，株価との連動が強く，両市場には裁定関係がみられます。商品（先物）価格は，基本的にはその国の物価と連動しており，

インフレ懸念のある際には商品価格も高まります。また，いずれの商品も国際的に取引される国際商品ですので，世界の経済情勢の影響を受けますが，日本での取引価格は為替レートの動向にも左右されます。また，金融市場との連動が強いため，世界の金融市場が混乱する際には，資金の逃避先として金などの商品価格の上昇がみられます。

　商品価格は，日本経済新聞では「マーケット総合2」面の「商品先物」欄に，日本取引所グループと大阪堂島商品取引所の各商品の先物価格が掲載されています。また，商品価格を加重平均した日経・東商取商品指数も総合，工業品について発表されていますので，この指標で商品価格全体の動きを知ることができます。

　また，「マーケット商品」面では，国内商品価格の詳細と，石油や金などの主要な市況商品の国際価格等が掲載されていますので，これらにも関心をもつことが必要でしょう。

第3章
金融商品・運用

Introduction

　この章では，近年急速に重要性を増している金融商品の取引について概説します。バランスシートから切り離して他に譲渡する証券化，バランスシートに記される伝統的な貸借取引ではないデリバティブ，市場型間接金融の核である投資信託，国債の多様化の切り札である個人向け国債，金融商品に係るリスクについて概説します。

1. 資産の流動化・証券化

(1) 資産の流動化・証券化の仕組みと意義

a　資産の流動化・証券化の仕組み

「証券化（securitization）」は，近年の金融におけるイノベーションの1つです。証券化とは，貸出債権や不動産といった資産を，一定の枠組みのなかで別の形態の証券に変換して，これを投資家などに売却することで，本来保有していた資産（原資産）をバランスシートから切り離すことができます。

証券化には，様々な関係者が関わります（図表1-14）。元の資産の貸し手をオリジネーター，借り手を原債務者といいます。例えば，貸出債権の証券化の場合，銀行がオリジネーター，原債務者は事業会社となります。オリジネーターは，保有する資産をSPC（Special Purpose Company，特別目的会社。会社形態をとらない場合はSPV；Special Purpose Vehicle）に売却し，SPCはその資産を担保に資産担保証券（ABS；Asset Backed Security）を発行し，これを投資家に売却します。証券を発行しますので，信用格付が必要であり，また，証券の管理や原債権の回収を行うサービサーも必要です。

b　資産の流動化・証券化の意義

資産の証券化は様々な意義をもちます。第1に，オリジネーターが資産を流動化でき，リスクを投資家に移転することができます。もちろん，資産から生まれる収益も投資家に移転しますが，リスクから解放され，流動性が高まるという恩恵を得ます。例えば銀行は，自己資本比率を上げるために貸出資産を証券化することによって，財務の健全化を図ることが可能になります。

第2に，資産の規模やリスクをコントロールすることができます。例えば，建設プロジェクトに対する貸出で金額が大きすぎて与信ができない場合に，貸出債権を小口化すれば最終的にリスクを負担できる金融機関や投資家が多

▶図表1-14　貸出資産の証券化の流れ

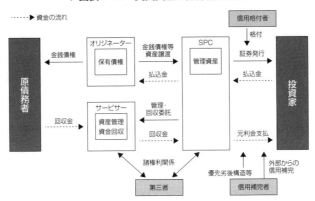

（出所）鹿野嘉昭［2013］『日本の金融制度（第3版）』東洋経済新報社, p.348

数出てくる可能性があります。逆に金額が小さい住宅ローン等について，小口すぎて効率が悪いのであれば，より大きな金額の証券にして保有者を募ることができます。また，証券化では，1種類の証券ではなく，返済の優先・劣後の差で異なるリスクをもつシニア，メザニン，エクイティ[1]といった証券に分割して発行できます。こうすることで，負担するリスクと求めるリターンの高低の異なる投資家を，それぞれ獲得することが可能となります。

(2)　資産の流動化・証券化の現状

　資産の証券化は，1990年代から世界で普及し始め，日本でも1990年代末頃から急速に拡大し始めました。当初は不良債権処理の一環として，債務の減額の手法としてデット・エクイティ・スワップ（債務の株式化）が数多くなされましたが，その後は前向きの金融技術として捉えられるようになり多様性をみせ始めました。特に金融機関（貸し手）のリスクの切り離し・コントロールの手法として，バーゼル規制で資産の圧縮を迫られる邦銀が積極的に

---

1)　「シニア」が最もリスクが小さく（格付が高く），「メザニン」が中間，「エクイティ」が最もリスクが大きい（格付が低い）。

活用しました。さらに，シンジケートローンやプロジェクト・ファイナンス，CLO（Collateralized Loan Obligation，貸出担保証券），クレジット・スコアリング（ビジネスローン）といった新しい事業融資形態においては証券化が不可欠であり，こうした新融資形態の普及に伴い証券化も拡大しました。

　しかし，2007年頃からアメリカでサブプライム・ローン（信用度の低い個人向けの住宅ローン）の不良債権化が問題となり，同ローンの根幹であるローンの証券化に対する不信感が高まりました。このため，世界的な信用収縮過程で資産証券化も下火になりました。ただし，サブプライム・ローン問題は，証券化の過程でリスクの所在や大きさが不透明であったことに問題があるのであって，証券化という手法そのものが悪ではない，ということが認識され，証券化市場は2010年頃から正常化し始めました。

　日本の証券化商品残高は，2008年初あたりをピークとして減少傾向を示しましたが，その後安定的に増加に転じ，2019年3月末には20兆円を上回りました（図表1-15）。形態別にみると，信託受益権（不動産証券化）とABCP（資産担保コマーシャルペーパー）は減少傾向を示していますが，債券担保証券など資産担保型債券（ABS）は安定的に微増傾向を示しています。

▶図表1-15　日本の証券化商品残高の推移

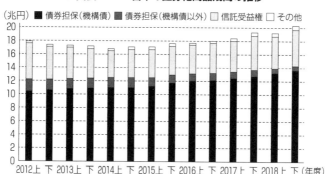

（注）1．各年度の上期末（9月末），下期末（翌3月末）。
　　　2．機構債は，住宅金融支援機構が扱う貸付債権担保債券。
（出所）日本証券業協会『証券化市場の残高調査のとりまとめ』2019年5月31日により作成

2. デリバティブズ取引

(1) デリバティブズ取引の概要と特徴

a デリバティブズ取引の拡大

世界の金融市場における自由化・国際化の進展と情報技術の発展に伴い，デリバティブズ取引が急速に拡大してきました。デリバティブズとは，金融派生商品と訳され，先物（future）・先渡し（forward），スワップ（swap），オプション（option）が含まれます。伝統的な金融商品が，取引当事者間の貸借に係る契約関係により，その契約を示す証券（原資産とよぶ）自体が価値をもつのに対し，デリバティブズはそうした原資産に係る派生的な何らかの権利・義務を表す商品であるため，派生商品とよばれます。

先物取引の起源は江戸時代の我が国の堂島米市場に，また，オプション取引の起源は古代ギリシャのブドウ圧搾機の使用権の取引にある，といったことがいわれますが，デリバティブズ市場は，1970年代まではあくまで原資産の取引市場に比べると付随的な陰の存在でした。しかし，金利の自由化，1973年の主要国通貨の変動相場制への移行による為替レート変動の拡大により，原資産の価格変動リスクが高まり，これをヘッジ（回避）する必要性が高まりました。デリバティブズは，当初はリスクヘッジの目的で用いられることが多かったですが，徐々にデリバティブズに関するリスクを積極的にとって利益を獲得する目的で用いられるようになりました。また，デリバティブズ取引にあたっては，複雑な計算が必要ですので，1980年代以降の急速なコンピュータや通信技術の発達と普及がデリバティブズの拡大に果たした役割は小さくありませんでした。

b 各取引の特徴

先物取引，先渡し取引とは，将来のある時点で予め合意した価格によって

原資産を購入・売却することを予約する取引です。先物取引が取引所上場商品であるためそこに一定の規格があるのに対し，先渡し取引は店頭取引であり取引が標準化されないといった違いがあります。先物取引は，その原資産の名称を語頭などに付け債券先物，株価指数先物，商品先物，先物外国為替（米ドル先物など）といった取引があります。また，将来時点での金利を予め約束する金融先物取引もあります。

スワップとは，将来のある時点で，異なる性格・条件をもつ債権・債務，あるいは利息の受取り・支払いを，一定の基準に基づいて交換する取引です。双務契約であることもあり，店頭取引です。

金利スワップは，固定金利と変動金利の交換などの取引です（図表1-16）。交換されるのは金利部分だけであり，元本は交換されません。例えば，変動金利の負債と固定金利の債権をもつ企業が，固定金利の負債と変動金利の債権をもつ企業が，それぞれの債権の金利を交換し，資産・負債の金利条件をあわせ，金利変動リスクを軽減するといった手法です。

通貨スワップは，異なる通貨の債権・債務を交換する取引です。例えば，ドル建てで資金を調達し円建て資産をもつ企業と，円建てで資金を調達しドル建て資産をもつ企業が，ドル建てと円建ての資産を交換する手法です。

オプション取引とは，将来時点において，現時点で契約した行使価格で原資産を購入・売却する権利を，オプション手数料（プレミアム）と引き換えに取引することです。原資産を売却する権利をプット・オプション，原資産を購入する権利をコール・オプションといいます。例えば，ワラント付き社債は，一定期間中に定められた行使価格によって社債発行会社の新株を購入する権利を社債に付けたものであり，オプション商品だといえます。コールオプションを買った場合，原資産の市場価格の上昇に伴い利益が無制限に拡大する可能性がありますが，市場価格の下落時に不利となる際には原資産を買う権利の行使を放棄できるため，損失リスクはオプション料に限定されます。

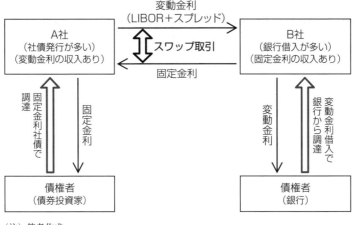

▶図表 1 -16　金利スワップ取引の概念図

(注) 筆者作成

(2)　デリバティブズ取引の現状

　日本におけるデリバティブズ取引は，江戸時代の堂島での米先物取引を除くと，1980年頃までは外国為替の先渡し取引がなされていた程度でしたが，1980年代後半から欧米市場に追随する形で急速に普及しました。特に，1985年に東京証券取引所で長期国債を対象とする債券先物取引が導入され，1987年に株先50，1988年に日経225・東証TOPIXを対象とする株価指数先物取引，1994年2月に日経300を対象とする株価指数先物取引が開始され，1989年4月には東京金融先物取引所（現・東京金融取引所）が設立されたことなどが，デリバティブズ取引の拡大の重要なポイントとなりました。

　他方，金融機関が直接取引を行う店頭（OTC；Over-The-Counter）取引は，取引所取引を上回るペースで拡大しています。2019年末の店頭取引の残高は取引所取引の10倍以上の62兆ドルに上っています。

　店頭取引デリバティブズの内訳をみると，金利関連デリバティブズが86%，なかでも金利スワップが67%を占めています（図表1 -17）。

▶図表1-17　日本でのデリバティブズ取引残高(想定元本ベース，2019年12月末)

(単位：億ドル，%)

	OTC(店頭)取引		取引所取引		OTC・取引所合計	
		構成比		構成比		構成比
残高合計	620,194	100.0	51,551	100.0	671,744	100.0
外国為替関連	77,301	12.5	26	0.1	77,327	11.5
金利関連	536,152	86.4	47,834	92.8	583,986	86.9
うち金利スワップ	416,522	67.2			416,522	62.0
エクイティ関連	2,500	0.4	3,673	7.1	6,173	0.9
コモディティ関連	57	0.0	17	0.0	74	0.0
クレジット・デリバティブ	4,165	0.7			4,165	0.6
その他デリバティブ	19	0.0			19	0.0

(出所)　日本銀行『デリバティブズ取引に関する定例市場報告』2020年3月16日

　それぞれの推移をみると，いずれも拡大していますが，金利関係，外国為替関係のデリバティブズよりも，エクイティ(株式)関連，コモディティ(商品)関連のデリバティブズおよびCDS[2]の増勢が著しくなっています。

　なお，リーマン・ショック時の世界の金融市場の混乱の一因となったCDSについては，世界的にその情報開示と清算機関の設置が求められるようになり，日本取引所は子会社の日本証券クリアリング機構(JSCC)を通じてCDSのプロテクションに係る清算業務を行っています。

　なお，日本のデリバティブズ取引の参加者は，欧米諸国に比べ，銀行，証券会社が多く，一般投資家は少ないという特徴をもっています。デリバティブズ取引を，一般に普及させることが日本の課題となっています。

---

2)　クレジットデフォルトスワップ，Credit Default Swap。信用リスクの移転を目的とするデリバティブズ取引。金銭の支払いの対価として，国や企業の債務の仮想元本額に関する信用リスクのプロテクションを購入する(信用リスクを移転する)取引。プロテクションの売り手は，債務不履行(デフォルト)が発生した場合には，所定の条件に基づきプロテクションの買い手から債権を購入するか，価値の減少分を買い手に支払う方式で決済する。

3. 投資信託

(1) 投資信託の意義と種類

a 投資信託の意義

投資信託とは，多数の投資家から集めた資金を合算し，専門機関が投資家に代わって株式や債券などの有価証券を中心に運用し，そこで得られた収益を投資金額に応じて投資家に分配する金融商品のことを指し，集団投資スキームともよばれます。投資信託は，投資家が銀行や証券会社で簡単に購入でき，運用を専門機関に任せられることから，預金と同様の手軽な金融商品となっています。しかし，預金とは異なり元利金の保証はなく，逆に価格上昇に伴うキャピタルゲインが期待できます。このため，投資信託は，投資家に簡便で効率的な証券投資機会を提供することにより，証券市場に一般投資家の資金を流入させるための重要な商品となっています。

b 投資信託の仕組み

従来からの投資信託（以下「投信」という）の主流である委託者指図型投信の仕組みは，①信託財産の運用についての指図を行う投資信託委託会社（委託者）が受益証券売出しにより一般投資家（受益者）から資金を集め，②資金を信託銀行等（受託者）に信託し，③信託銀行等では，受託財産を委託者の指図に従って有価証券を中心に運用し，④運用収益を分配金・償還金として受益者に還元する，という流れによります。これに対し，2000年の投信法改正で創設された委託者非指図型投信は，投信委託会社等の委託者を置かずに，投資家（委託者兼受益者）が信託銀行等（受託者）に直接運用を委託する形態です。これらは信託契約をベースにしており，契約型投資信託といわれます。

c　投資信託の類型

投資信託には，公募投信と私募投信があり，それぞれについて契約型と会社型（投資法人）があります（図表1-18）。

また，契約型投信の大半を占める証券投信は，その運用対象の違いにより株式投信，公社債投信に大別されます。株式投信は，株式の組入れが可能となっている投信であり，実際には公社債等の他の資産への運用も可能ですが，公社債投信では株式の組入れは一切行われません。また，株式投信，公社債投信のいずれにも，いつでも購入できる追加型（オープン型）と，購入期間が限定されている単位型（ユニット型）があります。さらに細かく，主たる投資対象を基準として，国内株式型，外国株式型，転換社債型などに分けられることもあります。

2020年7月末現在では，投資信託全体の純資産総額は233兆円（ファンド数13,178本）で，そのうち公募投信が130兆円（同6,001本），私募投信が103兆円（同7,177本）と金額ベースで公募投信は私募投信の約1.3倍の規模となっています。ただし，近年は私募投信の増勢が著しく，両者の差は縮まってきています。契約型と投資法人については，公募投信・私募投信とも純資産規模は契約型が圧倒的に大きくなっています。純資産総額ベースで公募投信の92％を占める契約型の証券投信（120兆円）のうち，株式投信（107兆円，同5,833本）は89％，公社債投信（13兆円，同98本）は11％を占めます（図表1-18）。

公社債投信の元本価額は1口1万円と1円の2種類があり，募集・販売単位も1万円単位と1円単位があります。他方，株式投信では，1口1万円単位で募集されることが大半です。

一般に，公社債投信は比較的リスクの小さい投資信託として位置づけられます。なかでもMRF（Money Reserve Fund）のように，低リスク運用に徹する商品については，金融機関は販売手数料を徴収せず，即時引き出しを認め，預金に近い機能を付与しています。

（単位：本，十億円）

	ファンド本数	純資産総額
投資信託合計	13,178	233,450
公募投信	6,001	130,496
契約型投信	5,931	119,999
証券投信	5,931	119,999
株式投信	5,833	107,170
単位型	171	766
追加型	5,662	106,404
ETF	181	43,560
その他	5,481	62,844
公社債投信	98	12,830
単位型	11	3
追加型	87	12,827
MRF	12	12,212
MMF	0	0
その他	75	615
証券投信以外の投信	0	0
金銭信託受益権投信	0	0
委託者非指図型投信	0	0
投資法人	70	10,497
証券投資法人	0	0
不動産投資法人	63	10,417
インフラ投資法人	7	79
私募投信	7,177	102,954
契約型投信	7,138	100,641
証券投信	7,138	100,641
株式投信	6,011	96,395
公社債投信	1,127	4,246
証券投信以外の投信	0	0
委託者非指図型投信	0	0
投資法人	39	2,313
証券投資法人	0	0
不動産投資法人	39	2,313

（出所）一般社団法人投資信託協会Webサイト「投資信託概況」

第3章　金融商品・運用

また，日経平均，東証株価指数などの株価指数に連動するように設計された株式投資信託を，ETF（上場投資信託）と呼びます。ファンドの運用を担うファンドマネージャーが，既定の方針の下でファンダメンタルズ分析などにより最大限の投資収益を得ようとして投資対象を入れ替えるアクティブ運用に対し，ETFの運用手法はパッシブ運用，またはインデックス運用と呼ばれます。株式に係る全ての公開情報が瞬時に株価に反映されるような成熟した株式市場では（効率的市場仮説が成り立つ），パッシブ運用の平均的な運用成績は，しばしばアクティブ運用よりも高くなります。

ETFの値動きは株価指数に連動する為，運用成果が分かりやすいうえ，信託報酬がアクティブ運用のファンドよりも低く，投資コストが小さいというメリットがあります。

2010年以降，日本銀行は異次元金融緩和策の一環としてETFの買い入れを進め，これが株価指数の上昇に少なからぬ寄与をしているとみられています。

(2) 投資信託の現状

日本では，投資信託は昭和初期から一般投資家の資産運用手段として利用されてきましたが，制度として確立されたのは1951年6月の証券投資信託法制定以降です。その後，一部の投資家が利用してきましたが，本格的な普及をもたらしたのは，金融システム改革法等による日本版金融ビッグバンです。

1998年12月に施行された金融システム改革法により，投資信託制度は次のように変化しました。

第1に，従来の契約型投資信託に加え，証券投資を目的として設立された会社が発行した株式を一般投資家が取得するという形態で資産を運用する会社型投資信託（投資法人）の募集が可能になり，また，一定の限られた投資家を対象として設定される私募投資信託制度（プライベートエクイティファンド）が新たに導入されました。

第2に，信託契約が事前承認制から届出制に移行し，信託約款の投資信託取得者への交付が義務づけられることになりました。また，投資家への情報開示の観点から，投資信託の販売に際し，当該投資信託の運用方法等を詳細に記述した有価証券目論見書の事前交付，および信託財産運用報告書の配布が義務づけられました。

第3に，投資信託業が免許制から認可制に変更されました。

第4に，銀行等窓口での投資信託の販売が段階的に解禁されました。この結果，投資信託は証券会社，投資信託会社だけでなく，銀行等の窓口でも募集・販売されています。また，2000年以降，投資信託の運用対象として有価証券以外の不動産，貸付債権なども認められるようになり，株価指数に連動するように作られたETF（Exchange Traded Funds，株価指数連動型上場投資信託）や不動産を投資対象とするREIT（不動産投資信託）が誕生し，

▶図表1-19　契約型公募投資信託の元本残高

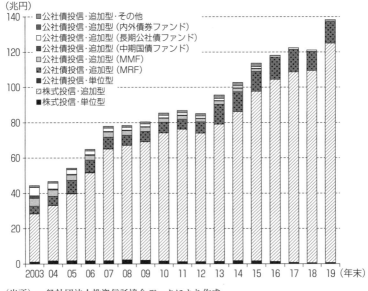

（出所）一般社団法人投資信託協会データにより作成

投資信託に多様性をもたらしました。

　契約型公募投資信託の元本残高の推移をみると，2004～2007年に順調に拡大し，その後は世界金融危機で頭打ちになったものの，2013年頃から再び増加基調になっています（図表1-19）。その内訳をみると，全体の90%（2019年末）を占める追加型株式投信が，この間の増勢のほとんどであることがわかります。株式投信の設定元本は，株価が堅調なときに増加し，株価低迷期に伸び悩み，これが投資信託全体の盛衰のカギを握っているようです。また，2014年に導入されたNISA（少額投資非課税制度）も株式投信の増勢に寄与しているようです。他方で，公社債投信，特に中長期の公社債ファンドは，長年にわたる金利の低下により需要が縮小しています。また，長らく安全性と流動性の高いファンドとして重要な位置づけにあったMMF（Money Management Fund）は，2016年1月に導入されたマイナス金利政策の下で利回りがマイナスとなったため，取り扱いをやめる金融機関が相次ぎ，今後の動向が懸念されます。

(3)　不動産投資信託（REIT）

　日本版金融ビッグバンにおいて投資信託を拡充する方針が示されたのを受け，投資信託の品揃えを増やす観点から，2000年，REIT（不動産投資信託，Real Estate Investment Trust）が解禁されました。

　REITは，多数の投資家から集めた資金によりオフィスビルや商業施設，マンションなど複数の不動産などを購入し，その賃貸収入や売買益を投資家に分配する投資信託の一種です。もともとは，アメリカで生まれた商品で，日本では頭にJAPANのJをつけてJ-REITとよんでいます。2001年9月には，東京証券取引所にJ-REITが初めて上場されました。

　J-REITは一般的に不動産投資法人とよばれる会社形態をとり，株式会社の場合の株式に相当する投資証券を発行します。J-REITに投資する投資家はこの投資証券を購入し，J-REITは投資家から預かった資金をもとに不動

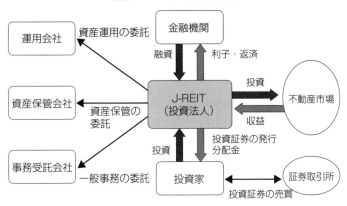

▶図表 1 -20　J-REITの仕組み

（出所）一般社団法人投資信託協会Webサイト

産などに投資し，購入した物件の賃料収入や物件の売買で得られた収益を投資家に分配します（図表 1 -20）。また，J-REITは，金融機関から融資を受けたり，株式会社の場合の社債にあたる投資法人債を発行したりして，資金調達をすることもあります。

　J-REITの投資証券の価格は，他の有価証券と同様に，需要と供給の関係によって決まります。J-REITの決算（通常年 2 回）が行われる際に投資家に対して支払われる分配金は，株式会社における配当と同様，投資法人の収益状況によって決まります。なお，通常の株式会社であれば，税金と内部留保を引いた残りが配当原資となりますが，J-REITの場合は，配当可能利益の90％超を分配するなどの条件を満たすと法人税が免除されるため，通常は収益全額が分配金として投資家に還元されます。

　公募（上場）REITは，2020年 6 月末現在で63本あり，その純資産総額は10.4兆円にのぼります。

4. 個人向け国債

(1)　個人向け国債の仕組み

　国債は，証券会社，銀行，郵便局などの窓口を通じて一般企業や個人に販売されています。政府債務の膨張に伴う国債の大量発行を受け，個人向けの販売を強化して国債の円滑な消化を図る目的で，2003年3月，個人向け国債の発行・販売が開始されました。当初は変動金利10年物（変動10）として発行されましたが，その後，多様化のために固定金利5年物（固定5）や固定金利3年物（固定3）が追加されました。

　金利は，「変動10」では基準金利（固定10年）×66%,「固定5」では基準金利（固定5年）−0.05%,「固定3」では基準金利（固定3年）−0.03%, といずれも通常の国債より低めに設定されています。利子の支払いは年2回，購入単位は最低1万円（1万円単位），発行後1年経過後は中途換金可能といった条件となっています。

　個人向け国債は，最も信用度の高い国債であることによる安全性，額面1万円単位で購入できる簡便さ，3種類の満期をそろえ変動金利物を用意するなどの多様性を魅力としてアピールし，徐々に国民にも浸透してきました。

　また，個人向け国債以外では，個人が証券会社，銀行，信金・信組，郵便局等で購入できる2・5・10年物国債があり，新窓販国債とよんでいます。

(2)　個人向け国債の現状

　個人向け国債の発行額は，2003年3月の発売から数年は順調に拡大し2005年度には7兆円を上回りましたが，長期金利が超低水準で推移したことから，徐々に人気を失い発行額は縮小しました（図表1 -21）。特に，2008〜2010年度は，世界金融危機の悪影響を受けて縮小し，2010年度には発行額は約1兆

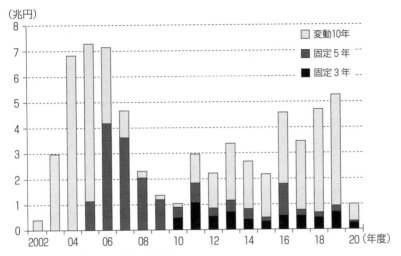

▶図表1-21　個人向け国債の発行額の推移

（注）　1．2020年度は4～8月の発行額。
　　　　2．2011年度および2012年度の変動10年は個人向け復興応援国債の発行額を含む。
（出所）財務省Webサイトにより作成

円となりました。

　その後，個人向け国債は，経済の安定を受けてやや盛り返し，2016年1月に導入されたマイナス金利政策の下では，他の金融資産が軒並みマイナスの収益率となるなかで，プラスの金利が保証される安全資産として人気を集め，再び注目されています。

5. 金融商品に係るリスク

(1) リスクとリターンの関係

　一般に「リスク（危険性）」は，予想外の悪いことが起こる可能性を意味します。一方，金融商品（金融市場）に関するリスクは，「リターン（投資収益）の変動の可能性」を指しますので，収益（価格）が下がるダウンサイド・リスクだけでなく，収益（価格）が予想以上に上がるアッパーサイド・リスクも含みますが，通常は損失の可能性を意味します。

　一般に，プラスのリターンの期待の大きい金融商品は，マイナスのリターン（損失）の可能性も大きくなります。市場がきちんと機能していれば，ある金融商品にとって収益額・損失額を横軸に，リターン額それぞれの確率を縦軸にとった図は正規分布の山型になると考えられます。その際，大きな収益を得る確率が大きい金融商品は，同額の損失の確率も大きくなり，各リターンの確率をプロットした図は低いなだらかな山型となります。これはハイリスク・ハイリターン商品といわれます。逆に，大きな収益を得る確率が小さい金融商品は，同額の損失の確率も小さくなり，各リターンの確率をプロットした図は高い山型となります。これはローリスク・ローリターンの金融商品といわれます。

　図表1-22は，ハイリスク・ハイリターン商品（濃い色）と，ローリスク・ローリターン商品（薄い色）の，時系列の収益額を描いたイメージ図です。2曲線とも同方向に動いていますが，ハイリスク・ハイリターン商品の収益・損失の絶対値は，ローリスク・ローリターン商品の収益・損失の絶対値を常に上回ります。

　このように，ハイリターン（収益性）を求めるのであれば，ハイリスク（損失の可能性）となることを覚悟しなければいけません。投資家は，常に

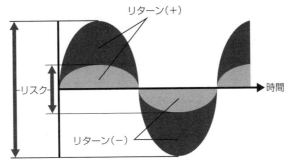

▶図表1-22　リスクとリターンの概念図

リターン（＋）

－リスク－

時間

リターン（－）

（出所）一般社団法人全国銀行協会Webサイト

ローリスク・ハイリターンを求めますが，完全な市場においてはそうしたことはあり得ないことを十分に理解しておく必要があります。また，金融機関も，ローリスク・ハイリターンを匂わすようなセールスは，厳に慎む必要があります。

(2)　金融商品に係る各種リスク

なお，先の記述は価格変動リスクをイメージしましたが，金融商品には，図表1-23のようなリスクがあります。このうち①〜③は，それぞれのリスクの発生確率を考えることができますので，上述の価格変動リスクと同じようなリスクとリターンの関係が成り立ちます。

実際の金融商品は，これらのリスクを複数含みますので，それらのすべてを合算して総合的なリスク量を測ることは困難です。しかし，それぞれのリスクについては，それぞれ計量することが可能ですので，金融機関（販売者）は，それらのリスクをなるべく客観的な指標として示し，投資家（購入者）は，それらの指標をきちんとみて自己責任で判断をする必要があります。

▶図表1-23　金融商品に係る各種リスク

①信用リスク	預金，貸出，投資の対象の経営破綻などで，元利金などの支払いが遅れたり，支払われなくなったりする可能性。信用リスクを数字・記号で表したものが格付。
②価格変動リスク	株価，債券，投資信託など有価証券の価格変動による損失の可能性。
③為替リスク	投資家にとって外貨で運用される外貨預金，外貨投資信託について，為替レート変動によって生じる損失の可能性。
④金利変動リスク	変動金利商品において，金利下落によって受ける損失の可能性。あるいは，固定金利商品において，金利上昇時に高金利を受けられない可能性（逸失利益）。これらは，予想外の金利変動によって，他の運用形態に比べて相対的に収益が少なくなる可能性（逸失利益）を考えることなので，厳密にはその金融商品に独自のリスクではない。そうした点で，こうしたことをリスクとして捉えることは，厳密性を欠くとも考えられる。
⑤流動性リスク	金融商品の解約・売却を，したいときにできない可能性。
⑥カントリーリスク	海外投資で，その国の政治的・経済的要因により，元利金などの支払いが遅れたり，支払われなくなったりする可能性。これはよく使われる言葉だが，厳密には，信用リスクや為替リスクに分解することもできる。

第4章
日本銀行と金融政策

Introduction

　この章では，日本銀行の金融政策について学びます。金融政策は，財政政策（第3編参照）と並ぶ経済政策の柱です。これを理解するには経済学およびマクロ経済に関する理解が必要ですので，あわせて学んでください。また，日本銀行は銀行ではありますが，民間銀行とは異なる目的と仕組みをもっています。通常の銀行との共通点と相違点を意識しつつ学ぶと理解が深まるでしょう。

　日本銀行が毎月行う金融政策決定会合の内容は，新聞等でも必ず報道されます。そこで用いられる専門用語はもちろん，なぜそうした政策がとられるのかを，実体経済およびマクロ経済学との関連で考える癖をつけておくと，金融政策のみならず金融市場への理解も深まるでしょう。

1. 金融政策

(1)　金融政策の目的・目標

a　金融政策とは

金融政策（monetary policy）は，財政政策（fiscal policy）と並ぶ，マクロ経済政策（総需要管理策）の両輪です。景気が悪い（需給ギャップが大きい）際に，財政政策では政府支出の増加や減税により有効需要を直接創出するのに対し，金融政策は，マネーストックを増加させ，同時に市場金利を引き下げることにより民間需要を拡大する効果をもちます。逆に，景気が過熱する際には，財政政策では財政支出削減・増税，金融政策ではマネーストック縮小・金利引上げで景気を冷やします。前者の金融政策を金融緩和，後者を金融引締めといいます。

いずれも重要な政策ツールですが，財政政策は政策決定までのラグが大きいこと，変動相場制の下では金利上昇・為替レート上昇を通じて景気刺激効果が減殺されること（マンデル＝フレミング効果），景気刺激策を繰り返すことで財政赤字が固定化しがちであることなどから，近年では景気調整にはむしろ金融政策を重視する傾向が世界的に強まっています。

なお，金融政策には，マクロ総需要管理策としての狭義の金融政策のほかに，信用秩序維持（金融システム安定化）のためのプルーデンス政策（詳細は本編第7章参照）があります。本章では，前者の狭義の金融政策について説明します。

b　金融政策の目標

金融政策の目標としては，①物価の安定，②雇用創出（失業削減，経済成長），③国際収支の均衡，④為替レートの安定などが考えられます。これらの目標のいずれを重視するかは，各国の政策体系や中央銀行の位置づけ・権

限，通貨制度により異なりますが，先進国で変動相場制をとる国（地域）の中央銀行のほとんどは，①物価の安定を最重視しています（図表1-24）。政治的な支持を得やすい②雇用創出（失業削減，経済成長）は政府の役割であり，しばしばそれとトレード・オフの（相反する）関係にある物価の安定は中央銀行の役割である，との棲み分けが，標準的な経済政策論の考え方です。

こうした役割分担があるため，インフレファイターたる中央銀行はしばしば政府（政治）と対立し，その観点から政府からの中央銀行の独立性が重要となります。

また，中央銀行は物価の安定を目標にするのは疑いがないものの，通常，資産価格（株価・地価など）の安定には直接責任をもちません。株価・不動産価格（地価）の上昇は，資産格差の拡大をもたらしますが，経済成長を加速することもあり，一般的には歓迎されるからです。しかし，株価・不動産価格の上昇が経済実態を伴わないバブルであった場合，その崩壊のデメリットは大変深刻です。このため，消費者物価などの一般物価が安定しているなかで株価・不動産価格が異常に上昇する際，これを中央銀行が金融引締めで抑制すべきかどうかが重要な議論となります。例えば，1980年代後半のバブル経済形成期の日本では，日本銀行は，一般物価が安定していたため株価・不動産価格の上昇を放置し，その後1989年からはバブル潰しを積極的に行いました。2000年代前半のアメリカでも，株価・不動産価格の上昇をアメリカの中央銀行FRB（Federal Reserve Board，連邦準備制度理事会）が放置したことが，後に2007年以降サブプライム・ローン問題，リーマン・ショック

▶図表1-24　金融政策の目標

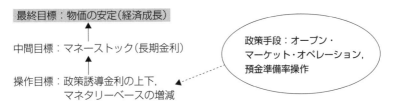

といった金融危機の原因となったとの見方があります。バブル期などに，金融政策で資産価格上昇を抑制すべきかどうかは，今なお，悩ましい問題です。

　また，③国際収支の均衡，④為替レートの安定については，理論的には変動相場制をとる国の中央銀行はこれらを目標とせず，実際に日銀をはじめ先進国の中央銀行（含むECB；European Central Bank）は，これを正式には目標にしていません。しかし，為替レートの変動は物価の安定に影響するため，間接的には為替レートの動向にも中央銀行は注意を払っています。

(2)　金融政策の手段

　中央銀行は，金融政策により，マネーストックを増減させ，市中金利を上下させることによって，需要をコントロールし，物価の安定等を実現しようとします。マネーストックの増減，金利の上げ下げの手法としては，①オープン・マーケット・オペレーション（公開市場操作），②預金準備率操作，③公定歩合などの政策金利の直接操作，④銀行の貸出増加額に対する指導があります。このうち，④の銀行貸出額への指導は，以前は日本でも窓口指導という名称で有力な金融政策ツールでしたが，現在は日本を含む先進国でこうした直接規制を政策ツールに用いる国はありません。

　また，③公定歩合操作（中央銀行の市中銀行への貸出金利の上げ下げ）は，規制金利の下では最も重要な金融政策ツールでしたが，金利の自由化に伴い形骸化し，現在ではこれを金融政策ツールとして用いる国は少なくなりました。日本銀行の政策でも，2001年に導入したロンバート型貸出制度[1]により，公定歩合は国内の最低金利となる中心的な政策金利としての座を降り，単なる日銀貸出の際の金利の意味となりました。さらに，2006年8月からは公定歩合という語は基準貸付利率という語に置き換わり，コールレートの誘導水

---

1)　2001年3月に導入された，日本銀行の金融機関に対する貸出制度。本制度の下では，金融機関は，基準貸付利率でいつでも資金を調達できるようになり，金融機関の流動性確保が容易になった。

準の上限を示すことになりました（現在の日銀の政策誘導金利は，コール翌日物金利となっている）。

　以下，①オープン・マーケット・オペレーション，②預金準備率操作について，もう少し詳しく説明します。

① 　オープン・マーケット・オペレーション（公開市場操作，略してオペレーション）

　中央銀行は，市中銀行に預金の一部を支払い準備（準備預金，中央銀行預け金）として中央銀行に預けることを求めます（日本の場合，日銀預け金，または日銀当座預金とよぶ）。通常，支払い準備が不足する場合，高いペナルティを払わねばなりません。このため，定められた期限までに準備預金が所要額に足りない場合には，銀行等は短期金融市場（日本ではコール市場，アメリカではFF市場など）において金融機関から資金を調達します。そうした際に中央銀行が，金融機関が保有する国債や手形などの有価証券を金融機関から買い上げれば，代わり金の支払いにより中央銀行預け金が増加し，銀行等は短期金融市場で資金を調達しなくて済みます。その結果，短期金融市場での資金需要が低下し，金利が低下します。

　このように，中央銀行が有価証券を買い入れて資金を金融機関に供給するオペレーションを「買いオペ」とよび，金利を下げる効果をもちます。逆に中央銀行が有価証券を売って資金を金融機関から吸収するオペレーションを「売りオペ」とよび，金利を上げる効果をもちます。中央銀行のオペレーションは，通常，最も短期の市場金利（日本ではコール翌日物金利，アメリカでは翌日物FF金利）にすぐに影響しますので，この操作により中央銀行は最短期の短期金融市場の金利を，ほぼ意のままにコントロールできます。

　このオープン・マーケット・オペレーションは，いずれの先進国（ユーロ圏の場合はECB）でも中心的な金融政策ツールとなっています。

　なお，中央銀行が売買する対象により，国債オペ，CPオペ，手形オペ等

の種類があります。また，中央銀行が証券を買い切り売り戻し条件がつかない場合を「買い切りオペ」，証券を売り切り買い戻さない場合を「売り切りオペ」とよびます。売り戻し条件・買い戻し条件の付いた中央銀行の売り買いを「現先オペ（アメリカではレポ）」とよびます。

　また，中央銀行がオペレーションを行うことで，金融機関の中央銀行預け金の量をコントロールすることも可能です。例えば，中央銀行が金融を緩和したいときには，買いオペを通じて短期金利を下げると，同時に金融機関の準備預金残高が増加し，これが金融機関の信用創造機能[2]を通じてマネーストックの増加をもたらします（ただし，現在の日本のようにゼロ金利やマイナス金利の下では，こうした因果関係は必ずしも生じない）。マネーストックの増加は，経済成長を刺激したり物価を引き上げたりする効果をもつため，この経路でも経済の刺激が可能となります（マネーストックと実体経済との関係は本章2節(1)参照）。

②　預金準備率操作

　前述のとおり，預金取扱金融機関は中央銀行に，預金残高に預金準備率をかけた額の資金を支払い準備として預けねばなりません（準備預金）。預金準備率は流動性の高い預金ほど高く設定されています（日本の場合，定期性預金は0.05〜1.2%，流動性預金等は0.1〜1.3%）。準備預金と現金の合計は，信用創造によるマネーストック増加の源泉となる本源的マネーという意味で，マネタリーベース（Monetary Base，High-powered Money）とよばれます。マネタリーベース（H）は，以下の関係式をもとに，マネーストック（M）

---

[2]　中央銀行の買いオペにより金融機関の準備預金（中央銀行預け金）が増加すると，金融機関はその資金を用いて貸出を行う。非銀行部門に貸し出された資金は，現金に流出する部分を除きどこかの金融機関の預金となり，預金を受け入れた金融機関はそれを原資にさらに貸出を行い，その貸出資金はさらに他の金融機関の預金となる。これが金融機関（預金）の信用創造機能である。このようにして，後述のとおり当初供給された準備預金の信用乗数倍，マネーストックが増えることになる。

と通常は，安定的な関係をもっています。

> M≒L＝H/（1−α＋αβ）
>
> （α：預金歩留まり率，β：預金準備率，L：金融機関の貸出総額）
>
> ・0＜α＜1（1に近い），0＜β＜1（0に近い）であり，分母の（1−α＋αβ）は0に近い1より小さい値。
>
> ・Hにかかる係数の1/（1−α＋αβ）は信用乗数とよばれ，1より大。

　ここで，中央銀行がオペレーションによりマネタリーベース(H)を増やすと，αとβが一定であれば，その数倍（通常は10倍以上），マネーストック(M)が増え，金融緩和効果を生みます。

　このとき，β（預金準備率）を引き上げると，信用乗数（1/（1−α＋αβ））は低下し，マネーストックが減少します。逆にβ（預金準備率）を引き下げると，信用乗数（1/（1−α＋αβ））は上昇し，マネーストックが増加します。このようにβ（預金準備率）を上げ下げしてマネーストックをコントロールする金融政策手段が，預金準備率操作です。

　預金準備率操作は，マネーストックをコントロールする大変強力な手段ですが，銀行の預金調達戦略や預金金利への影響があまりに大きいため，先進国では通常はほとんど発動されません。日本では，1991年を最後に発動されていません。景気が過熱し，前述のオペレーションではマネーストックを制御できないような場合には預金準備率の引上げもあり得ますが，現在のような世界的なディスインフレ経済の下では，あまり発動されることはないでしょう。ただし，中国など新興国では，景気が過熱しやすいため，また，市中金利が完全に自由化されていないため，預金準備率操作が使われることが珍しくありません。

2. マネーストック統計

(1) なぜマネーストックが重要か

　マネーストックとは，法人，個人，地方公共団体などの非金融部門が保有する現金通貨や預金通貨などの通貨量の残高です。貨幣（通貨）量は経済活動と密接な関係があり，経済学のモデルにおいても貨幣量は重要な位置づけにあります。特に，アーヴィング・フィッシャー（Irving Fisher）は，「MV=PT」という「フィッシャーの交換方程式」を示し，M（マネーストック）が，PT，すなわち名目GDPと安定的な関係にあるとして，これが後にマネタリストの議論の基礎になりました（M；マネーストック，V；流通速度，P；物価，T；取引量，PT≒名目GDP）。この関係式を背景に，マネーストックは多くの国で金融政策の中間目標と位置づけられ，マネーストックの水準や伸び率の目標を発表する中央銀行もあります。

　なお，フィッシャーの交換方程式と基本的な意味は同じですが，アルフレッド・マーシャル（Alfred Marshall）が考案した「M＝kPY」という式もあります（M；マネーストック，P；物価，Y；実質GDP，PY；名目GDP）。"k"は「マーシャルのk」とよばれる係数で，一般には安定的であると考えられます。すなわち，名目GDPはMの一定倍となるという考え方であり，これがマネタリストがマネーストックを重視する根拠になっています。

　これらの経済学の議論，あるいは金融政策の中間目標において「貨幣（通貨）」として想定しているのは，現金通貨と流動性の高い預金です。このため，古くは現金のみを重視しましたが，当座預金，普通預金といった流動性預金は決済に使用することから現金と同様の性格をもつと考えられ，これもマネーストックに含め，M1（後述）として重視するようになりました。また，日本では，定期預金の解約が容易であり，総合口座においては定期預金

に流動性預金としての性格が付与されると考え，定期預金もマネーストックに加えたＭ２を重視してきました。

経済活動との関係を議論し，金融政策の中間目標とするのに，いずれの定義のマネーストックを用いるべきかは，このように国や時代によっても異なり，一義的には決まりません。

日本では，Ｍ２が最も重要な指標とされていますが，これは今後の経済構造や預金の性格の変化によって，変わる可能性もあります。

(2) マネーストック指標の見方

日本銀行調査統計局では，1955年以降，景気，物価の動向やその先行きを判断するための１つの指標として，マネーサプライ統計を作成・公表してきました。また，2008年６月には，通貨保有主体や各指標の通貨発行主体および金融商品の範囲の見直しを行うとともに，同統計の名称をマネーストック統計に変更しました。

日本銀行は，マネーストックを「一般法人，個人，地方公共団体などの通貨保有主体が保有する現金通貨や預金通貨などの通貨量の残高」と定義し，Ｍ１，Ｍ２，Ｍ３，広義流動性の４つの指標を作成・公表しています（図表１-25）。

Ｍ１は，最も容易に決済手段として用いることができる現金通貨と預金通貨で構成されます。このうち，現金通貨は，銀行券発行高と貨幣流通高の合計から金融機関保有現金を控除した残高です。預金通貨は，預金取扱機関の要求払預金残高です。

Ｍ３は，Ｍ１に，預金取扱機関の準通貨（定期預金等）およびCDを加えた残高です。準通貨は，解約して現金通貨ないし預金通貨に替えれば決済手段になる金融商品であり，預金通貨に準じた性格をもつ通貨という意味です。

Ｍ２は，金融商品の範囲はＭ３と同じですが，預金の預入れ先が国内銀行等に限定されています。

▶図表1-25　日本における通貨・マネーストックの定義（2008年6月以降）

> Ｍ１＝現金通貨＋預金通貨（預金通貨の発行者は、全預金取扱機関）
> Ｍ２＝現金通貨＋預金通貨＋準通貨＋ＣＤ（預金通貨、準通貨、ＣＤの発行者は、国内銀行
> 　　　等）
> Ｍ３＝現金通貨＋預金通貨＋準通貨＋ＣＤ（預金通貨、準通貨、ＣＤの発行者は、全預金取
> 　　　扱機関）
> 広義流動性＝Ｍ３＋金銭の信託＋投資信託＋金融債＋銀行発行普通社債＋金融機関発行Ｃ
> 　　　　　　Ｐ＋国債＋外債

(注) 1．現金通貨＝銀行券発行高＋貨幣流通高
　　　2．預金通貨＝要求払預金(当座、普通、貯蓄、通知、別段、納税準備)－対象金融機関保
　　　　　　　　　有小切手・手形
　　　3．準　通　貨＝定期預金＋据置貯金＋定期積金＋外貨預金
　　　4．国内銀行等＝国内銀行（除くゆうちょ銀行）、外国銀行在日支店、信用金庫、信金中
　　　　　　　　　　央金庫、農林中央金庫、商工組合中央金庫
　　　5．全預金取扱機関＝「国内銀行等」＋ゆうちょ銀行＋信用組合＋全国信用協同組合連合会
　　　　　　　　　　　　＋労働金庫＋労働金庫連合会＋農業協同組合＋信用農業協同組合連
　　　　　　　　　　　　合会＋漁業協同組合＋信用漁業協同組合連合会

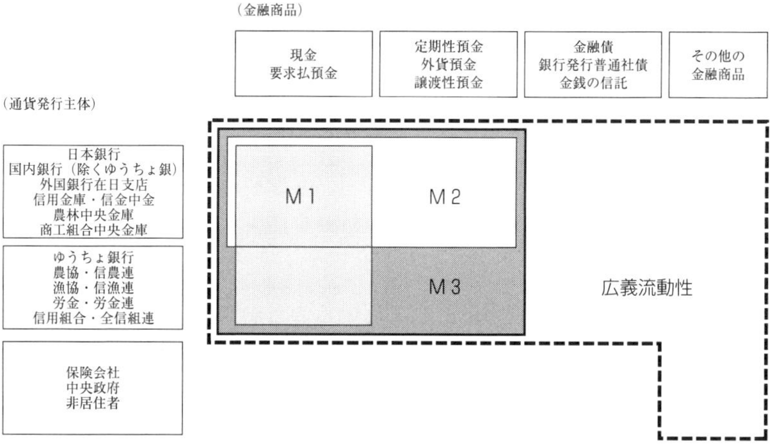

(出所) 日本銀行調査統計局『マネーストック統計の解説』2019年10月，p.1-1, p.1-2

　広義流動性は，Ｍ３に，流動性は低いが預金に振り替わり得る資産である
金銭信託，投資信託，金融債，銀行発行普通社債，金融機関発行ＣＰ，国債，
外債を加えた指標です。

　マネーストックの４指標およびその内訳について，日本銀行は月次ベース

▶図表1-26　マネーストック；各指標の残高（2020年7月平残速報値）

（単位：兆円，%）

		平残	構成比
	現金通貨	108	5.7
	預金通貨	794	41.8
M1　a		901	47.4
	準通貨（国内銀行）　e	210	11.0
	CD（国内銀行）　　　f		0.0
M2　b=a+e+f		1,111	58.5
	準通貨（預金取扱金融機関）　g	523	27.5
	CD（預金取扱金融機関）　　h	28	1.5
M3　c=a+g+h		1,453	76.4
金銭信託　　　　　　　　　i		296	15.6
投資信託（公募・私募）　　j		90	4.7
金融債　　　　　　　　　　k		3	0.2
銀行発行普通社債　　　　　l		0	0.0
金融機関発行CP　　　　　m		0	0.0
国債　　　　　　　　　　　n		24	1.3
外債　　　　　　　　　　　o		34	1.8
広義流動性　　d=c+i+j+k+l+m+n+o		1,900	100.0

（出所）日本銀行調査『マネーストック速報』（2020年7月）により作成

の平残を毎月発表しており，Webサイトにてみることができます。2020年
7月の平残（速報値）は，M1が901兆円，M2が1,111兆円，M3が1,453兆
円，広義流動性が1,900兆円です（図表1-26）。長年の低金利および2016年
1月以降のマイナス金利により，M1の比率が高くなっています。

3. 日本銀行の役割

(1)　日本銀行の機能

　近代国家は，いずれも通貨を発行し，通貨発行量を管理するために中央銀行を置いています。日本の中央銀行は日本銀行であり，1882（明治15）年の日本銀行条例に基づいて設立されました。その後，1942年に制定された日本銀行法に基づき法人に改組され，1998年の法改正により政府からの独立性を強化する方向で位置づけが変わりました。

　日本銀行は財務省の認可法人であり，資本金1億円の55％を政府，45％を政府以外（個人，金融機関，公共団体等）が出資しています。非営利団体で，通貨発行益や日銀貸出などで得た利子収入等から経費・配当を引いた最終剰余金は国庫に納入され（国庫納付金），国民に還元されます。逆に，日銀がむやみにリスク資産を購入して損失を出せば，国庫納付金が減り国民負担となります。

　中央銀行である日本銀行の使命は，主に以下の6点です。

　第1に，日本銀行券（札）を発行し，オペレーションによる資金供給とともに本源的資金（マネタリーベース）を供給します。ただし，日銀券の発行はあくまで預金取扱金融機関の請求によるもので，日銀が一方的に銀行券発行量を増やすことはできません。しばしば，「デフレ解消のためには日銀が紙幣の発行を増やせばよい」との意見が述べられますが，これは誤りです。

　第2に，日銀は民間金融機関から資金を預かります（日銀当座預金）。これは民間金融機関の支払い準備となると同時に，民間金融機関との決済に用いられます。オペレーションも，日銀当座預金を使って行われます。

　第3に，日銀は民間金融機関の資金（支払い準備）が不足した際や，流動性危機に陥る懸念のある際などに，民間金融機関に貸出を行います。金融自

由化を受け公定歩合が形骸化した後は，日銀貸出の金利はコールレートなどの市場金利を上回る水準となっていますので，コール市場で低金利で資金がとれないような困難に陥った金融機関が主に日銀貸出を利用することになります。この第2，第3の機能をもって，日銀は「銀行の銀行」とよばれます。

第4に，前述のとおり，オペレーション等の金融調整により，マネーストックをコントロールします。

第5に，「政府の銀行」として，国の資金（国庫金）を政府預金として受け入れ，この当座預金を通じて年金や公共事業費などの国の支払い，税金や社会保険料などの歳入金の受付，国債の元利金支払いを行います。ただし，多数の民間金融機関を日銀代理店として，国の歳出入の受払いを代行してもらっています。また，財務大臣の代理人として，財務大臣の指令により為替介入を行います。

第6に，日銀は円の最終的決済に責任をもち，日銀ネットという決済システムを運営します。

なお，日本銀行の機能・権限は，1998年4月の日本銀行法の改正により，強化されました。長年の課題であり，諸外国の潮流でもある政府（政治）からの独立性を強化するためです。しかし，近年，日銀総裁・副総裁人事に政治が関与する度合いが高まり，人事を通じて再び独立性が損なわれる懸念も指摘されています。

(2)　金融政策決定会合

日銀の金融政策運営は，日本銀行の政策委員会が決定します。政策委員会は，月に1〜2回の頻度で開催され，内外の経済状況，金融市場，金融システムのレビューを行ったうえで，今後の金融政策運営を討議し，決定します。この会合を金融政策決定会合とよびます。

金融政策決定会合では，金融市場調整の基本方針，基準貸付利率，預金準備率等について，現行を継続するか，あるいはどう変更するかを決定します。

そして，「無担保コールレート（翌日物）を，＊＊％程度で推移するように運営する」，あるいは「日本銀行当座預金残高が＊＊兆円程度となるよう調節する」といった方針を，会合終了後直ちに総裁が発表します。その内容は，新聞報道されるとともに，日銀のWebサイトに掲載されますので，誰でも見ることができます。

　政策決定会合の内容は，議事要旨が1ヵ月後，詳細な議事録は10年後に公開されます。政策決定会合には，政府から財務大臣（またはその代理），経済財政政策担当大臣（またはその代理）が出席し，意見陳述，議案の提出，議決延期の請求を行うことができます。しかし，議決権はもたず，議決延期も政策委員会がその採否を決定します。このように，政府は議論には参加できますが，議決権はあくまで日銀にある体制をとることで政府からの独立性が担保されています。

⑶　日本銀行の政策目標の変化

　日本銀行の第1の最終目標は，他国の中央銀行と同様，物価の安定です（経済成長・雇用創出，資産価格の安定を目標とするかの議論は前述）。

　しかし，時々の経済事情や金融政策の枠組みの変革に伴い，日銀の金融政策の目標と手段は，少しずつ変化してきています。多くの国で，中央銀行は，最終目標を達成するために，中間目標，操作目標を定めています。操作目標は，中央銀行の政策手段（オペレーション，政策金利操作等）によってほぼ思いどおりにコントロールできる指標です。中間目標は，物価の安定（あるいは経済成長）のために，操作目標を経由して目安として狙う指標です。ボウリング競技にたとえれば，操作目標は球を投げる方向・スピード，中間目標はレーン上の7つの三角印（スパット，アロー），そして最終目標が倒したいピンやポケットということでしょう。

　政策手段は，以前は公定歩合操作が中心でしたが，現在はオープン・マーケット・オペレーション（公開市場操作。本章1節⑵①参照）が中心となっ

ています。操作目標は，1999年にゼロ金利政策に至るまではコール翌日物金利でしたが，ゼロ金利政策導入後は日銀当座預金残高，あるいはマネタリーベースといった量的指標になりました。ゼロ金利のもとでこの日銀当座預金に目標を設定する方式が，2001年から導入された量的金融緩和政策です。一時期を除き，日銀は，マネタリーベースを操作目標としてきました。

中間目標は，1970年代にマネタリストの考えが浸透して，諸外国が相次いでマネーストック（マネーサプライ）とし，日銀も1978年からマネーストックを中間目標としました。しかし，後述するとおり，マネーストックと実体経済（実質GDP，物価）との関係は安定的でなく，他の貸出金利や長期金利といった指標が暗黙のうちに併用されてきたようです。

なお，最終目標は物価の安定ですが，日本は1990年代半ばからデフレ（物価下落）が続いており，21世紀に入ってからはデフレ脱却が目標とされてきたといってよいでしょう。また，2013年1月に日銀の総裁・副総裁の交代を前に，日銀は「2年以内に物価上昇率2％を実現する」というインフレ率目標を設定しました。インフレ率目標は，中間目標を立てずに，最終目標だけをみながら金融調整を行うという考え方ですので，2021年現在は中間目標は設定していないことになります。

(4) 最近の日本の金融政策

a 金融政策の変遷

日本経済は，1990年代に入りバブルの崩壊等により低成長に苦しみ，1990年代半ばからはデフレが続いています。株価・不動産価格も，時折上昇しますが，基本的には過去20年間低迷しています。こうしたなかでは，金融政策は基本的にはできるだけ緩和を進めるしかなく，過去20年間，日銀は，金融緩和の程度を強めつつ対応してきました。

まず，1990年代には金融緩和を進め金利を引き下げ続け，金融危機を受けて1999年2月には前人未到のゼロ金利政策（コール翌日物金利の誘導水準を

ほぼゼロ％とする政策）の実施に踏み切りました。その後，2000年8月～
2001年2月，2006年7月～2008年11月にはゼロ金利を一時解除しましたが，
それ以外は実質ゼロ金利政策が長らく続けられています。

　また，ゼロ金利政策の下で，2001年3月～2006年3月，2010年10月以降は，
日銀の資産買い取り（オペ）により当座預金残高を積み上げる量的金融緩和
政策を行いました（2008年からの白川方明総裁の下での政策の中心は包括緩
和政策，2013年4月の黒田東彦総裁の下での政策は量的・質的緩和政策とよ
ばれるが，その本質は量的金融緩和政策の変形である）。

　量的金融緩和政策は，リーマン・ショック後にアメリカFRB，ユーロ圏
のECBなどが導入しましたが，日本はそれに先駆けて前人未到の思い切っ
た政策を実施したため，世界中からその効果が注目されました。しかし，
2001年からの大規模な量的金融緩和政策にもかかわらず，デフレから脱却で
きず，名目GDPも十分に拡大しませんでした（図表1 -27）。また，マネタ
リーベースの急拡大にもかかわらず金融政策の中間目標であるマネーストッ
クの拡大が目立たないのは，信用乗数が低下したことを示しています。その
原因は，金融機関が十分な日銀準備預金をもちながらも貸出（与信）を拡大
せず，信用創造機能が低下したことにあると考えられます。こうした状況は
変化していないにもかかわらず，2013年からはさらに大胆な量的金融緩和が
実施され，2014年10月，2015年12月にはその拡大と補完がなされており，そ
の効果に対する懐疑的な見方も少なくありません。

　さらに，2016年1月29日には日銀はマイナス金利政策（マイナス金利付き
量的・質的金融緩和）を導入し，日本の金融政策は新局面に入りました。

b　量的金融緩和政策の狙いと効果

　なお，ゼロ金利の下での量的金融緩和は，時間軸効果という考え方を伴っ
ていました。これは「デフレ脱却までゼロ金利を継続する」と日本銀行が宣
言することにより，長期の金融緩和期待が生まれ，長期金利が低下（イール
ドカーブがフラット化）することを通じて，日本経済を支える効果です。こ

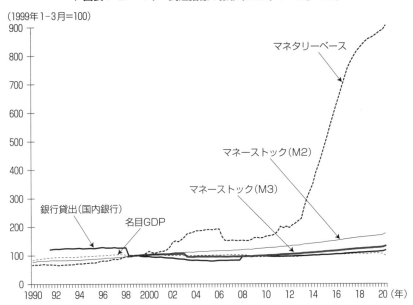

▶図表 1-27　マネー関連指標の推移（1995年 1 - 3 月＝100）

(1999年1-3月＝100)

900 —
800 — マネタリーベース
700 —
600 —
500 — マネーストック（M2）
400 —
300 — マネーストック（M3）
200 — 銀行貸出（国内銀行）　名目GDP
100 —
0 —
1990　92　94　96　98　2000　02　04　06　08　10　12　14　16　18　20 (年)

(注)　1．マネタリーベース，マネーストック（M2，M3），銀行貸出は四半期平残。
　　　2．マネタリーベース，マネーストック名目GDPは季節調整値。
(出所)　日本銀行Webサイト等により作成

第4章　日本銀行と金融政策

　の時間軸効果は，ある程度成果を発揮したと思いますが，これは厳密には量
的金融緩和によるものではなく，長期にわたるゼロ金利政策の効果と考える
べきでしょう。

　また，量的金融緩和による銀行等の流動性拡大が，金融システム安定化に
資したこともあったと考えられます。リーマン・ショック後，欧米の多くの
金融機関が危機に陥ったのに対し，邦銀が流動性不安に陥ることはありませ
んでした。

　2013年，黒田東彦総裁を中心とする新体制が発足し，4月の政策決定会合
で，新しい金融政策体系が打ち出されました。日銀がリスク資産を含めて積
極的に資産を金融機関から買い入れ，「2年間でマネタリーベースを2倍に

する」といった操作目標の下で，「2年以内に前年比2％の（消費者）物価上昇率を達成する（デフレを脱却する）」というインフレ率目標を設定しました（図表1-28）。いずれも大胆な政策転換であり，円安が進行し株価は上昇しました。

　その後，2014年に入り景気の停滞等を受け，日本銀行は同年10月に，マネタリーベースの年間増目標を80兆円に，長期国債購入額を80兆円に拡大し，より長期の国債の購入，ETFやREITの購入も増やす「量的・質的金融緩和」の拡大を決めました。また，2015年12月には，「量的・質的金融緩和」の補完のため，ETFの購入額（年間3兆円増）を維持するほか，購入する国債の平均残存期間の延長を決定しました。さらに，2016年1月には日銀当座預金の一部にマイナス金利を適用する「マイナス金利付き量的・質的金融緩和」が導入されました（詳細は本編第8章参照）。

　また，2016年9月には，短期金利をマイナス金利とするとともに長期金利（10年物国債金利）を0％に誘導する「長短金利操作付き量的・質的金融緩和」が実施されました（2018年7月には長期金利の誘導目標は±0.2％に緩和）。長短の金利を日銀が操作する，まさに規制金利の時代に戻ったような思い切った政策です。これにより金融機関は最低限の利鞘を確保することができるようになりました。しかし，長期金利を日本銀行が思うようにコントロールできるかどうかについては，疑問が持たれています。また同時にマネタリーベースの明示的な目標を外し，量的な指標から金利に目標が移っています。この2016年9月の政策変更をもって，厳密には量的金融緩和策は終了したと考えられなくもありません。

　このように大胆な政策が次々と打ち出され，この間長期金利は低下を続けましたが，株価は不安定な動きをみせ，為替レートも円安に振れた後，徐々に円高に戻っています。近年の量的金融緩和政策，およびマイナス金利政策については，その評価はもう少し後に委ねられることになりましょう。

▶図表 1-28　日本銀行の量的・質的金融緩和政策(2013年 4 月以降)

2013年 4 月 4 日 「量的・質的金融緩和」の 導入	・2 年以内に「2 ％の物価上昇率」を達成 ・マネタリーベース増加：2 年で 2 倍に拡大（年間60〜70兆円増） ・国債の買い入れ：（2013年）残高20兆円増→残高年間50兆円増 　　　　　　　残存期間：1 − 3 年→40年債まで拡大，平均残存期間：現状の 　　　　　　　　　3 年→7 年に⇒保有額・平均残存期間は 2 年間で 2 倍に ・リスク資産の買い入れ：ETF……（2013年）残高5000億円増→年間 1 兆円増 　　　　　　　　　J-REIT……（2013年）残高100億円増→年間300億円増
2014年10月31日 「量的・質的金融緩和」の 拡大	・「2 ％の物価上昇率」目標の継続 ・マネタリーベース増加：マネタリーベースの年間80兆円増 ・国債の買い入れ：残高が年間80兆円増（30兆円追加） 　　　　　　　残存期間：7 〜10年に（最大 3 年程度の長期化） ・リスク資産の買い入れ：ETF……残高年間 3 兆円増（3 倍に拡大） 　　　　　　　　　J-REIT……残高年間900億円増（3 倍に拡大）
2015年12月18日 「量的・質的金融緩和」を 補完するための諸措置の導 入	・「2 ％の物価上昇率」目標の継続 ・マネタリーベース増加：マネタリーベースの年間80兆円増（不変） ・国債の買い入れ：残高が年間80兆円増（不変），残存期間：7 〜10年（不変） ・リスク資産の買い入れ：ETF……残高年間 3 兆円増（不変） 　　　　　　　　　J-REIT……残高年間900億円増（不変） 　　　　　　　　　CP等……残高2.2兆円を維持，社債等……残高3.2兆円 　　　　　　　　　を維持
2016年 1 月29日 「マイナス金利付き量的・ 質的金融緩和」の導入	・「2 ％の物価上昇率」目標の早期実現 ・マイナス金利の導入（日銀当座預金を 3 階層に分け政策金利残高に▲0.1％の金 利を適用） ・マネタリーベース増加：マネタリーベースの年間80兆円増（不変） ・国債の買い入れ：残高が年間80兆円増（不変），残存期間：7 〜12年に（最大 2 年の長期化） ・リスク資産の買い入れ：ETF残高年間 3 兆円増（不変），J-REIT残高年間900億 　　　　　　　　　円増（不変），CP等残高2.2兆円を維持（不変），社債等 　　　　　　　　　残高3.2兆円を維持
2016年 9 月21日 「長短金利操作付き量的・質 的金融緩和」の導入	・「2 ％の物価上昇率」目標の実現……達成までイールドカーブ・コントロールを 　　　　　　　　　継続 ・長短金利操作（イールドカーブ・コントロール） 　短期金利：日銀当座預金の政策金利残高に▲0.1％の金利を適用（不変） 　長期金利：10年物国債金利がおおむね0％となるよう国債買入れを行う（新 　　　規），平均残存期間の定めは廃止 ・長期金利操作のための新型オペ導入：日銀指定利回りによる指値オペ，資金供給 　　　オペの対象：1 年→10年 ・リスク資産の買い入れ（不変）：ETF残高年間 6 兆円増，J-REIT残高年間900億 　　　　　　　　　円増，CP等残高2.2兆円，社債等残高3.2兆円 ・オーバーシュート型コミットメント：イールドカーブ・コントロールを物価上昇 　　　率目標達成まで継続 ・マネタリーベース：拡大を目指すが明示的な目標は設定しない（金利目標達成の 　　　ための変動を許容）
2018年 7 月31日 強力な金融緩和継続のため の枠組み強化	・「2 ％の物価上昇率」目標の達成まで超低金利を継続（政策金利のフォワードガ イダンス導入） ・長短金利操作（イールドカーブ・コントロール）の継続 　短期金利：日銀当座預金の政策金利残高に▲0.1％の金利を適用（不変） 　長期金利：10年物国債金利がおおむねゼロ％となるよう国債買入れ（ただし± 　0.2％程度の変動を容認する） ・リスク資産の買い入れ方針（不変）

（出所）日本銀行発表資料により作成

4．金　利

(1)　金利とは

　金融取引の基本は貸借であり，そこに貸し手に借り手が払う利息（利子）が発生します。その利息の借入額に対する割合が金利であり，利率，利子率ともよばれます。債券や株式等の証券保有による収益（利子・配当）の購入価格に対する割合は，利回りとも金利ともよばれます（債券の応募者利回り，流通利回りの関係は本編第2章参照）。金利は通常，借入期間の長さにかかわらず1年間貸借した場合に換算して年利（率）として示されます。

　第2章で述べたとおり，様々な金融市場にそれぞれ金利があります。預金金利，貸出金利，コールレート，債券金利等です。それぞれ特徴がありますので，詳細は第2章を参照してください。

　金利には，変動金利と固定金利があります。固定金利の金融商品は，貸借関係の成約時（債券発行，預金・貸出の設定時）に，予め金額，満期とともに金利（利率）を定め，この金利は満期まで変わりません。他方，変動金利は，長期の貸借において，満期までの途中で経済・金融情勢の変化に伴い，利率の変更を行う商品（貸借関係）を指します。銀行等の企業向け貸出や住宅ローンでは，固定金利と変動金利が併用されており，借り手が選択する場合が多いようです。変動金利貸出は，現在の日本のように金利水準が低く金利先高期待がある場合には，固定金利よりも低水準となります。長期債券は，大半が固定金利ですが，2003年に導入された個人向け国債などには変動金利型があります。

　通常，金利というと名目金利を指しますが，経済状況との関係で議論する際には，実質金利という概念が登場します。アービング・フィッシャーは，金利に関する理論の基礎として，「名目金利＝実質金利＋期待物価上昇率」

という関係を想定し，この実質金利が，経済の諸環境と密接な関係にあると考えました。この式は，フィッシャー方程式とよばれ，通常下記のように示されます。

> $r^* = r - \pi$ （r^*：実質金利，r：名目金利，π：期待物価上昇率）

　名目金利は，もともと物価上昇率と密接な関係にあります。金利とは，貸し手が現在の消費を諦める費用の対価であり，借り手が先に消費を行えることによる便益の対価です。現在消費するのと，誰かに資金を貸して将来消費するのかのいずれが得かは，物価上昇率と金利との関係で決まります。例えば，物価上昇率が高ければ，消費を待つコスト（機会損失）が大きくなり，その分貸し手は高い金利を要求します。また，借り手は，少々金利が高くても資金を得て，価格が上がる前に商品を買おうとするでしょう。こうした金利と物価上昇率との損得勘定（裁定という）をバランスさせるには，名目金利と期待物価上昇率がほぼ等しくなる必要があり，名目金利から期待物価上昇率を引いた実質金利は長期的にはおおむねゼロ％近傍になります。そして短期的には，実質金利は，経済状況，特に企業などの期待収益率の高さや消費者の購買力によって決まると考えます。

(2)　金利の決定要因・変動要因

　金利は，「経済の体温」といわれることがあります。一般的に景気が良くなれば金利が上がり，景気が悪くなると金利が下がります。金利が高すぎると企業活動や住宅建設が困難となり，経済成長にブレーキがかかりますが，金利が低いのは経済活力が乏しいか，日本のようにデフレ状況にあるかのいずれかの証であり，これも好ましくありません。適度な金利で適切で安定的な経済活動が好ましいといえましょう。

　このように金利は，経済活動の強さ（景気の良し悪し）の影響を受けますが，それだけではありません。そこには，多方面の様々な要素が影響します。

a　市場での需要・供給と金利

　金利は貸借における価格ですので，商品価格と同様，自由市場でのその時々の金利は，すべて資金の需要と供給の関係によって決まるといって間違いありません（ただし，預金のように商品提供者が一方的に条件設定する金融商品や，規制金利は需給要因は明確に反映されない）。

　資金の需要とは，借り手の「資金を調達したいという意欲」，供給とは，「資金を運用（提供）したいという意欲」です。金融市場に限らず自由市場では，成立し価格がついた売買では事後的な需要量と事後的な供給量は常に等しいので，成立した売買の売却額（数）と購入額（数）をみても何もわかりません。重要なのは，潜在需要と潜在供給です。すなわち，売却・購入の意欲，証券でいえば買い気配と売り気配の強さが，価格すなわち金利に影響します。

　貸出や短期金融市場でも，金利には需給要因が働きますが，需給要因が最も明確に表れるのは，債券市場でしょう。債券市場における供給増とは，債券の新規発行，より正確には「新規発行額－債券償還額」の増加でしょう。債券市場における需要と供給が均衡し，均衡価格Pが成立しているとき，ある企業が社債を新規発行すれば，供給が増え供給曲線Sは右下のS'にシフトします。その結果，債券価格はP'に下がり，類似の他社の社債を含めた債券市場全体の金利（利回り）は上昇します（図表1-29）。逆に，需要増はそれまで市場に入っていなかったニューマネーがその市場に入ってくる際に生じます。例えば，外国の投資家が日本国債へ投資を増やす，日銀がオペレーションで国債を大量購入するように政策変更する，といったことが考えられます。均衡価格Pが成り立っているときにそうしたニューマネーが債券市場に流入すると，需要曲線が右上にシフトし，債券価格が上昇し，金利は低下します。

　こうした需要・供給の変化は，金利動向を説明するうえで大変重要であり，市場関係者は常に各市場での潜在需要・潜在供給の変化に関連する情報に目

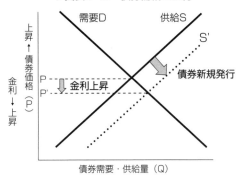

▶図表 1 -29　債券需給と金利

需要D　　　供給S

上昇 ↑ 債券価格 （P） 金利 ↓ 上昇

S'

債券新規発行

P
P'

金利上昇

債券需要・供給量（Q）

(注) 筆者作成

を光らせて金利動向を予想します。しかし，（インサイダー情報を避けつつ）潜在需要・潜在供給に関する情報を事前に得ることは事実上困難です。また，需要・供給で説明できる未来は，極めて短期的なものです。このため，これから述べる金利と実体経済（経済ファンダメンタルズ）との関係，インフレ期待との関係もあわせて検討することが重要です。

b　マクロ経済バランス・金融政策と金利：IS-LM分析

マクロ経済のバランスで金利水準（変動）を説明する伝統的な理論に，ケインズ（John Maynard Keynes）の『一般理論』をもとにヒックス（John Richard Hicks）が体系化した「IS-LM分析（モデル）」があります。IS-LM分析とは，財市場と貨幣市場における国民所得と利子率の同時均衡を求める分析であり，これを用いて実体経済の貯蓄投資バランスと金利との関係を知るだけでなく，財政政策・金融政策の効果を考察することができます。

具体的には，縦軸に利子率，横軸に国民所得をとり，財市場での貯蓄（S）と投資（I）の均衡を達成する国民所得（GDP；Y）と利子率（r）の組合せを示すIS曲線と，貨幣市場での流動性選好（Liquidity Preference；L）と貨幣供給（Money Supply, Money Stock；M）の均衡を達成するGDP（Y）と利子率（r）の組合せを示すLM 曲線を描きます（図表 1 -30）。そして，IS

第4章　日本銀行と金融政策

▶図表1-30　マクロ経済と金利(IS-LMモデル)

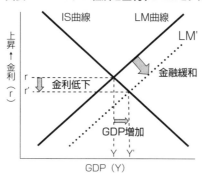

(注) 筆者作成

曲線とLM曲線の交点で，金利（r）とGDP（Y）が決定されるとするモデルです。

　このモデルのうえで，財政拡張政策（政府支出増加，減税）がなされると，IS曲線が右上にシフトし，LM曲線との新しい交点ではGDPは増加しますが，金利も上昇します。他方，金融緩和政策（マネタリーベースの拡大）がなされると，LM曲線が右下のLM'にシフトし，IS曲線との新しい交点ではGDPがY'に拡大するとともに金利がr'に低下します。本章の冒頭で述べた，金融政策の効果は，実体経済との関係ではこのような経路で金利に影響すると考えられます。

　なおこのように，同じ景気刺激策（総需要拡大策）である財政拡張政策と金融緩和政策では金利に対する影響が逆になります。このため，近年は景気調整のためには金融政策のほうが財政政策より有効であるという考え方が有力です。また，変動相場制の下では，拡張財政政策による金利上昇は通貨高を招き，経済成長を阻害する可能性があることから，その点でも金融緩和による金利低下により景気を刺激するほうが有効であるという議論もあります（詳細は本編第6章参照）。

c　リスクと金利：リスク・プレミアム

　貸借において，借り手がきちんと返済してくれるかどうかは，貸し手にとって大変重要です。借り手が元利金をきちんと返済しないリスクを信用リスクとよび，これは企業の倒産確率，個人の破綻確率などによって決まります（詳細は本編第7章参照）。社債発行体等に対する格付会社の格付も，この信用リスクの大小を数字や記号で表したものです。

　信用リスクが高ければ，貸し手は借り手に，より高い金利を要求します。リスクに見合うだけの収益がなければ，貸し手は貸出に応じません。この信用リスクに対する金利の上乗せ分をリスク・プレミアムとよびます。この結果，経済環境や償還期間等の他の条件が同じであれば，信用リスクが高い貸出（債券）にはより高い金利，信用リスクが低い貸出（債券）には，低い金利が付きます。

　通常，各国の金融市場で最もリスクが低いと考えられる金融商品は国債であり，国債金利はリスクフリー（リスクなし）として，その国の市場の最低金利（ベンチマーク）に位置します（実際には，国債よりも格付が高い社債も時折存在する）。リスク・プレミアムは，そうしたリスクフリーの金利からの上乗せ分で示し，その差を信用スプレッドといいます。2003～2009年のBBB格（投資適格の最低水準）の社債金利と国債金利（AA格）をみると，両者の間に0.3～1.4％のスプレッドがあることがわかります（図表1-31）。また，スプレッドは一定ではなく，りそな銀行への資本注入，足利銀行の国有化がなされた2003年，リーマン・ショックが深刻になった2009年には，社債金利が上昇してスプレッドが拡大しています。こうした混乱期には，投資家はリスク認識を強め，より大きなリスク・プレミアムを求めるからです。

　なお，同時点での償還期間が同じ債券や貸出を，信用リスク（格付）の大小を横軸に，金利を縦軸にプロットした図をクレジット・イールド・カーブとよびます。これを分析することにより，金融市場で貸し手や投資家がどのようにリスクを認識しているかがわかります。

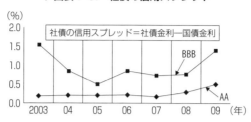

▶図表1-31　社債の信用スプレッド

(注) 1. 社債金利，国債金利はともに，残存満期5年物の流通金利。格付は，格付投資情報セン
　　　ターによる。データは各年の年初値。
　　2. 社債金利は証券業協会「格付マトリクス表」，国債金利はブルームバーグ。
(出所) 谷内満〔2009〕『入門　金融の現実と理論』同友館, p.128

d　長短金利の関係：金利の期間構造

　金融商品，貸借関係について，満期までの期間（満期，償還期限）が1年
超であれば長期，1年以内なら短期といいます。また，1年超5年以下を中
期ということもあります。そして，それぞれに係る金利を，短期金利，（中
期金利），長期金利といいます。短期金利の代表はコールレートであり，長
期金利の代表は10年物国債利回りです。

　一般的には，短期金利より長期金利のほうが高くなります。短期の与信よ
り長期の与信のほうがリスクが高く，その分リスク・プレミアムが付加され
るからです。長期貸出は，借り手の信用度が落ちても満期まで元金が返済さ
れることはありません。また，通常であれば償還期限前に売却が可能な市場
性のある債券でも，売却時に価格が下がっていたり，買い手がみつからない
こともあります。長期債，長期貸出は，そうしたリスクが短期債，短期貸出
より大きくなります。

　しかし，長短金利の関係は，将来にわたっての金利上昇・下落期待，すな
わち将来にわたっての物価上昇期待の影響を受けます。例えば，現在景気が
良く物価上昇率が高く，コールレートなどの短期の政策金利の水準が高いと
きには，「今後，物価上昇率が低下し，日銀が金融を緩和し，短期金利が低
下していく」ことが予想されます。例えば，投資家は，10年物国債への投資

を考えるとき，その資金を1年物国債の乗換えや1年物定期の継続で10年間運用した際の利益率，すなわち今後10年間の1年物国債，1年物定期預金の金利の平均と比較するでしょう（実際には複利計算をするので10年間の単純平均にはならない）。その結果，投資家は10年物国債には，1年物の短期金利の今後10年間の平均よりも少し高い水準の金利を求めることになります。こうしたとき，今後短期金利がかなり低下しそうであれば，10年物国債は現在の短期金利より低くなるのが妥当です。

　逆に，現在の物価上昇率が低く，政策金利が低いときには，「今後の物価上昇期待，短期金利（政策金利）の上昇期待」が大きくなり，長期金利はより高くなります。その結果，現時点での短期金利と長期金利の差は大きくなります。

　貸出や債券について，横軸に償還期間（満期までの期間），縦軸に利回り（金利）をプロットした図を「期間別利回り曲線（イールドカーブ）」とよびます（図表1-32）。先述の現在の短期金利が高く今後の短期金利の低下期待が大きいケースでは，イールドカーブは右下がりとなります（図表1-32左）。これを逆イールドといいます。逆に，今後の短期金利の上昇期待が高いとき，あるいは変わらないと予想されるときは，イールドカーブは右上がりとなります（図表1-32右）。これを順イールドといいます。順イールドが普通です

▶図表1-32　債券の期間別利回り曲線（イールドカーブ）

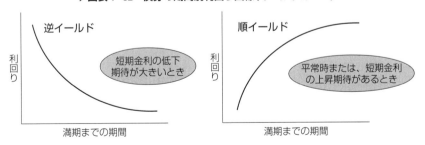

（注）筆者作成

が，これが右上がりで傾斜が立った状態（スティープ）か，やや右上がりで傾斜が寝た状態（フラット）かは，今後の金利の予想に左右されます。

　このイールドカーブを観察・分析することにより，金融政策，あるいはその背景にある物価上昇率に対する金融市場での期待や，各銘柄の利回りの水準に対する評価をすることができます。また，先述の日本銀行のゼロ金利の下での時間軸効果は，このイールドカーブを寝かせることで，長期金利を引き下げようとしたものと考えられます。2020年末現在はマイナス金利政策下ですから，最短期のコール翌日物金利はマイナスであり，国債金利も満期が短いものから長いものに向けて徐々に金利が高まる順イールドとなっています。常識的には，将来デフレ脱却，マイナス金利・ゼロ金利政策の解除が現実味を帯びる場合には，イールドカーブが右上がりで傾斜が立つ可能性が高いでしょう。他方で，日銀は「マイナス金利を常識を超えて長く続ける」と宣言し，長期の国債の購入を進めることにより，市場に将来にわたっての低い短期金利の期待を植え付け，イールドカーブを寝かそうとしているようです。

　なお，債券市場のイールドカーブは，新聞の「債券市場」欄をもとに書くことができます。新聞には，満期2・5年の中期国債，満期10年の長期国債（指標銘柄），満期20・30・40年の超長期国債の利回りなどが記されていますので，これらのデータをもとに満期償還までの年数と金利をプロットすれば描けます。また，情報データサービス会社，通信社などのWebサイトには，イールドカーブがリアルタイムで示されていますので，これを利用してもよいでしょう。

第5章
金融組織

Introduction

　金融機関は，経済において資金仲介機能，決済機能，信用創造機能という重要な役割を果たします。これらの役割を直接果たすのが銀行等の預金取扱金融機関です。預金取扱金融機関には，都市銀行等の銀行と信用金庫などの共同組織金融機関があります。上記の３機能に間接的に関わるのが，非預金取扱金融機関（広義のノンバンク）です。証券会社の基本はブローキング業務であり，預金を受け入れる銀行とは本質が全く異なります。金融機関は，それぞれの業態を規定する法律や歴史的な経緯により細かく分類されます。単に各業態の違いを知るだけでなく，その背景にある機能・役割の違いや歴史的な経緯に興味をもって，金融組織の体系を理解してください。

1. 各金融機関の特徴

(1) 都市銀行

　預金取扱金融機関の中核に位置するのが普通銀行です。機関数は多くはありませんが（図表1-33），資金量では預金取扱金融機関の5割以上を占めています。普通銀行を規定する銀行法では，銀行に，公共性を有すること，預金・貸出をあわせて行うか為替取引を行うこと，資本金が10億円以上であることを求め，設立には政府から認可され免許を受ける必要があります。

　銀行のうち，設立根拠が国内法の銀行法に基づく銀行を国内銀行とよび，海外に本拠をもつ銀行が日本の銀行法に基づき営業の免許を得た在日支店を在日外国銀行とよびます。国内銀行は，都市銀行，信託銀行，地方銀行，第二地方銀行等からなります。

　そのうち大都市に本店を置き，全国に支店をもつ大銀行が都市銀行です。1990年代初には13行ありましたが，その後，2000年まで3行存在した長期信用銀行とあわせて合併，経営統合，破綻等による再編が進み，2021年2月現在は三菱UFJフィナンシャル・グループ，三井住友フィナンシャルグループ，みずほフィナンシャルグループ，りそなホールディングスの持株会社形態の4大金融グループの中核銀行となっています。これら4グループに，信託銀行の三井住友トラスト・ホールディングスを加え，5メガバンクとよばれることもあります。

　都市銀行は，規模が大きいだけでなく，証券業務や信託業務などをグループ内の子会社にて運営する，海外支店を多くもち国際金融業務にも積極的である，という特徴をもっています。

▶図表 1-33　預金取扱金融機関の数と資金量と貸出・預貸率（2020年 3 月末）

	機関数	資金量a(兆円)	貸出残高b(兆円)	預貸率(%)(b/a)
預金取扱金融機関計	1,293	1,519	799	52.6
普通銀行	192	857	610	71.2
大手銀行	19	447	236	52.7
都市銀行	5	404	202	50.0
信託銀行	14	43	34	77.8
地方銀行	64	285	220	77.1
第二地方銀行	39	64	49	77.3
在日外国銀行	56	13	20	152.8
その他銀行	14	47	85	179.3
中小企業金融機関	418	422	120	28.6
商工組合中央金庫	1	9	8	91.4
信用金庫	259	145	73	50.0
信用組合	145	21	12	56.0
労働金庫	13	21	14	68.0
農林水産金融機関	683	240	53	22.3
農林中央金庫	1	66	20	30.6
JAバンク	607	103	21	20.1
JFマリンバンク	75	3	1	21.8

（注） 1．資金量＝（実質）預金残高，貯金残高，積立金，金融債発行残高の合計。
　　　 2．預金取扱金融機関，普通銀行，中小企業金融機関，農林水産金融機関の資金量・貸出残高は，日本銀行『資金循環勘定』等による。
　　　　　 都市銀行，信託銀行，地方銀行，第二地方銀の資金量・貸出残高は全国銀行協会の資料による。在日外銀は日本銀行『資金循環勘定』による。「その他銀行」は，これら 5 業態の合計と普通銀行（日銀統計による）の差額。
　　　　　 商工中金，信用金庫，信用組合，労働金庫の資金量・貸出残高は各企業・各業態の代表団体の資料によるため，各業態の合計は中小企業金融機関全体（日銀統計）と一致しない。
　　　　　 農林中央金庫，JAバンク，JFマリンバンクの資金量・貸出残高は各企業・各業態の代表団体の資料によるため，各業態の合計は農林水産金融機関全体（日銀統計）と一致しない。
　　　 3．ゆうちょ銀行は「その他銀行」に含まれる。
（出所）日本銀行『資金循環勘定』，金融庁，預金保険機構，信金中央金庫，全国信用組合中央協会，商工組合中央金庫，全国労働金庫協会，農林中央金庫Webサイトにより作成

(2) 地方銀行

a 地方銀行

　地方銀行は，都道府県の県庁所在地などの地方の中核都市に本店を置き，支店の多くを本店所在都道府県内にもつ銀行です。各都道府県に1ないし2行存在し，2020年12月末現在64行あり，全国地方銀行協会に加盟しています。

　預金受入れや小口貸出等のリテール業務の営業エリアは，基本的には本店所在都道府県内が中心となりますが，県外の企業などに対する大口融資や国際金融取引なども行っており，そうした点で都市銀行と形式的には業務の差はありません。また，各都道府県（地方自治体）の公金を取り扱うことが多く，各都道府県の公的な金融機関の役割も担っています。

　なお，近年は地方銀行どうしの合併が増えています。地方銀行が第二地方銀行や信用金庫と合併する例は1990年代から多くみられました。それに加え，2004年に北海道銀行と北陸銀行が地域を越えて経営統合し，ほくほくフィナンシャルグループを形成したのを皮切りに，全国で地方銀行どうしの合併が盛んになっています。

b 第二地方銀行

　相互銀行（1951年の相互銀行法に基づいて設立）から銀行に転じた第二地方銀行は，地方銀行と同様の営業基盤・形態をもちますが，一般的に地方銀行よりも規模が小さく，取引先もより小規模な企業が中心となります。ただし，一部地域では，県を越えた経営統合，提携による近隣の都道府県への進出に地方銀行よりも積極的な第二地銀もあります。第二地方銀行は，2020年12月末現在38行あり，第二地方銀行協会に加盟しています。

(3) 信託銀行

　銀行法および金融機関の信託業務の兼営等に関する法律（2007年制定）に基づく信託業務を営む銀行を信託銀行とよびます。1980年代までは，信託業

を主とする専業7行と都市銀行・地方銀行の3行が存在しましたが，金融自由化により外資系信託銀行や大手の銀行・証券会社グループの子会社としての信託銀行が多数設立されました。その後の金融再編により大手金融グループの傘下に入るものも多く，2020年12月末現在14行が存在します。また，近年は，有価証券の保管・管理を行う資産管理専門信託銀行（マスタートラスト）も登場しています。

　信託銀行は，都市銀行に比べて長期の資金調達，長期の資金運用の比率が高い傾向があります。

⑷　インターネット専業銀行

　1990年代からの金融規制緩和と，情報通信技術の進歩を受け，インターネット専業銀行という新形態の銀行が多数設立されました。インターネット専業銀行とは，店舗やATM端末をほとんどもたず，振込，振替，残高照会などの預金に係る伝統的な銀行のサービスをインターネット上で提供する銀行のことです。外貨預金受入れ，投資信託販売やローンを扱う銀行もあります。これらは，ネット銀行やオンライン銀行とよばれることもあります。

　既存の銀行も，上記のような預金サービスをインターネット上で提供しており，これをインターネットバンキングとよんでいますが，インターネット専業銀行は，店舗やATMでの取引ではなく，専らインターネット上での取引に特化した銀行を指します。

　インターネット専業銀行は，店舗保有のコスト，人件費を削減できるため，従来型の銀行よりも預金金利を高く設定でき，諸手数料を安く設定できることを活かして顧客を獲得しています。

　2000年10月にジャパンネット銀行がインターネット専業銀行として取引を開始したのが草分けであり，2020年8月末現在，ソニー銀行，楽天銀行（旧イーバンク銀行），住信SBIネット銀行，auじぶん銀行，大和ネクスト銀行，GMOあおぞらネット銀行があります。現金を扱わないため，セブン銀行や

ゆうちょ銀行，メガバンク等と提携して業務を行うのが一般的です。

　なお，コンビニエンス・ストアの店舗等にATMを設置して，現金の預入れ，払出しを含む個人向け預金業務を行うセブン銀行（旧アイワイバンク銀行）や，スーパーマーケット内にインストア・ブランチを設けて個人向け預金，ローン，投資信託業務を行うイオン銀行，といった新しい形態の銀行があります。しかし，これらは伝統的な店舗・ATMにより預金業務などを行う銀行と本質的には異ならないといえましょう。

　また，ローソンATMなど，コンビニエンス・ストア内にATM端末を設置して現金の預入れ，払出し等を行うサービスがありますが，これは銀行との提携関係をもつサービス業者であり，金融機関には含めません。

(5)　中小企業金融機関

　信用金庫，信用組合，商工組合中央金庫（商工中金），労働金庫は，主に中小企業向け融資を担い，これらを「中小企業金融機関」と総称します。

a　信用金庫

　信用金庫とは，1951年施行の信用金庫法に基づいて設立される金融機関を指します。株式会社形態ではなく，非営利の協同組織の形態をとり，一定地域内の居住者・勤労者や事業者（従業員300人以下または資本金9億円以下）を会員としています。地域経済に根付くという点で公共性を期待されるため，信用維持のために，出資金の最低限度を大都市に本店があるものについて2億円以上，そのほかは1億円以上に制限しています。また，会員が脱退する際には，持ち分の全部を他に譲渡せねばならないと定め，出資金の維持を図っています。なお，信用金庫の中央機関として信金中央金庫（信金中金）があり，巨大な資金量を誇っています。

　信用金庫は，資金調達面では，預金，定期積金を銀行と同様に一般から受け入れます。しかし，資金運用面では信用金庫は融資（貸付，手形割引）の80％以上を会員に対して行わなければならないとされており，この点は銀行

と異なります。また，同一取引先に対する融資額は，銀行と同様，自己資本の原則25％以内に制限されています（大口信用供与等規制）。

中小企業金融での競争激化，採算性の低下を受け，信用金庫を取り巻く経営環境は決して良好とはいえません。こうした状況下，信用金庫間の合併，統合が盛んであり，金庫数は長期的に減少傾向にあります。

b　信用組合

信用組合は，1949年施行の中小企業等協同組合法に基づいて組成された金融機関です。1951年の信用金庫法により規模の大きい信用組合は信用金庫に移行し，比較的小規模で組合の色彩の強いものは信用組合として残り，今日に至っています。信用金庫と信用組合は，基本的な機能や位置づけは同じですが，信用組合は事業者については従業員300人以下または資本金3億円以下（卸売業は100人または1億円，小売業は50人または5千万円，サービス業は100人または5千万円以下）の，信用金庫の対象よりも小さい事業者を会員としています。また，信用組合の資金規模は信用金庫の7分の1であり，両者の規模に相当の開きがあります。なお，信用組合の中央機関としては，全国信用協同組合連合会（全信組連）があります。

c　商工中金(株式会社商工組合中央金庫)

商工中金は，中小企業の商工業組合に融資することを目的に，1936年の商工組合中央金庫法に基づいて設立されました。商工中金は，長らく中小企業金融公庫，国民生活金融公庫とともに政府系中小企業金融機関の一角を占めていましたが，2008年の政府系金融機関の改編に伴い，株式会社となりました。ただし，商工中金の資本金の約5割（2020年3月末時点で46.46％）は政府が保有しており，半官半民の性格を有しています。商工中金は，中小企業への融資を中心とする点では信用金庫と同様ですが，企業への資金供給において公的な使命を担っていること，長期の無担保貸付を行うことが，信用金庫との違いとなっています。

d 労働金庫

労働金庫は，1953年の労働金庫法に基づいて設立された非営利の組合組織で，一定地域内に事務所をもつ労働組合，生活協同組合や，その地域に居住する労働者を会員としています。会員および会員の構成員から預金を受け入れ，これらに融資することを業務としています。以前は47の各都道府県にそれぞれ設置されていましたが，地域統合により2021年1月末現在13機関となっています。中央機関は労働金庫連合会です。

(6) 農林水産金融機関

農林水産業を対象とする金融機関も，多数存在します。農林水産業は，法人形態をとらず家計と事業の分離ができていない事業者が多いこと，融資の際に農地・林野を担保物件とすることが困難なこと，生産期間，収穫物の現金化までの期間が長いこと，気候などの影響を受け収穫が不安定なことから，通常の金融機関の融資を受けにくい傾向があります。こうした観点から，農林水産業への融資を専門にする金融機関が設けられました。

農林業については，各地域の農業協同組合（農協，JA），その上部組織として都道府県レベルの信用農業協同組合連合会（信連）があります。さらに上部には，全国を総括する農林中央金庫（農中）があります。農業協同組合が組合員に融資を行い，上部組織の信連は会員である農協から貯金を受け入れ，会員に事業資金の貸付，手形割引を行います。以前は各都道府県に信連がありましたが，農協の貯金の7割がそのまま農林中央金庫に預託される構造から，中間組織の信連の存在意義が問われ，農林中央金庫に事業を譲渡して解散する動きが続いています。なお，こういったピラミッド体系の総称として，農林系統金融機関という語が用いられます。

水産業についても同様の体系があり，漁業協同組合が組合員に融資を行い，その上部組織として信用漁業協同組合連合会があります。ただし，いずれも農林系統金融機関と比べると規模は小さいです。

農林中央金庫は，農林業だけでなく水産業の系統金融機関をも統括する役割をもち，「農林水産業の中央銀行」と称されることもあります。以前は政府の出資がありましたが，1986年以降は政府出資がなくなり民間法人となっています。資金調達は，主に会員等からの預金の受入れ（2015年度末，約59兆円），農林債券の発行（約3兆円）により，この巨額の資金を出資団体および農林水産業者等に融資するほか，余裕資金を国債，地方債になどに投資しています。農林水産業の資金需要の低迷により貸出の総資産に対する比率は低下しており，証券市場での機関投資家としての性格を強めています。

　これらの農業協同組合，漁業協同組合，森林組合，水産業協同組合，その上部機関である信用農業協同組合連合会，信用漁業協同組合連合会などと農林中央金庫を総称して，「系統金融機関」とよびます。

　なお，2015年8月に農協法が改正され，全国農業協同組合中央会（JA全中）の権限を縮小し，JA全中が地域農協に対してもつ監査・指導権をなくすことが決まりました。

(7)　ゆうちょ銀行

a　郵政民営化

　従来は，政府が郵便局の窓口で，郵便貯金を受け入れ簡易保険を販売してきました。しかし，これが「官業による民業の圧迫である」という民間金融機関からの批判や，高い利子の付与と運用利回りの低下による財政負担の増加を背景に，小泉純一郎政権の下で民営化が進められました。まず2003年に国営企業の日本郵政公社に転じ，2005年には郵政民営化法が成立し，これを受けて2007年10月に日本郵政株式会社が持株会社として設立され，そのもとに郵便事業株式会社，郵便局株式会社，株式会社ゆうちょ銀行，かんぽ生命保険株式会社の4つの子会社が設立されました。このうち，金融業務を営むのはゆうちょ銀行とかんぽ生命です。

　日本郵政株式会社の株式に対する政府の出資比率は，設立当初は100%で

したが，株式の放出により2017年9月末までにこれを3分の1まで減らすこ
とになっています。また，2015年11月4日には，日本郵政とその傘下のゆう
ちょ銀行とかんぽ生命保険を同時に上場しました。今後日本郵政は，傘下の
2子会社の株式を50％程度売却する方針となっています。

b　ゆうちょ銀行

ゆうちょ銀行は，銀行と同様，貯金（預金）を受け入れますが，その運用
対象は専ら有価証券であり，一般企業への貸出などは行いません。このため，
預金取扱金融機関の一角に位置しますが，銀行等の通常の預金取扱金融機関
とは異なり，完全な資金仲介機能を有していません。こうしたなか，ゆう
ちょ銀行は，企業向け融資や住宅ローンの取扱い認可を要求しています。

ゆうちょ銀行の貯金残高は183兆円（2019年度末）であり（図表1-34），
これは民間で預金残高が最大の三菱UFJ銀行の預金残高を上回り，また，日
本の個人預貯金残高の約20％を占めるなど，金融市場で大きなプレゼンスを
有しています。

▶図表1-34　ゆうちょ銀行の預貯金残高の推移と内訳

（単位：兆円）

年度末	2011	12	13	14	15	16	17	18	19
流動性預金	60.2	60	60.2	61.1	63.8	67.8	73.7	79.9	87.5
振替貯金	9.5	10.2	10.9	11.7	13.9	13.0	14.4	16.1	7.7
通常貯金等	50.3	49.4	48.9	48.9	49.6	54.5	58.9	63.4	79.3
貯蓄貯金	0.4	0.4	0.4	0.4	0.3	0.3	0.3	0.4	0.5
定期性預金	115.2	115.9	116.2	116.5	113.9	111.2	105.9	100.8	95.2
（全貯金に占める割合）	(0.7)	(0.7)	(0.7)	(0.7)	(0.6)	(0.6)	(0.6)	(0.6)	(0.5)
定期貯金	18.4	18.8	14.8	13.6	11.4	10.0	8.7	7.0	5.2
定額貯金等	96.8	97.1	101.4	102.9	102.4	101.2	97.3	93.8	90.0
（全貯金に占める割合）	(0.6)	(0.6)	(0.6)	(0.6)	(0.6)	(0.6)	(0.5)	(0.5)	(0.5)
その他の預金	0.3	0.2	0.3	0.2	0.2	0.1	0.1	0.1	0.1
国内貯金残高合計	175.6	176.1	176.6	177.7	177.8	179.1	179.7	180.8	182.8

（出所）株式会社ゆうちょ銀行Webサイトにより作成

⑻ 証券会社

a 証券会社の役割と業務

ここまで（⑴〜⑺）の金融機関は，預貯金を受け入れ融資を行うという資金仲介機能をもち，間接金融（金融仲介機関を介する金融）を担うことから，預金取扱金融機関と総称されています。しかし，預金を受け入れないものの資金仲介（マネーフロー）に深く関わる金融機関があり，その中核が証券会社です。証券会社は，証券市場での企業や政府の証券発行と，証券を売買する投資家とをつなぐ役割を果たし，直接金融の主たるプレイヤーとなっています。

証券会社は，以前は証券取引法に基づき，政府の免許を得て設立されていました。しかし，日本版金融ビッグバン（金融システム改革法）により，免許制から登録制になり，その後新規参入が増えました。現在は，2006年に成立した金融商品取引法に基づき登録され，2020年6月現在，国内に268社があります（うち外国証券会社は10社）。

1990年代半ばまでは野村證券，大和証券，日興証券，山一證券の4大証券規模の小さい準大手証券，中堅証券，中小証券が続くピラミッド構造が形成されていました。しかし，1993年以降大手銀行の持株会社が相次いで証券子会社を設立し，1997年には三洋証券，山一證券が経営破綻し，その後，外資による買収や，中堅・中小証券の合併，大手銀行グループによる吸収が相次ぎ，現在は多様な証券会社が複雑に存在しています。

証券会社の業務は，①ブローカー業務（有価証券の委託売買），②ディーリング業務（有価証券の自己勘定での売買），③アンダーライティング業務（有価証券の引受業；有価証券発行の幹事会社になるとともに，有価証券の売れ残りを引き取る業務），④セリング業務（有価証券発行者の依頼により一般投資家に有価証券を売り出す業務）を中心にしています。

b　証券業界の専門機関

　証券業界には，証券業務，証券取引を円滑に行うために必要な専門機関があります。証券金融会社は，証券会社の顧客の信用取引に要する資金，有価証券を貸し付ける業務等を行っています。2017年9月末に中部証券金融が解散した後は，日本証券金融（日証金）のみがあります。

　投資信託委託（運用）会社は，予め定めた金額を，1万円単位の受益証券に分割して発行し，証券会社等の販売会社を通じて売り出すことによって集めた資金を信託銀行に預託し，運用指示により有価証券等に投資をする業務を行います。投資信託委託会社は，2020年7月末時点で193社（うち不動産投信運用会社が80社，インフラファンド運用会社が7社）存在しますが，大半は証券会社の子会社です。

(9)　ノンバンク金融・消費者金融

a　ノンバンク

　預金を受け入れないものの，有価証券発行や銀行からの借入によって資金を調達し，個人や企業に信用供与を行う金融機関を，ノンバンク金融といいます。証券会社や保険会社も預金を受け入れませんが，これらは含めません。貸金業法において，「金銭の貸付・貸借の媒介を業として行うもの」と規定され，国（内閣総理大臣）または都道府県知事への登録が求められます。

　まず，貸出を主たる目的とするノンバンクに，消費者金融業，事業者金融（ビジネスローン）業，抵当証券業があります。主たる融資先の違いから，このような分類をしています。このうち，事業者金融は，かつては手形割引業者を含め多数存在しましたが，1990年代末に高い金利で中小企業，個人企業への融資を行うことが社会問題化し，縮小しました。また，抵当証券業は，土地，不動産を担保にとって融資を行う業態であり，かつて乱脈経営が社会問題化し，現在は銀行系の付随業務として運営されています。

　このほかに，本来は融資を目的とするわけではないものの，本来業務に付

随して信用供与するノンバンクとして，クレジットカード会社，信販会社，リース業等があります。クレジットカード会社，信販会社は，消費者の買掛金について信用をつける機能があり，最近はクレジットカードのリボルビング払いを通じ消費者に対する直接信用供与を拡充しています。リース会社は動産，不動産を貸与する対価としての賃貸料をとることから，利用者にとっては自ら資金調達をして設備投資を行うのと同様の信用供与の機能をもつことに加え，企業等に直接融資することもあるため，金融機関に列せられます。

b 消費者金融

ノンバンクのうち，最も目立つ存在が消費者金融でしょう。消費者（個人）を対象に小口資金を無担保で，比較的高い金利で貸し付ける業務を行っています。消費者金融は，かつてはサラリーマン金融（サラ金）ともいわれ，広報活動が活発なことなどから以前から高い知名度をもってきました。特に1993年の自動契約機の導入，1995年のテレビコマーシャルの制限撤廃等を契機に一層注目を集めるようになりました。

消費者金融業者は，利息制限法の上限金利である15〜20%（10万円未満の融資は20%，10万円〜100万円未満は18%，100万円以上は15%）の制限を受けます。以前は，出資法の上限金利である29.2%の範囲内ではあるものの利息制限法の上限金利を超えるグレーゾーン金利での貸付を行っていましたが，2006年の判例により，利息制限法上限金利以下の金利で貸付がなされるようになっています。なお，過去の利息制限法の上限金利を上回る金利での借入について，過払い請求が頻繁になされ，これが消費者金融業者の経営を大きく揺るがしました。

2020年9月現在，専業大手としてアコム，SMBCコンシューマーファイナンス，アイフルが，銀行系大手としてSMBCモビット，DCキャッシュワン，アットローンが，専業会社であるが銀行の子会社であるものにJ.Score，レイクなどがあり，それ以外に専業中堅業者やクレジットカード系の業者が多数あります。

第5章 金融組織

2．政府系金融機関

　これまで述べた民間金融機関のほかに，特別の政策目的に沿う，あるいは民間では供給できない分野に信用を供与する政府系金融機関があります。戦後の経済復興・高度成長期には，政府の産業政策に沿う産業資金の供給，日本企業の国際展開のサポート，中小企業や特定地域の経済支援，国民の住宅取得の促進，といった多様な目的に応じて，多数の政府系金融機関が各省庁の傘下に設立されていました。財政投融資制度の主たる資金源である郵便貯金を入口機関，その資金を運用する政府機関を出口機関とよび，こうした公的なマネーフロー全体は公的金融とよばれていました。

　しかし，こうした公的金融の存在が，同じく資金仲介を担う銀行等の民間金融機関の業務を圧迫する，高金利貯金での資金調達，低金利での融資という構造が財政負担を生む，といった批判が高まり，2001年の財政投融資改革により，資金運用部が廃止され，郵貯・簡保資金の預託が終了し，財投機関債・財投債の発行により市場で自主調達することになり，公的金融は縮小過程に入りました。

　こうした経緯を経て，以前は10以上あった政府系金融機関の統廃合が進められ，住宅金融公庫は融資業務から撤退し民間住宅ローン債権の証券化業務に特化する住宅金融支援機構に衣替えしました。また，日本政策投資銀行と商工組合中央金庫（前節(5)参照）は民営化が開始され，中小企業金融を担う政府系金融機関は2008年10月からは日本政策金融公庫に集約されました。

(1)　日本政策金融公庫

　株式会社日本政策金融公庫は，国民生活金融公庫（財務省所管），農林漁業金融公庫（農林水産省所管），中小企業金融公庫（経済産業省所管）と国際協力銀行[1]（財務省所管）の一部機能を集約して，2008年10月に設立された，

現在では唯一の中小企業金融を担う政府系金融機関です。財務省の所管であり，約5兆円の資本金のほぼ全額を財務大臣が保有しています（財務大臣以外に経済産業大臣・農林水産大臣・厚生労働大臣が一部を保有）。

　基本的には上記4機関が行っていた業務を引き継いだため，主な業務は中小企業に対する低金利での融資です。融資残高は17.4兆円（2020年3月末）と，以前の4公庫の融資残高よりも縮小しましたが，依然として中小企業金融における大きな位置を占めています。

(2)　日本政策投資銀行

　株式会社日本政策投資銀行は，2008年10月に設立された，財務省所管の特殊会社です。1999年，財政投融資改革の一環として政府系金融機関であった日本開発銀行（1951年設立）と北海道東北開発公庫（1956年設立，1957年に改組）を統合し，特殊法人として日本政策投資銀行（財務省所管）が発足しました。その後，2008年には特殊法人改革の一環として，株式会社日本政策投資銀行に衣替えしました。約1兆円の資本金の全額を政府が保有していますが，当初の予定では2015年頃までに完全民営化する予定でした。その後，政権が代わり，民営化のスケジュールは先延ばしとなり，最終的に政府保有株式をどこまで残すかも不透明となっています。

　日本政策投資銀行の業務は，その前身である日本開発銀行の使命である，一般の民間金融機関の業務の補完，長期資金の産業への供給，を継承していますが，株式会社化とともに預金の受入れや民間企業からの借入が認められ，通常の銀行の様相をもつようになっています。ただし，あくまで政府保有の特殊会社であるため，企業向け融資よりも，その周辺のプロジェクト・ファイナンス，PFI（Private Finance Initiative，民間資金活用による公共事業），事業再生，産学官連携，国際協力，社会・環境活動などの政策性，公共性のあるプロジェクトに係る金融支援を中心に行っています。2020年3月末の貸

---

1)　2012年4月，国際協力銀行は再び日本政策金融公庫から分離された。

出残高は約12兆5千億円です。

　なお，コロナ禍に対応し，政府系金融機関は2020年2月以降，中小事業者等に対する支援を強化しました。コロナ禍によって資金繰りが著しく悪化した企業等に無担保・無利子（あるいは低利）の貸付けを行いました。これらは中小企業等の資金繰りを支える点で不可欠な措置であったと評価できますが，同時に借り手企業が破綻した際には損失が生じ，将来，財政負担につながることが懸念されています。

3. 信用保証協会

　信用保証協会は，信用保証協会法（1953年）によって設立される認可法人で，中小企業・小規模事業者（以下「中小企業等」という）の信用を補完し資金繰りの円滑化を図るための機関です。中小企業等が民間金融機関から融資を受ける際に，保証料を徴収してその債務を保証します。そして借り手の中小企業等の融資返済が滞った場合には，信用保証協会が代位弁済を行います。

　信用保証協会は，1937年の東京信用保証協会設立を皮切りにその後，京都，大阪に設立され，信用保証協会法成立後一挙に増加しました。2021年1月末現在では，信用保証協会は各都道府県に1協会ずつあり，これに横浜市，川崎市，名古屋市，岐阜市の市内の企業を対象とする協会を加え，全国に計51の信用保証協会があります。

　信用保証制度の対象は，製造業は資本金3億円以下または従業員数300人以下，卸売業は資本金1億円以下または従業員数100人以下，小売業・飲食業は資本金5千万円以下または従業員数50人以下，サービス業は資本金5千万円以下または従業員数100人以下の事業者であり（ゴム製品製造業，ソフトウェア業・情報処理サービス業，旅館業と医業については別の適用基準あり），保証限度額は普通保証と無担保保証合計で2億8千万円です。

　信用保証協会を支える仕組みとして信用保険制度があります。これは，中小企業信用保険法に基づき信用保険が付与されるものであり，その保険は日本政策金融公庫が引き受けます。信用保証協会が金融機関に代位弁済を行った際には，この弁済は保険事故とされ，日本政策金融公庫は信用保証協会に代位弁済額の70，80，90％の保険金を支払います。信用保証協会は，保険の種類ごとに定められた保険料を日本政策金融公庫に支払います。

　信用保証料率は，一般に保証対象の企業の財務状況により0.45％から1.9％

の９区分で設定され，借入金利に上乗せする形で借り手事業者が負担します。

　信用保証制度の基本である一般保証は，以前は信用保証協会が全額保証していましたが，金融機関と借り手事業者のモラルハザードの回避，信用保証協会の信用コスト削減の観点から，2007年10月に保証比率を80％とする責任共有制度が導入されました。この際，残りの20％は融資した金融機関が負担することになります。2008年10月にはリーマン・ショックへの対応として全額を保証する緊急保証が導入されましたが，2014年３月から平時への運用に戻り，現在は保証比率80％が原則となっています。

　また，取引先の倒産や災害等により経営に支障が生じた企業等に対応して別枠で保証する，セーフティネット保証があります。

　さらに，ABL保証（流動資産担保融資保証制度）として，中小企業等が有する売掛債権・棚卸資産を担保として金融機関からABL融資を受ける際に，信用保証協会が保証を行う制度もあります。これは2007年から取り扱われ，近年拡大傾向にあります。保証限度額は２億円であり，信用保証協会の保証割合は80％の部分保証です。

　そのほか，小口零細企業保証制度，経営力強化保証制度，借換保証制度，特定社債保証制度など，様々な制度があります。さらに，2011年５月には東日本大震災復興緊急保証が設けられ，震災被害を受けた中小事業者に限定して特別な支援がなされています。

　信用保証制度は，2019年３月時点で，全体で359万ある中小・小規模事業者の34％にあたる122万事業者が利用しています。2019年度末の保証残高は，20.8兆円であり，これは民間金融機関・政府系金融機関の中小企業等向け貸出残高の約１割にあたります。保証残高は金融危機が深刻であった1999年末の43兆円（民間金融機関・政府系金融機関の中小企業等向け貸出残高の13.6％）から減少傾向にありましたが，コロナ禍に対応し2020年４月から急増し，2020年７月末には33兆円に拡大しています。また，代位弁済（元利合計）は，2000年代に入ってから企業倒産の減少を反映して減少し，2019年度

には35,337件，3,386億円となっています。しかし，コロナ禍に対応する保証急拡大を受け，数年後に代位弁済が拡大することを懸念する向きもあります。

　信用保証協会は，日本の中小企業金融において重要な補完的役割を担っていますが，その存在意義に対する否定的な意見も少なくなく，今後も縮小傾向が続くとみられます。

　こうしたなか，保証協会の機能の見直し・強化も検討されています。まず，責任共有制度の下では，中小企業の業況悪化に際し，金融機関の支援姿勢を勘案して，よりきめ細かく保証にあたることが求められます。また経営改善・事業再生にあたり，複数の債務が関連する場合には，保証協会が事務局となりバンクミーティングを行うことも期待されています。さらに個別支援において，専門家の派遣などの積極的な対応も求められます。

4. 預金保険機構

(1) 預金保険の必要性

　金融システムの安定性を維持するための政策をプルーデンス政策（信用秩序の維持政策，健全化政策）といいます。プルーデンス政策には，金融機関の健全性を保つために諸規制を設ける事前的プルーデンス政策があります。バーゼル委員会での合意に基づく自己資本比率規制もその1つです（本編第7章2節参照）。

　それと同時に，金融機関の破綻処理を円滑に行うために破綻処理ルールを定めたり，国有化したりして預金保護を行うといった事後的プルーデンス政策も重要です。1930年代の大恐慌が典型的ですが，金融機関，特に預金を受け入れる預金取扱金融機関が破綻すると，資金仲介機能が滞るだけでなく，決済システムが支障をきたし経済に多大な悪影響が及びます。また，金融機関の連鎖倒産が起こると，金融全体がパニックになる金融システム危機が生じかねません。そうしたシステム危機を防ぐために，金融機関の破綻処理を円滑に進め，小口の預金を保護する制度が預金保険制度です。

　預金保険制度は，小額の預金を一定条件の下で保護することにより，零細預金者を救済しつつ預金取付けによる金融機関の連鎖倒産を防ぐとともに，決済機能と資金仲介機能の中核となる預金に対する信頼を保とうとする制度です。こうした金融システムのセーフティ・ネット（安全網）ともいえる預金保険制度は，1930年代の大恐慌の後に，金融危機の反省から1933年にアメリカで誕生した制度（連邦預金保険公社，FDIC；Federal Deposit Insurance Corporationの設立）に起源があり，戦後多くの国が同様の制度を取り入れました。

(2) 預金保険機構(Deposit Insurance Corporation of Japan)とは

　日本の預金保険制度は，1971年7月に預金保険法に基づいて設立された預金保険機構がその起源です。預金保険機構は，2020年9月末現在314億7千5百万円の資本金をもつ認可法人です。資本金のうちの一般勘定4億5千5百万円については，政府，日本銀行がそれぞれ1億5千万円ずつ，民間預金取扱金融機関（銀行，信金，信組，労金等）が1億5千5百万円出資しています。それ以外に，特別の政策目的を果たすために，政府が地域経済活性化支援勘定として30億円，東日本大震災事業者再生支援勘定として280億2千万円を出資しています。

　預金保険機構の主たる業務は，預金取扱金融機関の破綻・清算時の預金者等の小口預金の保護のための保険金支払い（ペイオフ）の実施ですが，そのほかに，信用秩序の維持に関して様々な役割を果たしています。例えば，預金取扱金融機関に破綻懸念があるときや破綻したときに，受け皿金融機関に円滑に譲渡するための資金援助や特別危機管理も行います。また，ペイオフ後の資産査定（デューデリジェンス）や譲渡の際の金融整理管財人の役割も果たします。

　預金保険に加盟する金融機関数は，破綻や合併，再編に伴い，1990年代後半から減少を続け，2020年9月末には552機関となっています（図表1 -35）。

　上記の信用秩序の維持のための資金は，原則，金融機関から預金残高の一定割合で徴収した預金保険料で賄われます。しかし，金融機関の破綻が相次いだ1990年代後半から2002年度にかけては，費用が拡大し，危機対応のための特例業務基金から巨額の資金を受け入れて収支の悪化を防ぎました（図表1 -36）。2003年度以降は，破綻が減少したため，収支は改善しています。

　なお，預金保険機構は，子会社として，株式会社整理回収機構，株式会社地域経済活性化支援機構，株式会社東日本大震災事業者再生支援機構を設立して，破綻金融機関から買い取った不良債権の回収や，一定の基準の下での

▶図表1-35　預金保険に加盟する金融機関の数

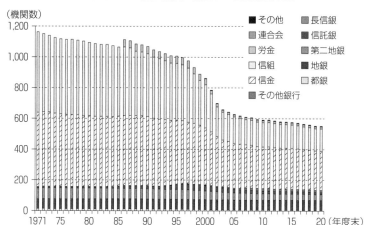

（注）2020年度は2020年9月末。
（出所）預金保険機構『令和元年度 預金保険機構年報』2019年8月等により作成

▶図表1-36　預金保険機構（一般勘定）の収支

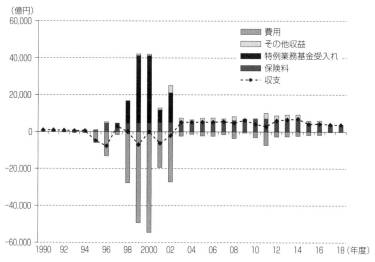

（注）費用はマイナスで表示。収支（折れ線）＝収益－費用。
　　　収益＝保険料＋特例業務収益＋その他収益。
（出所）預金保険機構Webサイトにより作成

企業再生，事業再生等を行っています。

(3) 預金保険の概要

　預金保険制度とは，金融機関が破綻した場合に，預金保険機構が一定額の保険金を支払う（ペイオフ）ことにより預金者を保護する制度です。

　まず，無利息，要求払い，決済サービスを提供できる，という3要件を満たす「決済用預金」は全額保護されます。また，それ以外の「一般預金等」については，元本1,000万円と破綻日までの経過利息については保護されます。1,000万円を超える部分については，破綻金融機関の財産状況に応じて支払われますが，通常，破綻金融機関は大きな債務超過を抱えるため，1,000万円を超える部分の預金等が保護される可能性は小さいといえます。これらの，決められた範囲内で実際に保護される預金等を付保預金といいます。

　具体的に，預金保険による保護の対象となる預金等は，預金，定期積金，掛金，元本補てん契約のある金銭信託（貸付信託を含む），金融債（保護預り専用商品）です（図表1-37）。

　一方，外貨預金，譲渡性預金，特別国際金融取引勘定において設定された預金（オフショア預金），日本銀行からの預金等（国庫金を除く），対象金融機関からの預金等（確定拠出年金の積立金の運用に係る預金等を除く），募集債である金融債および保護預り契約が終了した金融債，受益権が社債，株式等振替法の対象である貸付信託または受益証券発行信託，無記名預金等は対象から除かれます。

　おおまかにいえば，小口の決済性の強い小口預金は少なくとも1,000万円までは保護するが，元本が確定しない預金，法人などの大口の預金は保護の対象とならないということです。

　以前は，普通預金，当座預金などの決済性預金も定期預金などと同様，必ず保護される範囲は1,000万円でした。しかし，金融危機の時期に一時凍結していたペイオフを解禁する際，決済性預金が1,000万円を超えるケースが

少なくなく，これを保護しないと金融システムが動揺する可能性があることから，解禁にあたって決済用預金を定義し，これを全額保護することになりました。

　なお現状は，金融機関が預金残高に応じて一定の料率で保険料を支払いますが，その料率を金融機関の破綻リスクの多寡に応じて変動させようとする可変保険料率が検討されています。特に金融庁は，地方銀行が合併をする際には，合併しない場合よりも保険料率を低くすることにより地方銀行の統合を促進しようとの意向を示しています。可変保険料率は，諸外国でも導入が進み，金融機関の経営改善努力を促し市場規律を補う効果が期待できます。しかし，規制当局が金融機関の格付けを行うことの是非には議論があり，業績の悪い金融機関の財務状況がコスト増を通じてさらに悪化するという悪循環が生じる懸念など，反対論も根強くあります。

▶図表1-37　預金保険で保護される預金等の範囲

		預金等の種類	保護される預金等の範囲
預金保険による保護の対象となる預金等	決済用預金	当座預金，無利息型普通預金等	全額保護
	一般預金等	有利息型普通預金，定期預金，通知預金，貯蓄預金，納税準備預金，定期積金，掛金，元本補てん契約のある金銭信託（貸付信託を含む），金融債（保護預り専用商品）等	合算して元本1,000万円まで（注）と破綻日までの利息等を保護
預金保険の対象外の預金等		外貨預金，譲渡性預金，金融債（募集債および保護預り契約が終了したもの）	保護対象外（注）

（注）1,000万円を超える部分および保護対象外の預金等については，破綻金融機関の財産の状況に応じて支払われる（一部カットされることがある）。
（出所）預金保険機構Webサイトにより作成

第6章
国 際 金 融

Introduction

　この章では，国際金融の動向と，その捉え方を学びます。経済のグローバル化はとどまるところを知らず，金融機関の業務においても，それが国内企業，国内個人向けであっても，国際金融市場の動向に対する広範な，正確な認識をもつことが不可欠です。しかし，世界の200ヵ国近くの金融動向をすべてフォローするのは不可能ですので，軽重をつけて重要な市場から把握したり，全体感を捉えたりする必要があります。また，国際金融取引につきものの為替レートについては，その変動の背景にある理論，経済動向との関連で理解することが必要です。この章では，上記の視点を得るのに必要なポイントを解説します。

1. 国際金融取引

(1)　国際金融取引の定義とその特色

　国際金融とは，国境を越えるマネーフロー（資金の流れ）のことです。これまでの章では，日本国内の各セクター間のマネーフローを念頭に記してきましたが，マネーは容易に国境を越えます。国際収支表（第2編第3章参照）では，国境を越えるモノの取引は貿易（輸出入）に記され，運賃などサービスの取引であるサービス収支などとあわせて経常収支に記されます。他方で，国境を越えるマネーの取引（すなわち貸借関係）は金融収支に記されます。経済のグローバル化のなかで，モノ・サービスの貿易も拡大していますが，グローバル化がマネー経済化と一体となって進んでいるため，モノ・サービスの貿易等の経常取引よりも，マネーの取引である資本取引の動きがより激しくなっているのが近年の特徴です。すなわち，経済の国際化のなかで，国際金融の割合が増しているのです。

　ここで2つ注意を要することがあります。

　第1に，国際収支表で扱う国際取引とは，国内居住者と非居住者との取引であり，日本企業と外国企業といった国籍を問題にはしません。したがって，日本のメガバンクが在日外資系銀行から日本国内で資金を借りても国際収支には計上されませんが，日本企業の在米子会社の発行する社債を日本の居住者が取得すれば国際収支表に記載されます。

　第2に，通貨の違いもここでは問いません。後述するとおり，異なる通貨の間には為替レートがあり，この為替レートの変動は各国の経済に大きな影響を与えます。また，国際的に取引される金融商品において，その商品の建値（通貨建て）は重要な要素であり，投資の際の重要な判断材料となります。しかし，国際収支，国際資金フローを考えるときには，その金融取引が円建

てであるか，ドル建てであるかは問いません。すべての国際金融取引においては，取引当事者の少なくとも片方にとっては外貨建ての取引になりますので，これは当然かもしれません。新聞紙上などでは，円の為替レート変動（すなわち複数通貨の需給）を日本人の対外証券投資（すなわち居住者と非居住者の金融取引）の変動で説明するといったことがありますが，これは厳密には正しいやり方ではありません。

　日本の金融収支は流出超（日本の純資産増加）傾向が続いており，これは日本が2013年を除きほぼ一貫して経常収支の黒字を続けてきたことの裏返しです（図表1-38）。金融収支のなかでは，コアとなる直接投資の流出超（純資産増加）が趨勢的に増加しています。日本企業の海外進出の拡大が進み対外直接投資が堅調なのに対し，外資の日本進出などからなる対内直接投資が極めて低調なことを反映しています。

　証券投資，その他投資（貸付・預金・貿易信用など）は流入超，流出超が激しく入れ替わり趨勢が捉えにくいですが，海外金利が高く内外金利差が拡

▶図表1-38　日本の金融収支の内訳，推移

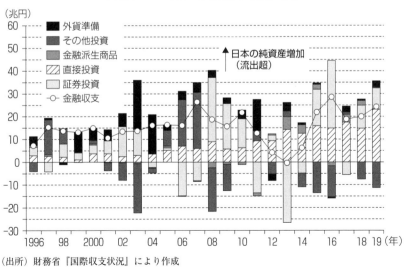

（出所）財務省『国際収支状況』により作成

大する局面では，能動的な動きをする証券投資が流出超となり，経常収支と
直接投資・証券投資の均衡を図るように上下するのがその他投資です。

　なお，2014年1月から発表されている新方式の国際収支表では，それ以前
の統計での「資本収支」と「外貨準備増減」が「金融収支」に統合され，従
来と符合が逆転し，資本の流出超過（流出－流入，対外純資産純増加分）が
プラスで示されることになりました。この結果，「経常収支＋資本移転等収
支－金融収支＋誤差脱漏＝0」という関係式が成り立つことになりました。

⑵　拡大するグローバル・マネーフロー

　国際的な金融取引を行う際には，日本を巡る内外の資本の動きを示す日本
の国際収支だけを眺めていても十分ではありません。国際金融市場は，貿易
などに比べて取引の制約やコストが少ないため，マネーは自由に世界を駆け
巡ります。日本企業が，ロンドンで社債を発行し，これを日本の機関投資家
がニューヨークで購入するといった第3国間の取引が自由になされます。上
記のようなグローバル取引は，イギリスやアメリカの国際収支統計には記載
されますが，日本の国際収支表には載らないのです。

　このため，アメリカ，イギリスやユーロ圏諸国（ユーロ参加19ヵ国，2021
年1月現在）の国際収支表をみることも重要ですが，グローバルな金融取引
（クロスボーダー取引）の動向に注意を払うことがより重要です。グローバ
ルな金融取引をみる資料としては，IMF（国際通貨基金），OECD（経済協
力開発機構）の統計がありますが，定期的にきちんと数字を拾うのであれば，
BIS（Bank for International Settlements，国際決済銀行）の"BIS
Quarterly Review"をみる必要があります。この統計は，四半期に一度発表
されますが，新聞などではほとんど報道されませんので，定期的にBISの
Webサイトなどをチェックする必要があります。

　この統計により2002～2019年末の世界の国際的銀行のクロスボーダー与信
（貸出他）残高の推移をみたのが，図表1-39です。世界のクロスボーダー与

信残高の39％を占める先進国・民間向け与信は，アメリカのサブプライム・ローン問題が深刻化しリーマン・ブラザーズの破綻に至る2008年に急激に縮小しましたが，その後は安定的に推移しています。リーマン・ショック後拡大ペースを速めたのは，新興国・民間向け与信であり，2019年末には4.4兆ドルに達しました。ただし，新興国・民間向け与信は不安定であり，2011～2013年にはトルコ，アルゼンチン，2015年には中国・人民元に対する不安が高まり，その度に縮小します。2020年のコロナ禍によってもクロスボーダー与信が打撃を受けることが懸念されています。

また，BISは，世界の証券市場，あるいはデリバティブ市場での国際取引についても統計を発表しています。世界全体での社債発行額をみると，2008年のリーマン・ショックに伴い落ち込んだものの，その後の金融緩和を受け，優良債（投資適格）を中心に着実に拡大しています。債券市場のほうが銀行市場よりも回復が早かったようです。

▶図表1-39　BIS報告銀行のクロスボーダー与信残高

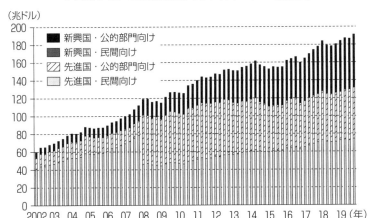

（注）各四半期の先進国・新興国向けのクロスボーダー与信残高。
（出所）BIS（国際決済銀行）"Quarterly Review"及びWebサイトより作成

2. 世界各国の金融動向

(1) 世界各国の金融動向の捉え方

　世界の金融市場のすべてをフォローすることは不可能です。そのため，主要な金融市場を定めて，その動向をウォッチすることが重要です。

　日本，あるいは世界の金融市場への影響の大きさの観点からは，アメリカ（ニューヨーク）市場，ユーロ市場が重要です。特に円・ドル為替レートへの関心が強い日本企業，投資家は，アメリカの動向にはリアルタイムで関心をもたねばなりません。例えば，NY株価が下落すると，半日ほどのラグをもって日本の株価が下落します。また，「アメリカの中央銀行であるFRB（連邦準備理事会）が金利を高めに誘導しそうだ」という観測が流れると，円安・ドル高が進むといったことがしばしばみられます。こうした点では，NY市場の株価，金利，ドルレートは日々観察し，また，世界に影響を及ぼすユーロの金利，為替レートにも関心をもつ必要があります。

　また，近年，国際金融取引を活発化している新興国の市場にも関心をもたねばなりません。日本市場，日本の投資家への影響を考えると，香港，シンガポール，上海の市場動向には注意を要します。

　各市場の株価，金利，為替レートの動向は，翌日の新聞に掲載されますし，通信社や金融データサービス会社のWebサイト等ではほぼリアルタイムで把握できます。

　より長期の市場動向については，シンクタンクのレポートや日本銀行，内閣府などの報告で定期的に把握できます。世界の金融市場の直近の動向をつかむには，日本銀行が3ヵ月ごとに公表する『経済・物価情勢の展望（展望レポート）』や内閣府が毎月公表する『月例経済報告』が便利でしょう。また，金融機関やシンクタンクの種々のマーケット・レポートも有益でしょう。

さらに，日本銀行が年に2回公表する『金融システムレポート』では，内外の金融市場動向について高度な分析が示されます。同じく年に2回発表される内閣府『世界経済の潮流』も，世界の金融市場の動向を分析しています。いずれも日銀，内閣府のWebサイトで閲覧できます。また，IMFやFRB，ECBの月報・年報も有用でしょう。

(2)　主要国・地域の金融政策

　リーマン・ショックを受け，2008年秋から，アメリカ，欧州はこぞって急速に金融緩和を進めました（図表1-40）。日本も大胆な量的金融緩和を進め，2016年1月からはマイナス金利政策も導入しました。ユーロ圏（ECB）は2011年春から政策金利を若干引き上げ秋には再び引き下げました。この間，アメリカは一貫して政策金利を最低水準にとどめ量的金融緩和（QEⅠ・Ⅱ・Ⅲ，QEはQuantitative Easingの略）を進めましたが，2015年にはQEを終了しゼロ金利を解除し，その後インフレ懸念から2018年末にかけて合計2.5%の利上げを行いました。イギリスもアメリカ同様，金融超緩和からの脱却をめざし，金利を日本・ユーロ圏より高めに推移させてきましたが，2016年6月のEU離脱の国民投票を機に，経済への悪影響を懸念して再び金融緩和に転じました。

　BRICsなど新興国も，バラつきはあるものの，リーマン・ショックによる世界経済の停滞を受け2008年末頃から金融緩和を進めました。2010年半ばから2011年末にかけて国内のインフレ懸念，通貨の下落などを受け利上げを行いましたが，2012年半ばからは経済成長鈍化と株価の鈍化を受けて金融緩和を進めました。なかでも中国は，経済成長の鈍化を受け，2015年前半に急ピッチで金融緩和を進めましたが，2015年夏にはこれが人民元の下落を招き，それ以降は緩和を進めにくくなりました。

　2020年に入ると，コロナ禍により中国，次いで欧州，アメリカ，新興国が急速な経済縮小にみまわれ，相次いで利上げがなされました。ユーロ圏や日

▶図表 1 -40　先進主要国の政策金利の推移

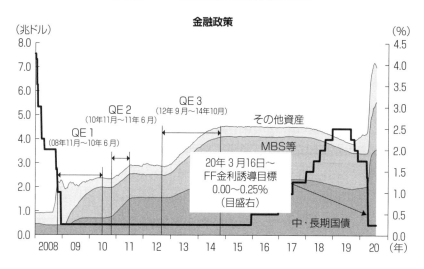

金融政策

（兆ドル）

QE 1
（08年11月〜10年 6 月）

QE 2
（10年11月〜11年 6 月）

QE 3
（12年 9 月〜14年10月）

その他資産

MBS等

20年 3 月16日〜
FF金利誘導目標
0.00〜0.25%
（目盛右）

中・長期国債

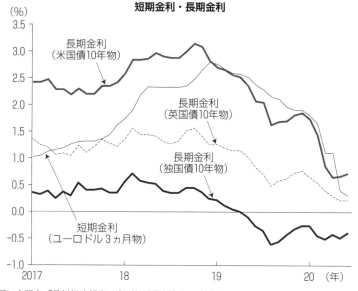

短期金利・長期金利

長期金利
（米国債10年物）

長期金利
（英国債10年物）

長期金利
（独国債10年物）

短期金利
（ユーロドル 3 ヵ月物）

（出所）内閣府『月例経済報告・主要経済指標』2020年 8 月

本はマイナス金利政策を導入しているため，更なる利下げはできませんでしたが，比較的政策金利が高かったアメリカなどは2020年3月に一挙に合計1.5%の利下げを実施し，ゼロ金利政策に戻りました。

2020年秋以降の世界の金融市場の注目点は，①日本やユーロ圏がマイナス金利政策を深掘するか，②ゼロ金利政策に戻ったアメリカがいつゼロ金利を解除するか，③新興国，特に中国の株価，不動産価格，為替レートの動向，といったところでしょう。

なお，2010〜2012年にかけて世界を揺るがしたユーロ圏諸国の債務問題（PIIGS問題，第2編第4章参照）は，欧州の金融統合（金融セーフティネットの整備）により一応おさまりましたが，2016年に再びギリシャやイタリアで不安が再燃し，2020年からもコロナ禍に伴う財政事情の悪化により市場が不安定になることが懸念されます。ギリシャ，イタリアなどの南欧諸国の債務問題には引き続き注意が必要です。

(3)　国際金融危機の類型

世界の金融市場は，①先進国の主要市場でのバブルの崩壊（資産価格の急落），②新興国の為替レートの急落（通貨危機），それらの結果としての③大手金融機関の破綻，といったことによりしばしば危機に陥ります。

①の先進国のバブル崩壊代表例としては，2007〜2010年のアメリカ発の世界金融危機（サブプライム・ローン問題，リーマン・ショックを含む）や，1998年のLTCM（Long-Term Capital Management，アメリカヘッジファンド）破綻による危機があります。日本の1990年代末の金融危機もバブル崩壊に端を発しますが，幸い国際金融危機には発展しませんでした。

②の新興国の為替レートの急落は，1980年代から起きていますが，1994年のメキシコ通貨危機，1997年のアジア通貨危機およびそれが波及した1998年のロシアのルーブル危機などは典型例です。これら新興国は，為替レートを固定，あるいは管理していたため，経済のファンダメンタルズが悪化すると

為替レートの管理が維持できなくなり，そこに投機筋が通貨の空売りなどで
アタックをかけ，通貨が急落するというパターンです。新興国の企業・政府
は外貨建ての債務を負っているため，通貨が下落すると債務負担が増し，そ
の国の企業の多くが破綻し政府は債務返済ができなくなります。また，先進
国の金融機関は，新興国通貨の下落による資産の目減り，新興国の企業・政
府向け与信（貸出，債券保有）の不良債権化を通じて，大きな損失を出す懸
念があります。

　2010年からの欧州債務危機も，この新興国の通貨危機と同様の背景をもち
ましたが，PIIGS諸国は通貨統合してユーロを自国通貨としていますので，
ユーロ為替レートの軟化をもたらしたものの，通貨危機とはならず信用危機
（債務危機）が主な問題となりました（詳細は第2編第4章参照）。

　この新興国の通貨危機は，アジア通貨危機の後，多くの新興国が変動相場
制に移行したり，為替管理を柔軟化したりした結果，現在では起きにくく
なっています。むしろ，経済・金融規模の大きい新興国については，①の先
進国のバブルの崩壊や，新興国自体のバブルの崩壊による国際金融危機の懸
念が大きくなってきているといえましょう。

⑷　世界の金融市場の最近の動向とリスク

　2008年のリーマン・ショック後，主要国は危機の収拾策（公的資金注入，
救済ファンド組成など）と金融緩和を進め，2010年頃から落ち着きを取り戻
しました。クレジット・スプレッドなどをみると，世界の金融資本市場にお
ける投資家のリスク回避姿勢が後退してきていることもわかります。

　これらを受け，2010年頃からは，株価は幅広い国・地域で上昇し，長期金
利も低下してきています。また，安全通貨（逃避通貨）として世界の投資家
の需要を集め急上昇していた日本円も，2012年後半から低下してきています。

　さらに，主要先進国の金融緩和が長引くなかで，ミドルリスク・ミドルリ
ターンの資産（金融商品）への需要も復活し，アメリカのハイ・イールド債

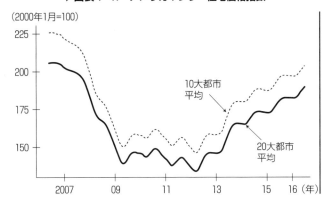

▶図表1-41　アメリカ；シラー住宅価格指数

(2000年1月=100)

　10大都市
　平均

　20大都市
　平均

2007　　09　　11　　13　　15　　16 (年)

（注）10大都市，20大都市の住宅価格の加重平均。
（出所）S&P Dow Jones Indices "S&P Corelogic Case-Shiller U.S.
　　　　National Home Price NSA Index"

市場などへの資金流入がみられます。さらに，危機の発端となったアメリカ
の不動産市場についても，住宅ローン金利の低水準推移，家計のバランス
シート調整を背景に住宅投資が復活し，不動産価格は，2012年に底打ちし
ピーク時（2006年）の9割近くの水準に戻っています（図表1-41）。

　昨今の国際金融市場の最大の懸念材料は，むしろ新興国の金融問題に移っ
てきた感があります。それも前述の通貨危機ではなく，影響力の大きな新興
大国の国内金融問題です。そのなかでも注意を要するのが，中国国内の不良
債権問題とその背景にある不透明な金融システム（影の銀行）問題です。

　中国の銀行部門の不良債権比率は2009年以降1％前後の低水準で推移しま
したが，2015年以降上昇し2016年9月末には1.76％となっています。また，
要注意債権まで含めると2016年時点の不良債権比率は6％近くに達するとの
観測もあります。背景には企業の過剰債務，ひいては国有企業を中心とする
過剰生産の問題があります。また，住宅在庫が高水準で推移しており，今後
の住宅価格の低下も懸念されます。これらは，中国の経済成長鈍化を根本原

因としており，中国の不良債権問題は，今後長期的に金融市場の懸念材料として横たわることが懸念されます。

　こうしたなか，中国人民銀行（中央銀行）は，2012年春に政策金利と預金準備率を引き下げ，急速に金融緩和を進めました。2014年後半から2015年前半にかけても，政策金利と預金準備率を数度にわたり引き下げるとともに（図表1-42）預貸率規制の緩和を実施し，銀行融資の拡大を促進しようとしました。しかし，2015年8月には人民元の対ドル為替レートが大きく下落し，それ以降は大胆な金融緩和は見送られ，小康状態となっています。今後も，中国の金融市場に注目する必要があります。

▶図表1-42　中国の政策金利と預金準備率の推移

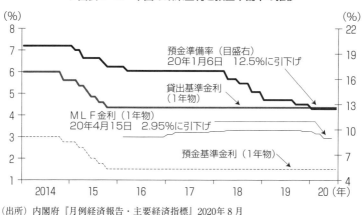

（出所）内閣府『月例経済報告・主要経済指標』2020年8月

3. 外国為替取引と為替レート

(1) 外国為替とは

外国為替（Foreign Exchange）とは，もともとは外国への（からの）送金，あるいは外国との資金決済を意味しましたが，現在はもう少し広く，異なる通貨の交換一般を指すようになっています。通貨の交換の際の価格が外国為替相場（為替レート）です。外国為替（通貨の交換）は，モノ・サービスの輸出・輸入，資本取引等の国際取引において発生します。

例えば，日本の輸出業者Aがアメリカの輸入業者Cに輸出した場合（図表1-43，上半分），輸入業者Cが円建て手形で支払えば，手形が日本の銀行X経由でアメリカの銀行Yに呈示され，銀行Yは手形決済のためにCのドル預金から資金を引き出して手形を決済するための日本円に交換します。この場合，アメリカで円とドルの為替取引が生じます。逆に日本の輸入業者Bが，アメリカの輸出業者Dから輸入した場合（図表1-43，下半分），輸入業者Bがドル建て手形で支払えば，手形がアメリカの銀行Y経由で日本の銀行Xに

▶図表1-43　輸出・輸入の際の外国為替(外貨決済)の例

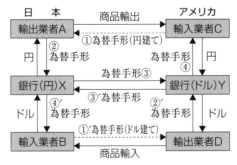

（注）筆者作成

呈示され，銀行Ｘは手形決済のためにＢの円預金から資金を引き出してドルに交換します。この場合，日本で円とドルの為替取引が生じます。

　また，日本の保険会社がアメリカ国債に投資をする場合，保険会社はアメリカでドルを調達しなければなりません。このように，輸出入や対外投融資などの国際取引においては，当事者の少なくとも一方にとっては決済通貨が外貨となるので，多くの場合，外国為替が発生します。

　輸出入などを行う事業会社は，外貨の売買が必要な際には，通常銀行に依頼して売買します。この場を対顧客市場とよびます（図表１-44）。

　銀行は，顧客の依頼により，あるいは自己のディーリングのために他の銀行と外貨の売買を行います。この場を銀行間（インターバンク）市場とよびます。銀行間市場には，銀行，信託銀行のほか，信用金庫，証券会社も参加します。金融機関間で直接売買するダイレクト・ディールと為替ブローカーを通じた売買があります。また，中央銀行（日本銀行）が為替介入として，

▶図表１-44　外国為替市場の構造

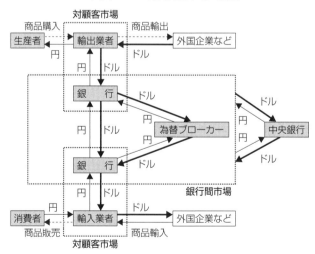

（出所）岩本武知他『グローバル・エコノミー』2007年，有斐閣，p.88に筆者加筆

外貨の売買を銀行間市場で行うことがあります。

(2) 世界の為替市場の現状

　世界の為替市場での取引高は，各国の中央銀行の報告をBISが3年ごとに集計し，発表しています。直近のデータは2019年4月の取引高（1日当たり）であり，世界の市場計（全通貨）では，6兆5,955億ドルにのぼりました。通貨別のシェアでは，やはりまだ米ドルが最大であり，世界全体の100%のうち44.2%を占めています。ついでユーロが16.1%，円が8.4%でした（図表1-45）。中国が国際化を積極的に進める人民元のシェアは，徐々に高まっていますがいまだ2.2%であり，現時点では中国人民元は中心的な国際通貨とはいえない状況です。

　米ドルは，アメリカの経常収支赤字を背景に1980年代から信認を失ってきており，片やEU（欧州連合）では通貨統合を果たしユーロが誕生し，日本では円の国際化が長らく唱えられてきました。しかし，米ドルは，ブレトンウッズ体制（後述）が崩壊してから50年近く経った現在でも，依然として中

▶図表1-45　世界の外国為替市場での取引額(2019年4月)の通貨別・形態別シェア

(単位：%)

	全通貨	米ドル	ユーロ	円	英ポンド	スイスフラン	カナダ・ドル	豪ドル	人民元	その他
外国為替取引計	100.0	44.2	16.1	8.4	6.4	2.5	2.5	3.4	2.2	14.4
スポット取引	30.1	12.8	4.7	2.7	1.8	0.6	0.9	1.3	0.7	4.5
フォーワード取引	15.2	6.7	1.9	1.1	0.8	0.3	0.3	0.4	0.3	3.3
為替スワップ	48.6	22.0	8.7	3.9	3.4	1.5	1.1	1.4	1.0	5.6
通貨スワップ	1.6	0.8	0.2	0.2	0.1	0.0	0.1	0.1	0.0	0.2
オプション，その他	4.5	1.9	0.7	0.5	0.2	0.1	0.1	0.2	0.1	0.8

（注）各通貨別シェアは，各通貨の取引高／（全通貨取引高計×2）。
（出所）BIS "Triennial Central Bank Survey ; Global foreign exchange turnover in 2019"
　　　　2019年12月により作成

心的な国際通貨に位置づけられます。

　また，形態別では，スポット取引が30%，為替スワップが49%であり，これらだけで約 8 割を占めています。

⑶　為替レートの変動要因

　為替レートは，ある通貨の他の通貨に対する価格ですので，その価格は需要と供給の関係で決まります。例えば，円・ドルレートは，通常，1 米ドルが何円に相当するかで示されますので，ドルの円に対する価格と考えられ，ドルの需要が拡大すれば円安・ドル高，ドルの供給が拡大すれば円高・ドル安となります。ドル需要の拡大は，アメリカの輸出の増加や対米投資の増加，ドル供給の増加はアメリカの輸入の増加やアメリカの対外投資の増加の際に生じると考えられます。これが，ある国の経常収支の改善がその国の通貨の為替レート上昇をもたらす要因となる理屈です。

　このように為替レートも需要・供給で決まるのですが，通貨の需要・供給を把握することは困難であり，これを予測することはほぼ不可能です。このため，為替レートの動向を理解し展望を描くには，マクロ経済などの諸環境から為替レートの変動要因を捉え，その理論値との対比で実勢為替レートの水準を論ずる必要があります。理論値を導き出す方法には，以下のようなものがあります。

a　購買力平価(PPP；Purchasing Power Parity)

　国際経済においても，市場経済の原則である「一物一価」が成り立ちます。このため，貿易取引が相応に多い品目については，異なる国の間でも裁定が働き，為替レートで換算した価格は収斂^{しゅうれん}する方向に調整（裁定）が働きます。

　1 本のボールペンがアメリカで 1 ドル，日本で100円ならば，ボールペンを通じて考えれば，「1 ドル＝100円」です。次に日本で物価が上がり，1 本のボールペンがアメリカで 1 ドル，日本で120円となれば，「1 ドル＝120円」が妥当です。ある国の物価が上がることはその通貨の価値が下落することを

意味しますが，その通貨の価値を他通貨との交換レートである為替レートでみても下がることになります（円であれば円安）。逆に物価下落（デフレ）では，その通貨の為替レートは上昇します（円であれば円高）。

　このように，ある財の2国間の価格水準から為替レートの理論値を算出する考え方が絶対的購買力平価です。

　しかし，ボールペンが物価を代表するわけではありません。世界で共通の価値尺度として，The Economist誌はマクドナルドのBig Macの世界での価格により様々な通貨の為替レート水準の理論値（Big Mac Index）を発表しています。しかし，Big Macも物価のすべてを代表するわけではなく，国際的に流通しないので異なる国の間の価格裁定はなされません。このため，「Big Mac Indexが絶対的購買力平価を示す」と考えるのには無理があります。

　そこで，為替レートが妥当な水準であったと考えられるある基準点を決めて，そこからの2国の物価の変動を考慮して2通貨間の為替レートの理論値を導き出そうとするのが相対的購買力平価です。その具体的な算出方法については，国際経済学や国際金融論のテキストにゆずりますが，「A国の物価上昇率がB国の物価上昇率よりも高ければ，A国通貨の（B国通貨に対する）為替レートの低下要因となる」「A国の物価上昇率がB国より低ければA国通貨の上昇要因となる」という因果関係だけは理解してください。こうした購買力平価は，長期的な為替レート水準の理論値を探る際の考え方として有益です。

　1973年を基準年として，円・ドル為替レートの実勢レートを購買力平価と比較すると，両者は長期的には似た動きを示しています（図表1-46）。日本は長らくデフレが続いており，これを考慮すると趨勢的に円高が進行するのはやむを得ないといえます。最も説明力の高い企業物価ベースの購買力平価では，2020年7月時点で1ドル＝96円であり，実勢の107円よりも約10円の円高となっています。

▶図表1-46　円・ドル為替レートと購買力平価

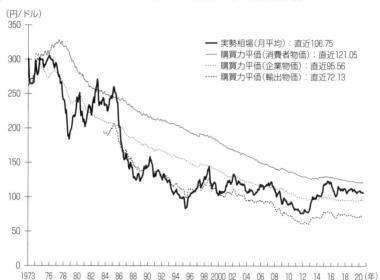

（円／ドル）

実勢相場（月平均）：直近106.75
購買力平価（消費者物価）：直近121.05
購買力平価（企業物価）：直近95.56
購買力平価（輸出物価）：直近72.13

（注）　1．購買力平価算出に用いた物価は1973年基準。
　　　　2．図中凡例の「直近」の数値は，2020年7月平均。
（出所）国際通貨研究所Webサイトのデータにより作成

b　アセット・アプローチ（内外金利差）

　通貨の短期の変動について，為替ディーラーなどは，専らアメリカの金利の上下に影響する経済指標などの諸要因をウォッチしているといっても過言ではないでしょう。毎月初に発表されるアメリカの前月の雇用統計などは，速報性が高いため為替レートを扱う人々がこぞって注目します。投資家は，対外投資の収益率と国内投資の収益率を比較し，より高い収益率の資産に投資をするため，各国の内外金利差は資本収支（金融収支）に多大な影響を与え，為替レート変動をもたらすからです。

　以下のような式が成り立ちます。

$$R^* = r^* + (Ee - E)/E = r \text{，さらに} (Ee - E)/E = r - r^*$$

R^*：外国金融資産の期待収益率，r^*：外国利子率，

E：為替レート，Ee：予想為替レート，r：自国利子率

　例えば，ドル金利が上昇すればドル高，円金利が上昇すれば円高の要因となります。

c　実効為替レート（effective exchange rate）

　為替レートのデータについては，日本経済新聞「マーケット総合1」面に，前日17時時点の日本円と主要外貨との為替レート（銀行間直物）が掲載されています。しかし，為替レートは世界中の市場で取引されていますので，むしろリアルタイムで把握する必要があります。そのためには，マーケット情報を掲載したWebサイトを活用するのがよいでしょう。

　また，各国は，通常は対ドルレートでの為替レートを最重視しますが，貿易・投資などを行う相手はアメリカばかりではありません。このため，ある国の通貨について，その国の国別の貿易額などによりウェイト付けして，指

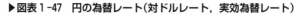

▶図表1-47　円の為替レート（対ドルレート，実効為替レート）

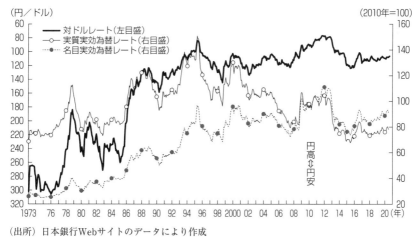

（出所）日本銀行Webサイトのデータにより作成

▶**図表1-48　名目実効為替レートと実質実効為替レート**

名目実効為替レート	ある国の通貨の他国との為替レートを，相手国との貿易規模などでウェイト付けし加重平均した指数。数値が高いほど通貨高。（2010年＝100などの指数で示す）。
実質実効為替レート	上記の実効為替レートの算出の際に，2国間の物価上昇率を調整する。例えば，日本の物価が2％下落すれば，2％の円高は当然と考え，為替レートが変化しなくても，実質（実効）為替レートは2％低下する。やはり数値が高いほど通貨高で，指数で示す。

数で示したものが実効為替レートです（図表1-47）。名目と実質があり，いずれを使うかはそれぞれ用途によります。

　日本円の1973年以降の実効為替レートを見ると，以下の点が指摘できます。第1に，名目実質為替レートは，長期的に円高傾向を示すが，実勢レートほど円高にはなっていません。これは1980〜90年代前半の円高のかなりの部分が，円高ではなくドル安によってもたらされたことを示します。第2に，実質実効為替レートは，長期的に安定しており，90年代後半からはむしろ円安傾向を示しています。これは，実勢為替レートの長期円高傾向は，日本の低インフレ・デフレが主因であることを示しています。

4. 国際通貨制度

(1) 国際通貨制度の変遷（ブレトンウッズ体制から変動相場制へ）

a ブレトンウッズ体制

第二次世界大戦までは，世界の通貨体制は，金本位制，あるいはその崩壊過程での通貨の切り下げ合戦，ブロック経済化などの混乱を繰り返しました。第二次世界大戦終戦の直前，1944年7月にアメリカ・ハンプシャー州のブレトンウッズという街で，連合国側（アメリカ，イギリス，フランスなど45ヵ国）は，戦前の経済混乱の反省をもとに戦後の世界経済，貿易，通貨体制について協議を行い，ブレトンウッズ協定を結びました。これが「ブレトンウッズ体制」であり，ここに戦後経済の体制が形成されました。

ブレトンウッズ体制は，「金・ドル本位制」という通貨体制を基本としました。これは，戦前の基軸通貨であった金（gold）を大量に保有するアメリカが米ドルと金との固定交換比率（純金1オンス＝35ドル）を保証し，その他の国々の通貨（独マルク，英ポンド，仏フラン，日本円など）が基軸通貨である米ドルと固定交換比率を保つ体制であり（円／ドルは，1ドル＝360円），固定相場制によって成り立っていました。

また，こうしたドルにドル以外の通貨価値を固定する固定相場制を維持するためにはアメリカ以外の国々が国際収支を安定させねばならないため，IMF（国際通貨基金）を創設し，アメリカ以外の国々の短期的な国際収支を安定させる（国際収支赤字国に国際流動性を融資する）体制を作りました。あわせて欧州の戦後復興や発展途上国の経済発展を図るための国際機関である世界銀行も創設されました。さらに，戦前の経済ブロック化・保護貿易に対する反省から，自由貿易を促進するための国際合意であるGATT（General Agreement on Tariffs and Trade，関税および貿易に関する一般協定）が締

結され，これが後に1995年，WTO（World Trade Organization，世界貿易機関）に発展しました。

b　ブレトンウッズ体制の崩壊

しかし，ブレトンウッズ体制の根幹の金・ドル本位制には，当初から理論的・制度的な欠陥が指摘されていました。

第1は，基軸通貨システムの非対称性の問題です。アメリカは，経常収支が赤字となっても自動的に赤字が無利子，あるいは低金利でファイナンスされる基軸通貨特権（君主特権，seigniorageともいわれる）をもち，それ故に他国の経済・金融状況に無関心になる（優雅なる無視，benign neglect）という問題です。

第2は，トリフィンが指摘した「流動性ジレンマ」という問題です。アメリカが経常収支の赤字を出さないと，国際通貨であるドルが世界に供給されず（ドル不足）世界経済は成長できない一方で，アメリカが経常収支の赤字を続けると，対外支払いのための金がアメリカから流出し，これがドル不安を引き起こすという問題です。この指摘は適切であり，実際に1950年代にはドル不足が問題となり，1960年代にはアメリカの赤字がドル不安，金準備減少を引き起こし，これがブレトンウッズ体制の崩壊につながりました。

こうした無理のある金・ドル本位制は，25年間続いた後，1971年8月のアメリカニクソン大統領の「金・ドル交換停止」（ニクソン・ショック）により幕を引きます。その後，世界は再度，固定相場制体制（スミソニアン体制）の構築を試みましたが失敗し，1973年初頭には主要国が変動相場制に移行し，現在に至ります。

c　変動相場制

変動相場制は，当初，世界の国々の経常収支を自動的に調整し，世界経済と通貨体制の安定をもたらすものと期待されていました。すなわち，経常収支の黒字が拡大するとその国の通貨の為替レートが上昇し，これがその国の国際競争力を削ぎ，経常収支の黒字が縮小するというロジックです（逆に，

経常収支赤字の場合は，為替レートが下落し，国際競争力が付き，赤字が解消に向かう効果が期待される）。しかし，そうした変動相場制による国際収支の自動調整メカニズムは，為替レートの理論値からの長期乖離（misalignment）と，為替レート以外の要因による国際収支不均衡の拡大によって期待が裏切られました。前述のとおり，為替レートは，経常収支よりもむしろ金利差によって決定される度合いが強かったことが，変動相場制の機能が期待外れに終わったことの主因です。

　変動相場制下での国際収支の不均衡，為替レートの過剰な変動に対応するため，G5（日米英独仏）など先進主要国は，政策協調を試みました。1985年9月には，アメリカ・ニューヨークにてG5が「アメリカの経常収支赤字，日本，ドイツの黒字を是正するために，G5諸国がドル売り・円買い・マルク買いの為替介入を行い，ドル安・円高・マルク高に誘導する」ことで合意しました（プラザ合意）。このプラザ合意は想定以上の効果を発揮し，急速にドル下落・円高・マルク高が進み，行き過ぎた調整を是正するため，今度は1987年2月にドル安に歯止めをかけるルーブル合意がなされました。しかし，主要通貨の為替レートは安定せず，現在に至るまで定まった国際通貨体制は構築されていません。

(2)　国際通貨制度の類型

　為替レートのシステムは，大きく変動相場制（float）と固定相場制（fixed, pegging）に分かれますが，両派の中間形も多数存在します。強固な固定相場制はハード・ペッグといわれ，カリブ海諸国や香港のように固定相場を維持するために国内通貨の発行量を外貨保有額以内に収めるカレンシーボードといった制度をとり入れるケースがあります。

　他方で，日本円や米ドル，ユーロなどの主要通貨は，純粋な変動相場制（クリーン・フロート制，独立フロート制）をとっています。ユーロは，ユーロ参加19ヵ国（2020年12月現在）の通貨の主権を引き継ぐ合成通貨です

が，ドルや円に対しては変動相場制をとっています。

　厳格な固定相場制と純粋な変動相場制の間には，何らかの為替レート安定のための目標を定めて，それに向けて為替レートを管理する緩やかな管理為替制度があり，これは管理フロートやソフト・ペッグとよばれ，そのなかには管理目標に幅をもたせる為替バンド制度（当局が定める中心相場からの許容変動幅内に為替レート変動を抑える制度）や管理目標を物価上昇に応じて変動させるクローリング・ペッグ制度などがあります。為替制度は，カレンシーボードなどの強固な固定相場制か，独立フロート制のいずれかしかたちゆかず，中間的な為替制度は駆逐されるという"Two Corner Solution"という考えが，IMFなどでは支配的でした。しかし，現実には中間的な管理為替制度は発展途上国を中心にいまだに存在意義をもっているようです。

　日本円や米ドルなどの主要通貨が独立フロート制に属するため，これが世界で一般的なように思いがちですが，世界の192通貨のうち，広義のフロート制に属する通貨は66通貨にすぎず，それ以外の126通貨は何らかの為替管理を行っているか固定相場制をとっています（図表1-49）。また，エクアドル，パナマなどの13ヵ国では，自国の通貨を放棄し，米ドル，ユーロなどを自国の通貨として国内に流通させています。

(3)　変動相場制と固定相場制（管理為替制度）の功罪

　固定相場制と変動相場制には，それぞれ長所・短所があり，どちらが適切な通貨制度かは，その国の経済状況，構造，政策体系に関わっています。

　固定相場制のメリットとしては，①為替レートの安定を図れること，②固定を維持するためにインフレを抑制することが求められ，結果的に経済が安定すること，③これにより経済政策に対する信認が高まること，④これらにより海外からの投資をよび込みやすくなること，が挙げられます。

　他方で，固定相場制のデメリット（弱点）としては，①固定相場を維持するために無理な為替介入をする場合に，投機資金が固定相場を崩すように攻

▶図表1-49　IMF加盟国の為替制度の類型(2019年4月30日時点)

	利用国数	利用国の例
強固な固定相場制 (Hard Peg)	24	
独自の法定通貨を持たない	13	エクアドル, パナマ, コソボ
カレンシーボード制 (Currency board)	11	香港, カリブ海諸国, ブルガリア
緩やかな固定相場制 (Soft peg)	102	
伝統的固定相場制	42	中東諸国, デンマーク, ネパール
相場安定化制度 (Stabilized Arrangement)	25	クロアチア, ベトナム, ルーマニア
クローリング・ペッグ制 (Crawling peg)	3	ボツワナ, ニカラグア, ホンデュラス
クローリング方式の相場安定化制	18	シンガポール, ウズベキスタン, バングラディッシュ
ターゲットゾーン制 (horizontalbands)	1	トンガ
その他の管理フロート制	13	中国, カンボジア, ベネズエラ, ミャンマー
フロート制 (変動相場制;Floating)	66	
概ねフロート制	35	韓国, スイス, アジア・アフリカ諸国の多く
独立フロート制 (Free floating)	31	日本, 米国, ユーロ圏, 英国, カナダ
計	192	

(出所) IMF "Annual Report on Exchange Arrangements and Exchange Restrictions 2019" 2020年8月により作成

撃する可能性があること，②国内の金融政策（金利の上げ下げ）が制約されること，③資本規制など資金移動の管理（資金移動の制限）が必要になること，が挙げられます。②③については，マンデルの「不可能な三角形（impossible triangle）」，すなわち，「為替レートの安定・資本移動の自由・金融政策の自由を同時に確保することはできない」という国際金融の基礎理論に即しています。また，①については，1997年のアジアの通貨危機の際に，タイ・バーツなどが対米ドルに固定していたことを狙って，投機筋がアジア通貨の空売りを仕掛け，固定相場を崩した例などが挙げられます。

　なお，変動相場制のメリットは上記の固定相場制のデメリットの逆，変動相場制のデメリットは固定相場制のメリットの逆と考えればよいでしょう。

　一般に，先進国の主要通貨は，その通貨の国際金融市場での取引が大きく，国内金融市場も自由であるため，変動相場制をとらざるを得ないと考えられます。先進国にとって，為替管理により通貨を固定するのは，現実には困難です。他方，経済政策への信認が乏しく，政府・自国企業の外貨債務が大きく，為替レート下落のリスクが大きい新興国や発展途上国は，国内の金融政策の自由度を犠牲にしても，為替管理によって為替レートを一定水準に誘導する固定相場制あるいはソフト・ペッグが適している場合が多いと考えられます。発展途上国の為替制度選択については，1997年のアジア通貨危機の後に，盛んに議論がなされ，IMFやアメリカ金融界は「新興国にも変動相場制が適している」と主張しました。また，中国の為替制度をめぐっても，アメリカは何度も為替管理の緩和・撤廃を求めてきました。こうした「変動相場制の採用と為替管理の撤廃が，普遍的に好ましい」とする，IMFやアメリカ金融界の考え方をワシントン・コンセンサスとよびますが，その成否はいまだ定まっていないといえましょう。

⑷　中央銀行デジタル通貨（CBDC）の誕生

　中央銀行が発行するデジタル通貨（Central Bank Digital Currency：CBDC）に対する関心が高まっています。中国は，2020年にデジタル人民元の実験を始め，2021年には実用を開始する予定です。カンボジアやバハマでは，2020年9月に実用が開始されました。スウェーデンも2021年にeクローナを発行する予定です。

　CBDCとは，①デジタル化されている，②円などの法定通貨建てである，③中央銀行の債務として発行される，の3要件を充たす通貨です。その形態としては，各国の中央銀行が発行する現金をスマートフォンやカードなどの電子情報に書き換える「トークン型」と，中央銀行当座預金を非金融企業や

個人に開放して民間企業・個人が中央銀行に預金口座を持つ「口座型」があります。

　中央銀行が紙幣の発行をやめ，電子媒体でのトークン型CBDCを発行すれば，既存の民間の電子マネーに代わりうる重要な決済手段となることは間違いありません。発行体の中央銀行の信用はその国の中で最高であり，ビットコイン等の暗号資産と異なり為替リスクも価格変動リスクもないCBDCが流通すれば，国民の決済に関する効率性は格段に高まるでしょう。ただし口座型CBDCを導入すると，既存の銀行システムが代替され，銀行業衰退を招く懸念もあります。

　また，中国はデジタル人民元を国際決済にも用いることを企図していると言われています。中国の思惑通りデジタル人民元による国際決済が進めば，これはドルを中心とする国際通貨システムに大きな影響を与えると考えられています。

5. IMF等国際機関

(1) IMF(国際通貨基金, International Monetary Fund)の設立と機能

　1944年7月のブレトンウッズ会議での合意に基づき，1945年12月，IMF（国際通貨基金）が設立されました（業務開始は1947年3月）。ワシントンに本拠を置き，2020年10月現在加盟国は189ヵ国です。

　IMFの議決権は，IMFへの各国出資額（クオータ）によって決まります。クオータは加盟国のGDPや貿易量に基づいて決定され，2010年の第14次増資による改定を経た上位国の投票権の割合（2018年1月28日の増資後）は，上位はアメリカが17.40％，日本が6.46％，中国が6.39％です。重要な議題は85％以上の議決権で決まりますので，アメリカは事実上拒否権をもつことになります。

　1947年の発足時のIMF協定によれば，IMFは①国際通貨問題の討議の場，②安定的かつ自由な為替制度を維持することを義務づける監督機関，③国際収支調整のための融資をする機関の3つの機能を担うことになっています。特に前述のとおり，ブレトンウッズ体制の根幹をなす金・ドル本位制における各通貨の米ドルへの固定を維持するために，国際収支不均衡を是正し為替レートの安定を実現することが最大の使命でした。そのためにIMFは加盟国の経済金融情勢，経済政策のモニターを行い，各国に政策アドバイス（コンサルテーション）を行います。また，国際収支危機に陥った加盟国に対して調整プログラムをたて，経済改善のためのコンディショナリティ（制約条件）を課して融資を行います。

　しかし，1971年のニクソン・ショックにより金・ドル本位制が崩壊し主要通貨が変動相場制に移行するに伴い，加盟国の国際収支不均衡の調整というIMFの最も重要な使命は後退しました。このため，1970年代以降，IMFは通

貨危機にみまわれた（あるいはその懸念のある）国の金融支援，さらには構造改革や経済成長のための貸付の比率を高め，世界銀行との重複も問題になるようになりました。

IMFには，加盟国の準備資産を補完する手段として，SDR（特別引出権）があります。従来，SDRの価値は主要４通貨（米ドル，ユーロ，日本円，スターリング・ポンド）からなるバスケットに基づいて決められていましたが，2016年10月から中国人民元が加わり５通貨のバスケットとなりました。

(2) 世界銀行(World Bank)グループの設立と機能

ブレトンウッズ会議の後，IMFとともに世界銀行グループが形成されました。世界銀行の使命は，インフラ関連プロジェクトの促進などによる長期的経済成長のための資金を供給することであり，IBRD（International Bank for Reconstruction and Development，国際復興開発銀行），IDA（International Development Association，国際開発協会），IFC（International Finance Corporation，国際金融公社），MIGA（Multilateral Investment Guarantee Agency，多国間投資保証機関），ICSID（International Centre for Settlement of Investment Disputes，投資紛争解決国際センター）の５機関からなります。なかでも中核となるIBRDは，1944年に創設され，主に中所得国に市場金利ベースで融資を行っています。日本も1953年から，東海道新幹線，東名・名神高速道路，黒部ダム他の建設資金をIBRDより借入しました。

またそれ以外に，中東欧の市場経済化を促進するために1991年に創設された欧州復興開発銀行(European Bank for Reconstruction and Development；EBRD)，アジア経済の成長を支援するアジア開発銀行（Asian Development Bank；ADB）なども世界経済の成長・開発の使命を担っており，世界銀行グループとあわせて国際開発金融機関（Multilateral Development Bank；MDBs）とよばれます。

さらに，2015年12月25日には，アジア地域の国際開発銀行として，中国が

主導するアジアインフラ投資銀行（Asian Infrastructure Investment Bank；AIIB）が発足しました。中国は，アジア・オセアニア諸国だけでなく，欧州諸国や南米諸国にも参加を呼びかけ，発足時の参加国は57ヵ国にのぼりました。また，参加希望国も30ヵ国以上にのぼるといわれています。しかし，日本とアメリカは，既存のアジア開発銀行との重複，運営方針の不透明性などを理由に参加を見送っています。

　AIIBの本部は北京におかれ，機関のトップである行長は金立群となり，議決権の26％を中国が保有するなど，名実ともに中国一国が主導権を握る機関であり，この点で世界銀行傘下の国際開発金融機関とは性格を異にしています。しかし，中国の一帯一路（シルクロード）構想の一翼を担う重要な機関であるため，今後も中国の豊富な資金を背景にプレゼンスを高めていくことが予想されます。

　2016年6月の第1回年次総会において，第1号案件としてバングラデシュ向けの単独融資が決まりました。また，アジア開発銀行とはパキスタン，世界銀行とはインドネシア，欧州復興開発銀行とはタジキスタンでの協調融資の実施も決まりました。

第7章
金融機関のリスク管理と法規制

Introduction

　この章では，金融当局の諸規制と監督方針について学びます。第1節に述べるとおり，金融機関を取り巻くリスクはますます複雑，多様になり，これをいかに管理するかが金融機関経営の要諦となっています。また，当局は金融機関が抱えるリスクを把握し，適切に監督指導することが，重要となっています。こうした考え方が，国際レベルではバーゼル委員会での合意となって各国にもち帰られ，国内で様々な金融規制として成立していきます。そうした諸規制の主要なものについては，その理念・目的から理解してください。

1. 金融機関の各種リスク

(1)　金融機関に係るリスクの全体像

　事業にリスクは付きものです。あらゆる経済・社会事象が不確実であるため，リスクから逃れることはできません。それぞれの業界に独特のリスクがありますが，金融機関にも他の事業法人とは異なる独特なリスクがあります。それをいかに管理するかは，一般の事業法人と同様，経営上の大きな課題となりますが，金融機関の場合は，決済や資金仲介という公的な使命を担っているため，適切なリスク管理を行って安定的な経営を図ることが，社会的な要請ともなります。

　そうした観点から，政府・中央銀行は，金融機関の健全性を保つべくプルーデンス政策を行っています。また，金融機関は，政府・中央銀行が設定する諸規制・諸制度の下で，自らの経営の安定性，健全性を保つために，様々なリスクをいかに管理するかに意を尽くしています。

　金融機関にとって重要なリスクとしては，流動性リスク，信用リスク，市場リスク，オペレーショナル・リスクがあります。

(2)　各リスクの概要と対応策

a　流動性リスク

　流動性リスクとは，手元の流動性資産の不足により決済が滞るリスクを指します。流動性リスクは，あらゆる企業が抱えますが，銀行等の預金取扱金融機関にとってはとりわけ重要な意味をもちます。銀行等は，短期の預金を中心に資金調達をし，より長期の貸出や有価証券投資を行って利鞘を得ます。調達の中心の預金は，たとえ定期預金でもいつでも解約に応じる必要があります。他方，貸出は期限の利益が保証されており，たとえ銀行等の流動性が

乏しくなっても回収はできません。このため，預金取扱金融機関は常に大きな流動性リスクにさらされています。

こうした大きな流動性リスクをもつため，預金取扱金融機関は，預金に預金準備率を乗じた金額を日本銀行に支払い準備（準備預金）として積むことが求められます。また，コール市場，手形市場といったインターバンク市場が整備されています。さらに，金融機関が流動性危機に陥った際には，日本銀行が最後の貸し手として金融機関に資金を貸し出す用意があります。より根本的には，こうした預金取扱金融機関の短期調達・長期運用の構造を可能にしている金融機関に対する信用を，常に維持することが求められます。

b 信用リスク

信用リスクとは，貸出などの信用供与を行った際に，与信先の破綻や元利金の返済不履行により，貸し手が損失を負うリスクです。事業には貸借関係が付きものであり，事業法人も売掛金などの信用リスクを負っていますが，与信を事業の中核とする銀行，保険会社，ノンバンク金融等の金融仲介機関にとって，信用リスクはより重要な意味をもっています。

信用リスクをゼロにすることはできませんが，金融機関は与信をする際の審査，与信後のモニタリング（監視）等の与信管理を綿密に行うことによって信用リスクを最小にしようとします。また，与信先が一部の業種や地域に偏らないようにしたり，一企業に対する与信限度額を設定したりして，リスク分散を図ります。さらに，マクロ経済，あるいは産業動向について常に予測を行い，リスクの拡大を事前に察知したりすることも重要です。

国際金融（国際的な与信）については，与信先の国の経済状況に根ざしたリスク（カントリーリスク）を把握することが重要であり，そのために海外経済の動向についても常に展望をもたねばなりません。

なお，信用リスクが高くても，十分に高い金利等の与信による収益が確保できるのであれば，必ずしも不健全な与信活動とはいえません。金融機関においては，リスクを正確に認識したうえで，確率計算に基づき通常予測され

る損失（Expected Loss）について貸倒引当金などを十分に積み，その費用に見合う金利等を徴収するミドルリスク・ミドルリターンの与信行動は，むしろ重要性を増しています。

c 市場性リスク

金融機関は巨額の資産・負債をもつため，資産・負債の価格の変動や金利変動の影響を常に受けています。こうした市場性のリスクとしては，金利リスク，価格変動リスク，為替リスクがあります。

金利リスクとは，預金などの調達金利の上昇や，貸出や変動金利債券などの運用金利の低下によるリスクです。1970年代以前の規制金利の時代には，銀行の貸出等の運用金利は常に預金等の調達金利を上回る状況であったため，金利リスクは大きくありませんでした。しかし，80年代以降の金利自由化に伴い，金融機関が抱える金利リスクは拡大しました。特に長期金利が短期金利を上回る順イールドが確保されているわけではなく，長短金利が接近したり，長期金利が短期金利を下回る逆イールドカーブの状況となったりすると，金利リスクは一層高まることになります。

金融機関が保有する債券，株式などの有価証券の価格変動（低下）によるリスクを価格変動リスクとよびます。従来は，証券のディーリングや引受を多く行う証券会社が，大きな価格変動リスクを抱えていました。しかし近年は，国債の大量発行と貸出先の乏しさから，預金取扱金融機関が国債を中心に巨額の証券を保有しており，大きな価格変動リスクを抱える状況となっています。

なお，本編第2章2節で述べたとおり，債券の価格低下は流通利回りの上昇となります。したがって，債券の流通利回りが上昇する金利上昇局面と株価の低下局面で，こうした価格変動リスクが顕在化することになります。通常，景気が悪いときには株価は低下しますが，債券利回りは低下（価格は上昇）しますので，証券の価格変動による損益はある程度相殺されます。しかし，物価上昇局面で景気が悪い（すなわちスタグフレーション）際には，株

価も債券価格も低下しますので，価格変動による損失は大きくなります。

　為替レートの変動によって外貨資産・負債に生じる損失に関わるリスクを為替リスクといいます。輸出企業などは，為替レートの変動によって売上・仕入価格が変動するという形で為替リスクを負いますが，金融機関の場合は資産・負債の価格変動について為替リスクを負います。経済・金融の国際化は一層進展しており，その分為替リスクもますます重要になっています。

　このような市場性のリスクは，金融機関にとって宿命的なものではありますが，それだけに管理技術が問われます。このため，多くの金融機関は，市場性リスクをより精緻に管理するため，自らが資産と負債に保有するリスクを，金利，為替レート，株価等の予測をもとに総合的に管理するALM（Asset Liability Management）を実施してきました。最近では，このALMを信用リスクの管理とあわせて，自社・自部門が抱えるリスクを総合的，科学的に管理する手法を磨いています。また，本編第3章2節で述べたデリバティブズを駆使して，市場性リスクを最小限とするべく努力しています。

　d　オペレーショナル・リスク

　コンピュータ・システムの障害，事務ミス，あるいは従業員の不正行為，取引先とのトラブルなどによって生じるリスクをオペレーショナル・リスクとよびます。IT化の進展により，近年の金融機関のコンピュータ・システムは極めて巨大かつ複雑になっており，ひとたびそこに障害が生じると，金融機関は取引先への賠償や逸失利益などで多大な損害を被ります。また，顧客の信頼を失い，顧客自体を失うこともあります。

　また，業務が複雑となり，労働市場が流動化した現在，金融機関にとって，従業員の不正による法的なリスクも看過できないものとなっています。そうした観点から，コンプライアンス（法令遵守）が重要になっています。

　オペレーショナル・リスクを計測することは大変困難ですが，バーゼル規制では信用リスク，市場リスクのみならず，オペレーショナル・リスクを厳密に管理することも金融機関に求めています。

(3)　システミック・リスクを軽減するマクロ・プルーデンス政策

　これまで述べた様々なリスクにより，ある金融機関が破綻し，その金融機関にコール市場やデリバティブズ取引によって信用供与する他の金融機関が損失を受け，破綻する懸念が生じることがあります。また，一部の金融機関の破綻（あるいは破綻懸念）により，預金者に動揺が走り，健全な金融機関の預金まで引き出される「預金取付け」が生じると，その金融機関が流動性危機に陥りかねません。この結果，金融システム全体が麻痺し，経済全体で決済機能や資金仲介機能が著しいダメージを受ける可能性があります。こうしたリスクをシステミック・リスクといいます。

　金融の複雑化と，情報の流れの加速，マネーの膨張を背景に，こうしたシステミック・リスクの懸念は高まっています。1990年代末の日本の金融危機の際には金融システム全体の危機を何とか回避できましたが，2008年のリーマン・ブラザーズの破綻後は，欧米の多くの国で金融システムが動揺しました。政府・中央銀行は，金融システムの安定・健全化のためのプルーデンス政策を行っています。そのために，個別の金融機関の健全性を図るミクロ・プルーデンスのみならず，経済・金融全般のリスクを重視しシステミック・リスクを軽減するマクロ・プルーデンス政策の重要性が増しています。

2. バーゼル規制

(1) バーゼル規制のプルーデンス政策における位置づけ

　金融機関は，決済と資金仲介という公的な使命を担っていながら，前節で触れたとおり様々なリスクを抱えています。このため，金融機関の抱えるリスクを軽減し，その破綻を極力防ぐとともに，金融システム全体が安定・健全であるように，政府・中央銀行はプルーデンス政策を実施します。

　個別金融機関の破綻による金融システム全体へのダメージを極力小さくするために，預金保険を設け（詳細は本編第5章4節参照），破綻金融機関の処理を円滑にしたり，国有化（特別公的管理）したりするのが，事後的プルーデンス政策です。より重要なのが，金融機関の破綻を未然に防ぐ事前的プルーデンス政策であり，その中心となるのが，バーゼル規制です（事前的プルーデンス政策には，ほかに，政府・中央銀行による金融機関の検査・考査，大口融資規制などの諸規制・ガイドラインがある）。

　前節でみた信用リスク，市場リスクなどの諸リスクのうち，通常予想される損失（Expected Loss）に対しては，引当金を予め計上し，リスクが顕在化した際には引当金で対応するのが好ましいやり方です。しかし，リーマン・ショックのようにマクロ経済全体がダメージを受け，予想外の損失（Unexpected Loss）が生じる際には，引当金では対応できません。このため，そうした事態に至っても金融機関が債務超過とならない（破綻しない）ようにするため，金融機関に一定以上の自己資本を求め，これを損失が拡大した際のバッファーにすべきという考え方があります。これが，世界各国やバーゼル委員会（バーゼル銀行監督委員会，世界主要国の銀行監督当局・中央銀行の国際会合）が，自己資本比率規制を金融機関に課す根拠となっています。

　先進国の政府・中央銀行は，伝統的に金融機関に自己資本比率規制を課し

てきましたが，その多くは形骸化していました。日本も例外ではありません
でした。しかし，1974年のヘルシュタット銀行の破綻が世界の金融市場の動
揺をもたらしたことから，国際金融界において「自己資本比率規制を強化す
べき」という機運が高まり，1988年にバーゼル委員会が「自己資本の測定と
基準に関する国際的統一化」という国際合意文書を発表しました。

　なお，バーゼル委員会は，BIS（国際決済銀行，本部バーゼル）に事務局
を置く委員会であったため，BIS規制（基準）とよばれることが多いですが，
正確にはバーゼル規制とよぶべきでしょう。また，バーゼル委員会は各国に
国内での法整備を求めるための合意を形成するだけですので，バーゼル合意
というよび方もありますが，実態的には合意に基づいて各国で法規制が設け
られるため，バーゼル規制とよぶのが適切でしょう。

(2)　バーゼルⅠ，Ⅱ，Ⅲ成立の経緯と概要

a　バーゼルⅠ・Ⅱ

　1988年にバーゼル委員会が合意した内容に基づき，主要国では1993年まで
に国際業務を行う銀行は規制上の自己資本比率（自己資本／リスクアセッ
ト）を8％以上とすることとなりました（図表1-50）。これがバーゼルⅠと
よばれる規制です。リスクアセットとは，信用度に応じて設定したリスク
ウェイトを乗じた資産額であり，リスクウェイトは企業向け貸出については
100％であるが，国債などは0％とされました。また，日本では，国際業務
を行う国際統一基準行には8％以上の自己資本比率を求めましたが，国内業
務のみを行う国内基準行には自己資本比率の最低基準を半分の4％としまし
た。また，当初は信用リスクだけを対象にしましたが，市場リスクも加味し
てリスクに対する自己資本を要求することになりました。

　しかし，主要国の銀行がこの規制への適応を果たした直後から，リスク
ウェイトの設定が粗っぽく，分散投資の効果が反映されていないこと等，先
進の民間金融機関のリスク管理手法に比べて精度が低いという批判が高まり，

▶図表1-50　バーゼルⅠ・Ⅱにおける自己資本比率規制

	バーゼルⅠ	バーゼルⅡ
最低所要 自己資本比率	$\dfrac{\text{自己資本}}{\text{信用リスク＋市場リスク}} \geqq 8\%$	$\dfrac{\text{自己資本}}{\text{信用リスク＋市場リスク＋オペレーショナル・リスク}} \geqq 8\%$
リスク ウェイト	バーゼル委員会の基準による	内部格付（行内の独自の格付），あるいは標準的手法（バーゼル委員会設定）のいずれかによる。ただし前者を推奨
金融監督当局 （政府）	実施状況を監督	各金融機関の内部格付，リスク管理状況が適切かどうかを監督

（出所）Basel Committee資料等により作成

全面改訂を迫られました。そうした背景から，2004年，新しいバーゼル規制であるバーゼルⅡが発表されました。バーゼルⅡでは，各行は自らが与信管理のために設定する内部格付を尊重し，これをもとにリスクアセットを計算する方式とし，そうした内部格付の設定が適切かどうかを監督当局が監視することとなりました。また，オペレーショナル・リスクもリスク算定の際に考慮することになりました。この規制は，各国が2007年までに導入しました。

　b　バーゼルⅢ

　ところが，バーゼルⅡの導入直後から，アメリカのサブプライム・ローン問題が表面化し，欧米の銀行，投資銀行の破綻懸念が高まり，2008年にはリーマン・ブラザーズが破綻するに至り，バーゼル規制を再度練り直す必要が生じました。そうしたなかで，バーゼル委員会は，盛んな議論の末，2010年12月に新たな規制の枠組みであるバーゼルⅢを公表しました。バーゼルⅢは，従来のバーゼル規制の枠組みである総自己資本比率8％以上という基本的な枠組みを残しつつ，分子の自己資本の質を問い，実態的にはバーゼルⅡより金融機関により多くの自己資本を求めました。具体的には，最も資本性の高い自己資本（コアTier1という。普通株式・内部留保）のリスクアセットに対する比率を4.5%以上，中核的自己資本（Tier1という。コアTier1＋

優先株）の比率を６％以上とすることを求め，さらに資本保全バッファー
（通常の上乗せ分），カウンターシクリカルな資本バッファー（経済過熱状態
での各国の任意的上乗せ分）として，自己資本の積み増しを求める規制と
なっています（図表１-51）。この結果，コアTier１資本の比率を現行２％以
上から７％以上に引き上げねばならなくなりました。

　この自己資本比率規制は，2013〜2019年（３月）にかけて段階的に導入さ
れることになっていましたが，2020年３月，コロナ禍を受けて最終導入期限
は１年延期されました。また，バーゼルⅢでは，システム上重要な金融機関
（SIFIs）として29社（その後30社に増加）を指定し，これらに対し自己資本
比率の１〜2.5％の上乗せを求め，これらのコアTier１に係る最低自己資本
比率は８〜9.5％に上昇します。邦銀では，三菱UFJフィナンシャル・グルー
プ，みずほフィナンシャルグループ，三井住友フィナンシャルグループの３
メガバンクがSIFIsの対象となっています。

　また，バーゼルⅢでは，リスクアセットではない財務諸表（B.S.）上の総
資産をベースとするレバレッジ比率に対する規制，流動性規制も織り込み，
自己資本比率規制を補完しています。

　さらに2015年11月，FSB（金融安定理事会）は，巨大銀行（SIFIs）にバー

▶図表１-51　バーゼルⅢにおける所要自己資本比率

（単位：％）

	コアTier１資本 普通株式・内部 留保等	Tier１資本 含む優先株	総資本 含む劣後債等
最低所要基準　a	4.5	6.0	8.0
（現行バーゼルⅡ）	(2.0)	(4.0)	(8.0)
資本保全バッファー　b	2.5	2.5	2.5
a＋b　実態的な最低所要水準	7.0	8.5	10.5
カウンターシクリカルな資本バッファー　c	0〜2.5	0〜2.5	0〜2.5
SIFIsに対する付加部分　d	1〜2.5	1〜2.5	1〜2.5
a＋b＋d	8〜9.5	9.5〜11.0	11.5〜13

（出所）Basel Committee資料等により作成

ゼルⅢに加えてさらに自己資本の上乗せを求める新規制を提案し，これが同月のG20アンタルヤ・サミットで合意されました。この新規制は，SIFIsに2022年までに少なくともリスク資産の18％あるいは負債総額の6.75％に相当する自己資本を「総損失吸収力（TLAC；Total Loss Absorbing Capacity）」として保有することを求めるものです。これを含めると，SIFIsの所要自己資本比率は現行の11.5〜13％から，2022年には22％に高まることになります（経過措置として2018年は18％）。この新規制は，まだ完全に定まってはいませんが，今後も大銀行に対する資本賦課の要求が高まることが予想されます。

　なお，2020年のコロナ禍に対応し，バーゼル委員会は，貸出を維持するために必要に応じて規制上の資本保全バッファーを取り崩すことが可能であると表明しています。

3. 株式保有規制

(1) 株式保有規制の考え方

　独占禁止法と銀行法の規定により，銀行は，一般事業会社の発行する議決権株式の保有を議決権総数の5％以内に抑えることが求められています。また，銀行持株会社，またはその子会社が保有する一般事業会社の議決権株式についても，グループ合計で全体の5％を超えてはならないことになっています。これは，金融による産業の支配を防止するという，伝統的な独占禁止に関する考え方と，銀行（グループ）が価格変動の激しい株式を過大に保有することにより，金融システムが不安定になることを防ぐという考え方に根ざしています。

　また，2002年に施行された銀行等株式保有制限法に基づき，2004年9月以降は，銀行等の株式保有額をTier1自己資本（基本的項目）以下に抑えることとなりました。これは，銀行の株式保有を問題視するバーゼル委員会の考え方に即し，議論の途上であったバーゼルⅡとリンクした措置でした。

　2019年8月，金融庁は「銀行法施行規則等の一部改正」を公表し，この中で，事業再生，地域活性化事業及び事業承継に係る銀行等の議決権保有制限などを一部見直す銀行法施行規則の改正案を示しました。具体的には，銀行が投資専門子会社を通じて子会社とすることができる会社の範囲への事業承継会社追加，事業再生会社を銀行本体が子会社にできる場合の要件緩和，地域活性化事業会社についての議決権保有制限の例外措置（投資専門子会社を通じた出資）の緩和，などが予定されています。

(2) 銀行等保有株式取得機構（株式買取機構）

　他方，銀行から放出される株式の受け皿として，政府は2002年1月に民間

銀行等の出資を募り銀行等保有株式取得機構を設立し，銀行等の株式保有削減をサポートしました。同機構は2006年に当初の役割を終えましたが，リーマン・ショック後の株式市場の混乱に対応する目的で，2009年３月から買い取りを再開し，2020年３月末時点で累計11,467億円の株式を取得しています。

　ただし，最近では，地域経済の活性化のために地方銀行（あるいはそのファンド）などが，地元企業への出資を拡大することが歓迎されており，そうした観点からこの株式保有規制を緩和するべきとの議論も高まっています。

4．銀行法

　銀行は，その業法である銀行法（1927年の旧法の全面改定により1981年成立）に準拠して内閣総理大臣から免許を受け，設立され，運営されます。

　銀行法で定める，銀行への免許付与・設立の主な要件としては，①預金の受入れと資金の貸付の両方を行うか，為替取引を行うか，のいずれかであること（第2条），②資本金が10億円以上であること（第5条），③商号のなかに「銀行」を用いること（第6条），といったことを定めています。

　また，運営上の規定として，①銀行の取締役が他の企業の業務を営む際には内閣総理大臣の認可を要する（第7条），②支店の設置について内閣総理大臣への届出を要する（第8条），③同一人（同一企業）に対する与信は政令で定める限度（政令では自己資本の25％）を超えてはいけない（第13条），等が定められています。

　さらに，第10条では，預金受入れ，貸付，為替取引等，銀行が行うことができる業務を定めており，これが金融ビッグバン等の金融制度改革において，議論の対象となりました。例えば，1980年代に銀行に解禁された国債の窓口販売は第10条2項で，国債ディーリングは第11条で認められています。

　また，第14条の2では，「内閣総理大臣が，銀行の健全な運営に資するための基準を設定することができる」としており，これがバーゼル規制を受けて政府が自己資本比率基準の達成を銀行に求める根拠になっています。

　このような銀行法に基づいて設立され，定められた業務を行う銀行に，どのような種類があるかは本編第5章1節を参照してください。また，本書各章で述べる金融制度の改革や，銀行業務の変化等の多くは，銀行法の改正を伴うものです。最近では，2016年5月にフィンテック企業への出資制限の緩和などの改正がなされています（フィンテック：金融とテクノロジーの融合，詳細は本編第8章参照）。

5. 近年の関連法改正など

(1) 金融自由化の変遷：金利自由化と業際規制緩和

　日本の金融制度は，1980年代半ばから漸進的に規制緩和が進められてきました。その契機は1983〜1984年の日米円ドル委員会にて，アメリカが日本に金融市場の開放を迫ったことでした。

　まず，金利自由化が進められました。1985年の大口定期預金を皮切りに大口から小口，定期性預金から流動性預金へと金利の自由化が少しずつ進められ，1994年の流動性預金金利自由化により，金利は完全に自由化されました。

　金融機関の業務分野（業際）規制の緩和は，やや遅れて1990年代にかけて本格的に進められました。戦後の日本の金融界には，①長短金融の分離，②銀行・信託の分離，③銀行・証券の分離という3つの垣根がありました。

　①長短金融の分離とは，長期融資の比率の高い長期信用銀行3行に5年物の金融債の発行を認める一方で，短期融資を中心とする商業銀行には金融債，社債の発行も中長期の定期預金の設定も認めないという制度です。その自由化の過程では，1993年から4年物，5年物，10年物の定期預金を順次解禁し，1999年には銀行による普通社債の発行を解禁し，商業銀行の長期資金の調達の道が開け，長期信用銀行との垣根は実質的に解消されました。

　②銀行・信託の分離とは，信託業務を信託銀行7行と都市銀行1行，地方銀行2行にのみにしか認めない一方で，信託銀行には信託業務も銀行業務も認めるという不公平な規制のことです。この不公平な規制に対する批判が大きかったうえに，1985年にはアメリカの金融市場の開放要求に対して，外国銀行による信託業務参入が認められるという形で，信託銀行をめぐる制度はますます歪みました。これに対し，1992年には金融制度改革法が成立し，銀行や証券会社が子会社として信託銀行を設置できるようになり，また，地銀，

第二地銀は本体で信託業務に参入できるようになり，ここに銀行・信託の分離も事実上解消しました。

　③銀行・証券の分離（銀証分離）は，日本の業際規制のなかで最も重要な垣根でした。戦後の日本は，証券取引法（現在の金融商品取引法）第65条により，銀行の証券業務を禁止し，銀証分離の体制をとってきました。アメリカでは，大恐慌の反省をもとに，銀行の経営を安定させるため，また，利益相反を防ぐために，グラス＝スティーガル法（1933年銀行法）によって戦前から銀証を分離してきましたが，アメリカの占領下で日本にも同様の体制を敷いたのです。しかし，国債の大量発行，大企業の証券市場での調達拡大，世界的な証券市場の発展に伴い，銀行業が証券業務への参入を希求し，証券業が金融技術の革新を受けて預金に類似した投資信託商品（MMF，MRF等）を開発して実態的に銀行業に参入する姿勢を示したことから，銀証分離への批判が高まりました。

　こうした事情を受け，1992年に成立した金融制度改革法により，銀行や証券会社は，いずれも証券子会社，銀行子会社を設置できるようになり，さらに1998年の金融持株会社法の成立により，持株会社の傘下に銀行，証券会社を保有することができるようになりました。ここに至り，戦後の日本の金融制度の大きな特徴であった銀証分離も，事実上消滅しました。しかし，依然として，銀行業と証券業を同じ事業体（法人）のなかで兼営することはできません。これについては，同一企業内での銀証兼営を認めるユニバーサル・バンキング制をとっている欧州の金融機関との競争上，不利であるという批判もあります。持株会社方式での銀証兼営とユニバーサル・バンキングのいずれが，営業効率やリスク管理上優れているかについては大きな議論があり，引き続き検討課題となっています。

⑵　日本版金融ビッグバン

　1996年11月，当時の橋本龍太郎首相は6大改革の一環として金融制度の抜

本的改革・規制緩和の方針を示しました。これはイギリスの1986年の金融制度改革，Big Bangにならい「日本版金融ビッグバン」とよばれました。

　金融ビッグバンは，「2001年までに東京市場をニューヨーク，ロンドンと並ぶ３極の一角に育てる」ことを目標とし，「フリー・フェア・グローバル」というスローガンを掲げました。「フリー」は徹底した規制緩和により市場原理が働く自由な市場とすること，「フェア」は市場の透明性・信頼性を高めること，「グローバル」は世界に通用する市場に育てることを意味します。

　内容は多岐にわたりますが，柱は①投資家と資金調達者双方の選択肢の拡大，②仲介者サービスの質の向上，③市場の利便性の向上，④諸ルール・制度の整備による市場の信頼性の向上であり，これらに関連する広範な規制緩和を盛り込んでいます（図表１-52）。

　なかでも証券業への参入自由化，投資信託などの金融商品の自由化，証券取引所の改革，証券取引の規制緩和により，証券市場を育成し，従来からの懸案であった直接金融の強化を果たすための改革が中心になっています。例えば，ストック・オプションの導入（1997年９月），ラップ口座の取扱い開始（1998年12月），株式委託手数料の完全自由化（1999年10月），不動産投資信託（REIT）・上場投資信託（ETF）の導入（2001年），銀行本体での投資信託販売解禁（1998年12月），証券業の免許制から登録制への移行（1998年12月），取引所集中義務の廃止（1998年12月），私設取引システム（PTS）の導入（1998年12月），等の諸改革は，その後の金融商品の多様化・高度化，金融再編，諸システムの変革に大きな影響を与えました。

　金融ビッグバンは，2000年末をもって一段落しましたが，現在の日本の金融制度の骨格を作るうえで重要な役割を果たしました。金融ビッグバンによってもたらされた金融市場での変化としては，以下が挙げられます。

　第１に，金融再編が進みました。都市銀行13行，長期信用銀行３行，信託銀行７行，４大証券会社は，合併・経営統合等を繰り返し，証券業を傘下にもつ４メガバンクに集約されました。ただし，その背景には，不良債権問題

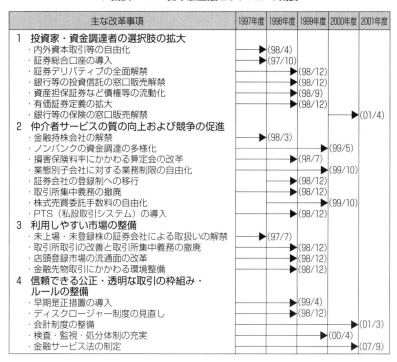

▶図表1-52　日本版金融ビッグバンの概要

（注）　▶導入期間，（　　）内は実施時期
（出所）鹿野嘉昭［2013］『日本の金融制度（第3版）』東洋経済新報社，p.65

の深刻化，1990年代末の金融システム危機といったネガティブな要素による部分も少なくありません。

　第2に，証券手数料の低下と証券業への新規参入増加により，証券取引が大衆化し，デイ・トレーダーといった形態も生み出しました。

　第3に，顧客にとって"one stop shopping"が実現し，利便性向上とともに，投資信託等の証券商品が普及しました。

　第4に，セブン銀行，ソニー生命といった事業会社の金融業参入が進み，顧客利便性が高まると同時に，既存の金融業の競争が激化しました。

ただし，最大の狙いであったと考えられる直接金融の強化，間接金融依存の是正は，ビッグバン後実現しませんでした。直接金融の比率は21世紀に入ってむしろ低下しています（詳細は本編第１章参照）。

(3)　金融・資本市場競争力強化プラン

　金融ビッグバンの成果が今一つ明確に現れなかったことから，金融ビッグバンの発表から10年後の2007年12月に金融庁は「金融・資本市場競争力強化プラン」を発表しました（法律は2008年６月成立）。直接金融化が十分に進展しなかったことから，政府は市場型間接金融を重視して，マネーフローの多様化を実現しようとしてきましたが，改めて資本市場を再整備する必要に迫られたという背景によるものです。

　この強化プランの内容も多岐にわたりますが，概略としては以下の４項目が柱となっています（図表１-53）。

　第１は，「信頼・活力のある市場の構築」で，ETF，J-REITなどの拡充を図り，また，プロ専用の規制の少ない市場を設けることも謳っています。

　第２は，「金融サービス業の活力と競争を促すビジネス環境の整備」で，業際規制の一層の緩和を模索しています。

　第３は，「より良い規制環境の実現」で，"ruleとprincipleによるbetter regulationの追求"という金融当局の基本姿勢を前面に打ち出しています。この方針は，1990年代に打ち出されたイギリスの金融当局の姿勢をより高度化したものです。

　第４は，「市場をめぐる周辺環境の整備」で，市場インフラの再整備により，一層の国際化を果たそうとの狙いです。

　この金融・資本市場競争力強化プランは，金融ビッグバンとは異なり，規制緩和ではなく市場のインフラ整備のための諸規制・システムの構築に重きを置いています。「規制緩和はビッグバンでおおむね完了したが，規制緩和だけでは市場は発展せず，発展のためのインフラ整備を政府主導で行う必要

▶図表1-53　金融・資本市場競争力強化プラン

Ⅰ．信頼と活力のある市場の構築
　1．多様な資金運用・調達機会の提供
　　(1)取引所における取扱商品の多様化，(2)プロに限定した取引の活発化，(3)グ
　　リーンシート市場における流通制度の整備，(4)「貯蓄から投資へ」の流れを
　　促進するための税制，(5)金融経済リテラシーの向上
　2．市場の公正性・透明性の確保
　　(1)課徴金制度の見直し，(2)市場監視機能の強化，(3)会計・開示制度の整備，
　　(4)コーポレート・ガバナンスの強化
　3．安全かつ効率的で利便性の高い決済システム等の構築
　　(1)資金決済システム，(2)証券決済システム，(3)リテール決済，(4)電子記録債
　　権制度
Ⅱ．金融サービス業の活力と競争を促すビジネス環境の整備
　1．銀行・証券・保険間のファイアーウォール規制の見直し
　2．銀行・保険会社グループの業務範囲の拡大
　3．保険会社の資産運用規制の見直し
　4．金融機関・金融グループにおける内部管理態勢の強化
　5．中小企業金融の円滑化と地域の活性化
　6．海外ファンドマネージャーの誘致
Ⅲ．より良い規制環境(ベター・レギュレーション)の実現
　1．対話の充実とプリンシプルの共有
　2．規制・監督の透明性・予見可能性の向上
　3．海外当局との連携強化
　4．市場動向等の的確な把握と効果的な行政対応
　5．職員の資質向上
Ⅳ．市場をめぐる周辺環境の整備
　1．国際的に通用する金融・法務・会計等の専門人材の育成・集積
　2．国際金融センターとしての都市機能の向上

（出所）島村高嘉・中島真志［2009］『金融読本(第27版)』東洋経済新報社，p.291

がある」という基本認識に基づくものと思われます。

　残念ながら2008年のリーマン・ショックによる混乱により目立った進展を
みせませんでしたが，先進の適切な内容をもつ良質なプランであるため，そ
の内容は形を変えて，その後の個別の制度改革に少しずつ反映されています。

　その後，包括的で大規模な金融行政プランは発表されなくなりましたが，
基本思想としてルールベースからプリンシプル（原則）ベースに軸足を移す

方針は見てとれます。その考え方に基づき，長年金融行政の重要ツールであった金融検査マニュアルも2019年に廃止されました。毎年8月頃には金融庁から新事務年度の金融行政方針が示され，そこで多くの課題が指摘され改革がなされますが，概して大きな方針は後退し，実務的・個別の方針に焦点が移っているようです。

⑷　保険商品と銀行窓口販売の取扱い

保険会社は，不測の死亡・事故等に備える契約者から保険料の払込みを受け，事故発生時に保険金を支払うという保障を提供しています。保険業法に係る免許により日本国内で保険業を営む者は，生命保険会社，損害保険会社，外国保険会社（生保・損保）に大別されます。

保険においては，生命保険を第一分野，損害保険を第二分野とよび，両者にまたがるものとして，医療保険，介護保険，がん保険などの疾病や傷害の治療を受けたこと等を事由に保険金が支払われる保険を第三分野の保険とよびます。第三分野の保険商品は，生命保険会社・損害保険会社の双方が扱うことができることとされており，近年，契約数が増加しています。

保険会社は，契約者から集めた保険金を積み立て，運用することを主たる業務としています。なかでも生命保険は，契約期間が長く，長期的かつ安定的な運用が求められており，生命保険会社は機関投資家としてマーケットにおいて重要な位置を占めます。生命保険会社の運用資産の規模は，2020年11月末時点で378兆円にのぼります（生保42社合計，生命保険協会）。

銀行等（銀行，信用金庫などの預金取扱金融機関）での保険商品の窓口販売は，国債等の公社債や投資信託の窓口販売に続いて，認められました。

まず，2001年4月には，銀行業務に関連性の強い住宅ローン関連の信用生命保険や長期火災保険等の銀行等での窓口販売が開始されました。その後，2002年10月には，個人年金保険，年金払積立傷害保険などの銀行等での取扱いが可能となりました。さらに，2005年7月には銀行窓販が可能な保険契約

▶図表1-54　銀行等が取り扱うことができる保険商品の範囲の拡大

	生命保険分野	損害保険分野
2001年4月	住宅関連信用生命保険	住宅関連長期火災保険 住宅関連債務返済支援保険 海外旅行傷害保険
2002年10月	個人年金保険 財形保険	年金払積立傷害保険 財形傷害保険
2005年12月	一時払終身保険 一時払養老保険 短満期平準払養老保険 貯蓄性生存保険	個人向け賠償保険等 積立火災保険等 積立傷害保険
2007年12月 (全面解禁)	平準払終身保険 定期保険 長期平準払養老保険	自動車保険 団体火災保険等 事業関連保険 団体障害保険
	【第三分野】 医療保険，介護保険等	

(出所)　一般社団法人全国銀行協会Webサイト

の範囲の段階的な拡大，および新しく解禁される保険商品の募集にあたって
は新たに弊害防止措置を講じること等を定めた保険業法施行規則等が改正さ
れ，2005年12月から一時払終身保険や個人向け賠償保険などの銀行等での販
売が可能となりました。2007年12月からは，金融庁による銀行等の保険募集
の実施状況および弊害防止措置の実効性等の検証のためのモニタリング結果
を踏まえ，保険商品の銀行等での窓口販売が全面解禁されることとなりまし
た（図表1-54）。なお，同時に改正された金融庁の「保険会社向けの総合的
な監督指針」においては，①銀行等における責任ある販売態勢の整備，②顧
客情報の利用態勢の整備，③銀行等の法令等遵守態勢の整備等が規定され，
あわせて銀行窓販の状況についても引き続きモニタリングを行うこととされ
ています。

⑸ NISA（日本版個人貯蓄勘定・少額投資非課税制度）

　2014年1月1日，NISA（日本版Individual Savings Account，少額投資非課税制度）が開始しました。証券優遇税制の軽減税率が2013年末をもって廃止され投資商品の譲渡益などに対する税率が10％から本則の20％に戻ることを受け，それに代わる投資促進税制として導入されました。

　NISAを利用するには，証券会社や銀行などにNISA専用口座を開設する必要があります。口座開設は1人1口座に限られます。NISAを利用できるのは20歳以上の日本在住者であり，口座開設申し込み時などに住民票の提出とマイナンバー確認書類，本人確認書類の提示が必要となります。

　NISAを利用した場合，1年間の合計120万円（2015年までは100万円）の元本で投資して得た譲渡益や配当金，分配金といった所得については非課税となります。非課税期間は最長5年であり，5年経過後は一般口座あるいは特定口座に移行するか，翌年の非課税枠に繰り越す（ロールオーバー）ことができます。

　NISA口座での投資の対象は，株式（外国株を含む），株式投資信託，ETF（上場投資信託），REIT（不動産投資信託）などです。NISAの1年間の投資額の上限120万円は，複数に分割することも，毎月一定額を積み立てて使用することもできますが，投資商品の購入後に売却しても，その枠を再利用することはできませんので，長期的な投資において利用することが適切といえましょう。

　2016年4月からは，ジュニアNISA（未成年者向け少額投資非課税制度）が開始されました。同制度では，親権者が未成年者の代理として親権者が口座を持つ証券会社に未成年者のNISA勘定を持ち，年間元本80万円の枠まで5年間（累計400万円）投資でき，その枠については投資による譲渡益等が非課税となります。

　政府は，NISAの利用促進のため，現行では2023年までとされているNISA

を恒久化することを検討しています。また少額・長期投資を望む投資家のために，年間投資上限を40万円に抑える代わりに，投資から得られる所得を非課税とする期間を5年から20年に長期化する積立NISAを2018年1月から導入しました。

⑹　iDeCo（個人型確定拠出年金）

　日本の年金制度は，よく3階建てで説明されます。会社員の場合は1階が国民年金，2階が厚生年金であり，3階が任意加入の企業年金です。企業年金は，給付額が予め確定している確定給付年金と，拠出額は確定しているが給付額は運用次第で変動する確定拠出年金（DC）があります。後者の確定拠出年金は，事業主や加入者が掛金を拠出し，加入者自らがその資産の運用を指図し，60歳以降に掛金と運用収益の合計を一括または年金として受け取ります。

　確定拠出年金には，勤務先が制度を設け，掛金を拠出する「企業型確定拠出年金」と，国民年金基金連合会（国）が設けた制度に個人で加入し，個人が掛金を拠出する「個人型確定拠出年金（iDeCo）」があります。iDeCoにおいては，予め用意された選択肢から各加入者が運用方法を選択し，資金配分を決定します。

　政府は，老後資産の充実を狙いiDeCoにかかわる税制を優遇しています。掛金は全額非課税（全額所得控除）であり，支払いまでに発生する運用収益も非課税です。ただし，iDeCoの拠出額には制限があります。企業型確定拠出年金が無い企業の従業員と配偶者（第3号被保険者）は年額27.6万円，企業型確定拠出年金に加入している会社員は年額24万円，自営業者は国民年金基金の掛金との合算で年額81.6万円を上限としています（2020年度時点）。

　加入年齢の制限は，現在は20歳以上60歳未満ですが，2022年5月以降は一定の条件の元で65歳未満に延長されます。

⑺ マイナンバー対応

　2016年1月より，マイナンバー制度が始まりました。2014年10月以降，国内で住民登録をするすべての個人にそれぞれ12桁の個人番号（マイナンバー）が割り振られ，国内法人には13桁の法人番号が通知されました。これらの番号は，国や自治体が社会保障と税，災害対策で利用するだけでなく，2018年からは預金口座とも紐付けられ，様々な金融取引においても利用されることになります。

　2016年1月以降，金融機関は税務署に提出する法定調書に個人番号・法人番号を記載することが義務づけられました。

　個人については，投資信託・公共債などの証券取引全般にかかる口座開設，名義・住所の変更，マル優・マル特取引にかかる新規，名義・住所の変更，財形（年金・住宅）にかかる新規申込，名義・住所の変更，外国送金などにかかる支払い・受取り，金融商品仲介，信託取引（金銭信託）などにおいて個人番号が必要になります。法人については，投資信託・公共債など証券取引全般にかかる口座開設，名義・住所の変更，定期預金・通知預金などにかかる口座開設，名義・住所の変更，外国送金などにかかる支払い・受取り，金融商品仲介，信託取引（金銭信託）などにおいて法人番号が必要となりました。

　これらの取引・手続きにおいては，個人については「個人番号カード」「マイナンバーの記載のある住民票の写し・住民票記載事項証明書」「マイナンバー通知カード」のいずれかにより個人番号を確認し，「運転免許証」「パスポート」等による本人確認も求められます。法人にはついては「法人番号指定通知書」「国税庁のホームページから印刷した法人番号が確認できる書類」のいずれかにより法人番号を確認し，「登記事項証明書」「印鑑証明書」「社会保険料，国税・地方税の領収書・納税証明書」により法人の確認をします。

⑻　金融行政・制度の最近の動向

　金融行政・制度の変遷についてはすでに述べたとおりですが，今後の政策の方向性あるいは課題はどうでしょうか。

　2016年6月に閣議決定された『日本再興戦略2016』では，金融庁関連の主要施策として，①「攻めの経営」の促進，②活力ある金融・資本市場の実現，の2本の柱が示されています。

　「①攻めの経営の促進」の観点では，「コーポレートガバナンス改革による企業価値の向上」が課題として掲げられ，「スチュワードシップ・コード」および「コーポレートガバナンス・コード」の整備や浸透等により，機関投資家と上場企業の建設的な関係を構築することがうたわれています。

　「②活力ある金融・資本市場の実現」については成長資金供給に資するポートフォリオ・リバランスの促進（すなわち預金等安全資産の成長資金への活用促進）とそのための市場整備，FinTech（本編第8章参照）を巡る戦略的対応（FinTechによる金融革新の促進，制度面での対応）および，金融仲介機能の質の改善（日本の産業に対する適切な資金提供の促進）を挙げています。このうち，成長資金供給については，NISAの普及促進，ファンドの高度化とならび，フィデューシャリー・デューティー（顧客本位の業務運営の徹底）が挙げられています。

　フィデューシャリー・デューティー（fiduciary duty）とは，受託者責任，すなわちファンドや金融機関が自身の販売・提案する商品・サービスについて，自身の収益よりも顧客の利益を優先するべき義務のことです。例えば，手数料収入を目当てに高い手数料の投資信託や，顧客のニーズに合致しない保険商品を販売しようとしたりすることを諫める考え方です。2016年9月に金融庁が示した政策文書でも，このフィデューシャリー・デューティーの徹底が強調されました。しかし，実際にどういった規制・指導によってこれを実現するのかは定かでなく，今後の課題として残っています。

第8章
時 事 問 題

Introduction

この章では，第1〜7章にて述べた各項目には含まれない金融における重要な項目として「マイナス金利」「フィンテック」「反社会的勢力・マネロン等への対応」について概要を説明します。

1. マイナス金利

　マイナス金利とは，金利が0％未満となることです。金融危機の際に信用度の高い国債金利やインターバンク市場などで一時的に金利がマイナスとなったことは以前からありましたが，2014年にユーロ圏でECB（欧州中央銀行）が，2016年2月には日本銀行がマイナス金利政策を導入し，今や例外的な状況とはいえなくなりました。マイナス金利は究極の金融緩和ですが，同時に金融構造あるいは経済構造に様々な歪みをもたらすため，その功罪の議論が盛んになされています。

(1)　マイナス金利の発生過程

　資金の貸借で名目金利がマイナスになることは，通常はありません。マイナス金利の下では，預金が現金にシフトするなどして資金供給，すなわち資金の出し手がなくなるからであり，名目金利の下限は原則としてゼロと考えるべきです。ただし，金利が極めて低い場合に貸し手が費用を負担するマイナス金利が，インターバンク市場や国債市場，中央銀行預け金などで稀に生じることがあります。　例えば2003年の日本のコール市場において，短期のドル資金の出し手の円資金調達金利がマイナスとなったことがありました。
　また，金利が極めて低いなかで金融危機が生じると，信用力が高い債券に買いが集中し，債券価格が上昇し流通利回りがマイナスとなることがあります。欧州債務危機後の2010年頃には，一部の国債の流通利回りがマイナスとなりました。また，デフレへの対応や銀行の与信促進の観点から，準備預金金利をマイナスにする措置がデンマーク，スウェーデンで採られました。
　マイナス金利政策が本格的に導入されだしたのは2014年です。2014年6月には，ECBが中央銀行預け金に手数料を課すマイナス金利政策を導入しました。しかし，これは預金を通じた資金仲介機能を阻害する懸念もあり，こ

うした措置が狙いどおり貸出刺激効果をもつかどうかは疑問視されています。このECBのマイナス金利導入に刺激され，日本銀行の（短期）国債の買いオペ金利も2014年9月に初めてマイナスを付けました。

(2)　マイナス金利の根本的な意味

　マイナス金利は，貸し手が借り手に利息を支払うことを意味します。例えば預金をすれば預金者が利子をとられ，貸出をすれば借り手が利子を受け取ることになります。これは一見奇異ですが，物価上昇率がマイナスなので，金利がマイナスでも資産保有の実質収益率はプラスになるのなら合理的であるともいえます。ただし，現金保有の収益率はマイナスにはならないので，預金・貸出から現金に資産シフトが生じ，経済における資金供給者が減り，マネーストックは縮小し，経済活動に悪影響が及ぶ可能性があります。

　また，金利はプラスという前提で経済の仕組みができ上がっているため，マイナス金利の下では商慣習や経済構造に歪みが生じる懸念があります。マイナス金利下では，一般的に流動性の保有がコストとなり，支払いは遅いほうが喜ばれる，ということになります。企業は手元流動性を圧縮し，その結果ショックに対する抵抗が弱まり，破綻リスクが高まるでしょう。財務諸表の見方も変わるかもしれません。また，商店では現金払いよりもカード払いが喜ばれ，税務署は税の前納を嫌がり，銀行は融資の返済を先延ばしするよう企業に願う，といった常識とは逆の経済関係が生まれることになります。

　これだけをとっても，マイナス金利は正常な姿ではないことがわかります。

(3)　日本銀行のマイナス金利政策導入

　こうしたなかで，日本銀行は2016年1月29日に「マイナス金利付き量的・質的金融緩和の導入」を決め，2月から「マイナス金利政策」を実施しました。その狙いは，2％の物価上昇率目標達成のためとしていますが，むしろ物価上昇率目標の達成が困難になったため，名目金利をゼロ％制約から解き

放ち，マイナスとすることで実質金利を下げようとしているとの解釈も少なくありません。その背景には，実質金利を下げて，おそらくマイナスとなっている自然利子率（p.192コラム参照）に近づけようとする狙いもあるという解釈もあります。

なお，この政策方針には，マイナス金利の導入と同時に，日銀によるETFの保有増（3兆円→6兆円）の方針も盛り込まれ，そうした点で日銀は量的金融緩和の拡充といっています。しかし，後述するように金融機関の保有する日銀当座預金（準備預金）の金利をプラスからマイナスにする措置を入れていますので，この点ではマネタリーベースの拡大を図る量的緩和と矛盾する政策といえます。また，黒田総裁が2013年4月から進めてきた異次元緩和政策の柱である，金利よりもマネタリーベースの拡大を政策の柱とするという考え方（詳細は本編第4章参照）には，真っ向から逆らうものです。この点で，この「マイナス金利付き量的・質的金融緩和」は，2013年から行ってきた量的金融緩和政策とは全く性格が異なるものといえましょう。

マイナス金利政策において，金融機関の日銀当座預金の金利をすべてマイナスにすると，民間金融機関の預金金利がプラスのなかでは逆ザヤとなり，金融機関の損失が膨大なものとなります。預金金利をマイナスとすることは理論上可能ですが，顧客との関係を考えると現実には極めて困難であると考えられます。このため，日銀当座預金を3階層に分け，その1階層だけに▲0.1％のマイナス金利を適用しています。まず，各金融機関の2015年の平残実績（既往残高）部分を「①基礎残高」（政策発表当時210兆円）とよび，これについては従来と同じ＋0.1％の金利を適用します（図表1-55）。次に，所要準備額に相当する残高等を「②マクロ加算残高」（同40兆円）とし，これには金利0％を適用します。また，このマクロ加算残高は，マネー全体の拡大ペースをみて適宜加算していきます。最後に，各金融機関の日銀当座預金残高から①基礎残高と②マクロ加算残高を引いた残高を「③政策金利残高」（同10兆円）とよび，これについて▲0.1％のマイナス政策金利を適用し

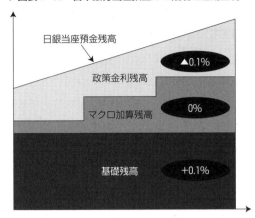

▶図表 1 –55　日本銀行当座預金の 3 階層と適用金利

日銀当座預金残高

政策金利残高　▲0.1%

マクロ加算残高　0%

基礎残高　+0.1%

(出所)　日本銀行『「マイナス金利付き量的・質的金融緩和」の導入；本日の決定ポイント』（政策
決定会合報道資料）2016年 1 月29日

ます。マイナス金利を導入するといっても，適用するのは日銀当座預金全体
（同260兆円）の 4 ％弱に過ぎず，こうした点では金融機関の収益への悪影響
は軽微であると日本銀行は説明しています。

⑷　多様な影響

　マイナス金利政策は，まずイールド・カーブに影響を与えます。政策金利
をマイナスにすると，まずCPや短期の国債金利が低下し，それだけであれ
ばイールド・カーブはスティープ（急傾斜）になります。そこに日銀の国債
買入れ増が加わったり，マイナス金利のさらに深掘りの期待が高まったりす
ると長期金利も低下し，その結果イールド・カーブがよりフラットになるこ
ともあります。長期金利の低下は，貸出や社債発行の増加要因となり，設備
投資や不動産投資，株式投資を活性化する効果が期待されます。また，家計
が貯蓄よりも消費を優先することも期待され，経済成長促進要因となります。
　実際に日本では， 2 月のマイナス金利導入以降，長短金利が全般的に低下

するなかで超長期の金利の低下が激しくイールド・カーブは以前よりフラットとなり（図表1-56），社債発行や不動産投資が活発になっています。しかし，景気はもたつき気味であり，物価上昇を刺激している様子もありません。

マイナス金利は，金融機関の収益に大きな影響を与えます。前述のとおり，政策金利がマイナスとなっても預金金利はゼロ％にとどまり，容易にマイナスとはならないと考えられます。口座維持手数料等の手数料を課す銀行も増えてきてはいますが，まだ一般的ではありません。他方，貸出金利はマイナス金利の導入でかなり低下しました（図表1-57）。特に，短期プライムレート（短プラ）連動貸出の比率が高い地域銀行や信用金庫にとっては，短プラが下がると収益に大きなダメージが及びます。中小企業向け融資や住宅ローンの基準となる短プラは，マイナス金利導入後1年あまり経過した2017年2月時点でも引き下げられませんでしたが，今後マイナス金利の深堀りが進むと短プラもマイナスになる懸念があります。そうなると，元々小さい日本の銀行の利鞘はさらに縮小し，場合によっては逆ザヤ（調達金利が運用金利を

▶図表1-56　国債のイールド・カーブの変化

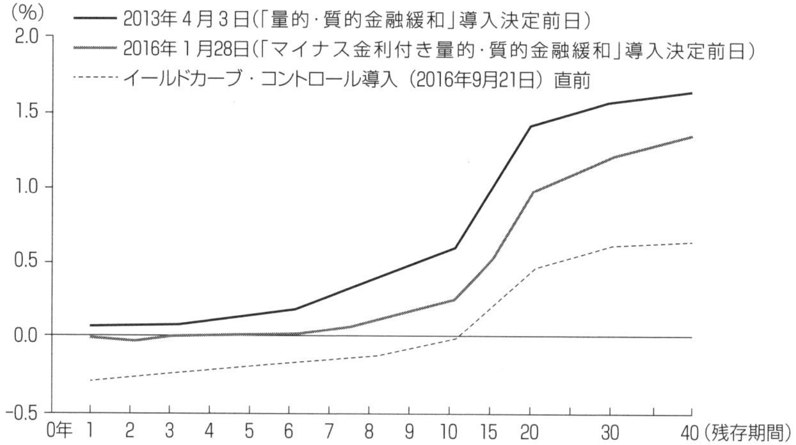

（出所）日本銀行『「量的・質的金融緩和」導入以降の経済・物価動向と政策効果についての総括的な検証』（政策決定会合報道資料）2016年9月21日

182

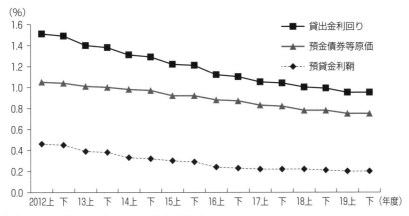

▶図表1-57　全国銀行の預貸金利鞘（国内業務部門）の推移

（注）預貸金利鞘＝貸出金利回り－預金債券等原価
（出所）全国銀行協会「全国銀行の2019年度決算の状況（単体ベース）」2020年7月31日，p.7，第6表等により作成

上回る状況）が発生します。さらに，長期運用の比率が高い保険会社や年金基金などは，長期金利の下落により収益が大きく悪化します。2016年9月に日本銀行が「長短金利操作付き量的・質的金融緩和」を掲げ，10年物国債金利を一定水準に誘導するようにしたのは，金融機関の収益にも配慮したためといわれます。しかし，マイナス金利政策は，基本的には金融機関の収益悪化要因であり，長引くにつれ金融システムに多大なダメージを与えかねません。

2. フィンテック(FinTech)

(1) 概要とフィンテック投資の推移

　フィンテック（FinTech）とは，Financial Technologyの略で，IT（情報技術）を使った新しい金融サービスや金融事業，あるいは金融とITの融合の試みの総称です。最新の情報技術を活用して，「送金・決済」「投資・資産管理」「保険」といった金融事業において利便性や効率性を高める試みが進んでいます。例えばアメリカでは，スマホの専用アプリを使って送金・決済といった銀行取引だけでなく家計管理ができるサービス，中小企業の入出金データを活用して数分間で融資が受けられるサービスなどが提供されています。

▶図表1-58 キャッシュレス決済比率(手段別, 2016年)

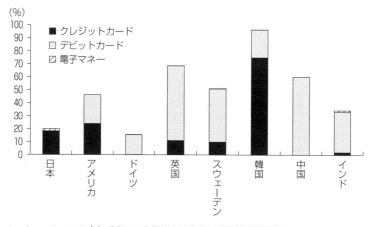

（注）1．キャッシュレス支払手段による年間支払金額／家計最終消費支出。
　　　2．中国は手段別内訳不明。
　　　3．各国統計により国立国会図書館作成。
（出所）高澤美有紀・大森健吾［2019］「キャッシュレス決済の動向」『Issue Brief』国立国会図書館，No. 1066，2019年9月

特に，現金を用いない資金決済であるキャッシュレス決済をめぐっては，銀行，カード会社，交通機関，コンビニエンス・ストアや家電量販店などの小売業，携帯電話会社，システム会社が様々な支払い手段を提供しており，群雄割拠の状況となっています。国際比較では，日本のキャッシュレス決済比率は低いため（図表１-58），今後，市場の取り合いはさらに激化すると予想されます

　急速な進歩を遂げるブロックチェーン（Blockchain）技術の活用により金融取引の仕組みを革新したり，人工知能（A.I.）やビッグデータの活用により金融サービスを高度化・効率化したりする動きも注目されます（ブロックチェーンとは，取引履歴を，暗号技術を用いて過去から現在まで１本の鎖のようにつなげ改ざんを防ぎ正確で安全な取引履歴を維持する技術。ビットコイン等の仮想通貨に用いられているが，他の金融取引にも広く応用するための研究がなされている）。

　また，インターネットで幅広く出資者を募るクラウド・ファンディングも成長しています。クラウド・ファンディングは，中小企業・ベンチャー企業の資金調達構造を大きく変える可能性があり，その点でも注目を集めています。さらに，ネットを通じて投資・資産管理の相談を受け提案するサービス，顧客の属性から最適な保険を提案するサービス，さらには企業が財務戦略・営業戦略などのコンサルティングを受けられるサービスなど，多様な広がりをみせています。

　こうしたなか，フィンテック事業を手掛ける企業への投資が世界的に急増しています。アクセンチュア社の調査によれば，世界のフィンテック投資額は，2014年頃から急増し，2018年には553億ドルに急拡大しています。そのうち，北米での投資は約33％，アジア大洋州での投資が５割強，欧州での投資が15％程度を占めています。近年のフィンテック投資の急増の背景には，ビッグデータ解析などのデータ処理・解析技術の革新，人工知能技術の開発と実用化の進展，高性能スマートフォンの普及，といった要因があります。

(2)　金融機関への影響

　既存の金融機関は，フィンテックをうまく活用することでサービスの向上や効率化を図ることができるでしょう。また新規顧客の獲得も可能となるかもしれません。他方で，フィンテックの進展は，金融業における新規参入を促進します。フィンテック事業のうち，資金や人員，店舗などの資源が少なくても展開できる事業を中心に，有望なベンチャー企業が誕生し，低価格でサービスを提供してシェアを獲得しています。これらはフィンテック・ベンチャーとよばれ，これが増加していくと，事業分野によっては既存の大手金融機関の体制が切り崩される可能性もあります。

　これに対し，既存の金融機関は自己のシステムのなかに最先端のIT技術をとり込むだけでなく，新規分野へ出資・提携の形で参入する動きをみせています。既存の金融機関による，ITあるいはフィンテック企業（含むベンチャー企業）への出資が拡大しています。また，既存の金融機関がIT企業と共同して事業を行うオープンイノベーションも増加しています。これらの出資・提携は，一国内にとどまらず，グローバルになされる傾向があります。

　フィンテック事業に対する投資マネーの大規模な流入は，フィンテック企業による新しい金融サービスの開発・普及を促進するだけでなく，金融業界の勢力図の変化を促す要因にもなると予測されます。

　また，フィンテックにより金融サービスが高度化し，新規参入が増える過程で，金融業務の分化（アンバンドリング）が進行する可能性があります。これまでのように，巨大金融機関があらゆる業務をユニバーサルに行うデパート型ではなく，細分化された業務を専門に行うブティック型が主流になる可能性があります。もちろん巨大金融機関や持株会社が，細分化された事業ごとに子会社を保有する，金融ベンチャーに出資してグループを形成するといった展開も大いに予想されます。いずれにせよ，フィンテックの進展により金融組織が大きく変化する可能性があります。

(3) 日本の制度面への影響

　最先端技術を活用した新たな金融サービスであるフィンテックが進展するにつれ，このような技術革新を想定していなかった法制度は，見直しを迫られることになります。新しい技術・金融サービスに対応すべく法規制を緩和すると同時に，消費者保護，利用者保護，情報セキュリティ，取引の公正の確保のための新たな法規制や体制・組織が必要になることもあります。

　法制度の改革，体制整備については金融庁が中心になって検討しています。金融庁は，「フィンテック・ベンチャーに関する有識者会議」を設置し，内外の知見を集めて，法制度・体制の整備を検討しています。また金融審議会内でも，「決済業務等の高度化に関するワーキング・グループ」「金融グループを巡る制度のあり方に関するワーキング・グループ」においてフィンテックに係る事項の審議がなされ，関連するいくつかの法律が成立しています。

　さらに，2015年12月には金融庁に「FinTechサポートデスク」が開設され，民間事業者のフィンテックに関する相談に一元的に対応しています。

　このように政府も様々な対応をしていますが，フィンテックの進展はスピードが速く，なかなか制度が追いつかないことも事実です。新たな情報技術の進展に迅速に対応して法制度を不断に見直していくことが，ますます重要になっています。

3. 反社会的勢力・マネロン等への対応

(1) 政府による対応指針

　反社会的勢力とは，暴力団，政治活動標ぼうゴロ，社会運動標ぼうゴロ，総会屋など，市民社会の秩序と安全にとって脅威となる団体・個人を指します。政府は，2007年，「企業が反社会的勢力による被害を防止するための指針」を定めました（図表1-59）。この指針では，企業が反社会的勢力の被害にあわないよう，また，反社会的勢力に利用されて犯罪行為の温床とならないように，反社会的勢力との関係を遮断し，また，関係を遮断するための体制を築くことを企業に求めています。

　金融機関は，預金受入れ，資金決済や貸出（与信）などの公的使命を担っており，広範な団体・個人と取引しますので，潜在的に反社会的勢力と取引を行う可能性があります。また，これらの団体・個人に対して貸出など与信を行うと，間接的にこれらの団体・個人の反社会的活動に力を貸したことになりかねません。このような観点から，金融機関については，金融庁の監督指針を通じて，この指針の徹底を求めています。

(2) 金融業界の対応

　金融業界では，反社会的勢力を排除するための様々な試みを自ら行っています。例えば，全国銀行協会は，1997年に公表の「倫理憲章」に反社会的勢力との対決および反社会的勢力の不当な介入を排除する旨を定めていましたが，その後に同憲章を「行動憲章」と改め，改定による内容の拡充を図る過程で，「企業が反社会的勢力による被害を防止するための指針」の公表を受け，従来の総会屋等の排除にとどまらず，反社会的勢力に対しては銀行取引を含めた一切の関係遮断を図ることが重要との認識をふまえた内容に修正し

▶図表 1 -59　法務省；犯罪対策閣僚会議幹事会申合せ

企業が反社会的勢力による被害を防止するための指針について（平成19年 6 月19日）

　近年暴力団は，組織実態を隠ぺいする動きを強めるとともに，活動形態においても，企業活動を装ったり，政治活動や社会運動を標ぼうしたりするなど，更なる不透明化を進展させており，また，証券取引や不動産取引等の経済活動を通じて，資金獲得活動を巧妙化させている。

　今日，多くの企業が，企業倫理として，暴力団を始めとする反社会的勢力と一切の関係をもたないことを掲げ，様々な取組みを進めているところであるが，上記のような暴力団の不透明化や資金獲得活動の巧妙化を踏まえると，暴力団排除意識の高い企業であったとしても，暴力団関係企業等と知らずに結果的に経済取引を行ってしまう可能性があることから，反社会的勢力との関係遮断のための取組みをより一層推進する必要がある。

　言うまでもなく，反社会的勢力を社会から排除していくことは，暴力団の資金源に打撃を与え，治安対策上，極めて重要な課題であるが，企業にとっても，社会的責任の観点から必要かつ重要なことである。特に，近時，コンプライアンス重視の流れにおいて，反社会的勢力に対して屈することなく法律に則して対応することや，反社会的勢力に対して資金提供を行わないことは，コンプライアンスそのものであるとも言える。

　さらには，反社会的勢力は，企業で働く従業員を標的として不当要求を行ったり，企業そのものを乗っ取ろうとしたりするなど，最終的には，従業員や株主を含めた企業自身に多大な被害を生じさせるものであることから，反社会的勢力との関係遮断は，企業防衛の観点からも必要不可欠な要請である。

　このような認識の下，犯罪対策閣僚会議の下に設置された暴力団資金源等総合対策ワーキングチームにおける検討を経て，企業が反社会的勢力による被害を防止するための基本的な理念や具体的な対応について，別紙のとおり「企業が反社会的勢力による被害を防止するための指針」を取りまとめた。関係府省においては，今後，企業において，本指針に示す事項が実施され，その実効が上がるよう，普及啓発に努めることとする。

（出所）法務省Webサイト

第8章

時事問題

ています（図表 1 -60）。

　また，全銀協など業界団体の方針や行動指針を実現するために，各金融機関は，独自の規定・方針を示しています。そこには通常，①取引先が反社会的勢力であることが判明した場合には，取引を停止または解約する，②普通預金，当座預金，貸金庫，融資取引等の新規申込みの際に「反社会的勢力で

189

▶図表1-60　全国銀行協会；行動憲章（反社会的勢力に関する部分を抜粋）

(1) 反社会的勢力との関係遮断

　市民社会の秩序や安全に脅威を与える反社会的勢力を銀行取引等から排除していくことは，銀行が永年にわたって築きあげてきた信用を維持し，より健全な経済・社会の発展に寄与するためにも，また銀行やその役職員のみならず，お客さまが被害を受けることを防止するためにも，極めて重要な課題である。

　このため，経営トップ自らが反社会的勢力に対して常に毅然とした態度で臨み，これら勢力とは，銀行単体での取引のみならず，他社（信販会社等）との提携による金融サービスの提供などの取引を含め一切の関係を遮断する方針を示し，このもとに取組みを進めることが重要である。(2)被害を防止するための一元的な管理体制の整備　反社会的勢力から不当要求がなされる場合に備え，反社会的勢力による被害を防止するための一元的な管理体制を構築し，これを継続的に機能させる必要がある。

(2) 被害を防止するための一元的な管理体制の整備

　反社会的勢力から不当要求がなされる場合に備え，反社会的勢力による被害を防止するための一元的な管理体制を構築し，これを継続的に機能させる必要がある。

　万一，何らかのかたちで反社会的勢力が不当要求を行ってきた場合には，法務などの専門スタッフを含めた関連部署の円滑な連携・協力体制のもと，事実を正確に把握し冷静に対応することが重要である。

　また，反社会的勢力との関係遮断に資する業務運営のあり方や，対応策を取りまとめたマニュアル等を作成し，行内の教育・研修を充実することなどが求められる。

(3) 外部との連携強化

　本部のほか，営業店において関係当局等への通報や相談を行う担当を設置し，警察当局等との間で，平素から意思疎通を欠かさないよう緊密な連携を保つとともに，業界や地域レベルでも，反社会的勢力との関係遮断に向けた各種施策に，積極的に取り組むことが重要である。

（出所）一般社団法人全国銀行協会「行動憲章」

ない」ことの表明を申込者に要求する，といった方針が織り込まれています。

(3)　マネー・ローンダリング及びテロ資金供与対策

　テロ資金や麻薬売買による収入などの違法な資金を，複数口座を経由させることにより隠匿する行為をマネー・ローンダリング（資金洗浄）と呼びま

す。この不正資金撲滅のための国際機関であるFATF（金融活動作業部会）により，日本はマネー・ローンダリング対策が十分でないとの評価を得ています。このまま低評価が続くと，日本の金融機関の海外金融機関とのコルレス契約に支障が生じる懸念もあり，そうしたことから日本では犯罪収益移転防止法のほか，金融庁の「マネー・ローンダリング及びテロ資金供与対策に関するガイドライン」を2018年2月に発表し（2019年4月改訂），その下で各金融機関がマネー・ローンダリング撲滅に尽力しています。

　ガイドラインでは，現場職員だけでなく，管理部門・監査部門・経営陣に至る全職員が高い意識をもってマネー・ローンダリング防止に取り組み，防止体制を整備することを求めています。なお，対象金融機関は，銀行，証券会社だけでなく暗号資産交換業者も含みます。

　実務レベルでは，金融機関に口座開設や取引における本人確認の徹底，一定額以上の現金送金を受け付けない，マネー・ローンダリングに関する全顧客のリスク格付け，口座開設時の取引目的の聴取，在留期間等を更新した外国人に対する身元確認，口座を一定期間利用しない場合や確認資料への回答が無い場合の払い戻し制限，等を励行するよう求めています。

　また，職場や住居から遠い地での口座開設，多額の現金・小切手取引，利用者の収入・資産に対して高額すぎる取引，短期間での頻繁な引取，送金先や目的が不明瞭な取引，200万円を超える大口現金取引，10万円を超える現金送金について，本人確認を徹底するなどして格別の注意を払うことも求められています。

コラム／自然利子率

　金融政策の効果やあり方を論ずる際に，「自然利子率」という概念がしばしば使われます。自然利子率とは，需給ギャップが解消し完全雇用が実現し，かつインフレを加速させることもない，理論上の実質金利です。19世紀末にスウェーデンの経済学者クヌート・ヴィクセルが提唱した概念であり，10年ほど前から世界的なデフレのなかで，重視されるようになりました。中立金利，均衡実質金利ともよばれます。

　自然利子率は，マクロ経済の需給，すなわち貯蓄と投資を均衡させる実質利子率の水準であり，潜在成長率と近い考え方です。ここから，現実の実質金利（名目金利－期待インフレ率）が自然利子率を上回ると貯蓄超過（需要不足）が発生しデフレ圧力が生じると考えます。逆に，現実の実質金利が自然利子率を下回ると，投資超過（供給不足）が生じインフレ圧力が生じると考えます。

　ただし自然利子率は，市場で直ちに需給が調整されることを前提としており，現実にはそぐわない場合もあり得ますので，あくまで理論上の目安の位置づけです。

　日本の潜在成長力は長期的に停滞し，デフレ状態が続いています。こうした長期停滞のなかでは自然利子率は相当低下していると考えられ，マイナスになっている可能性も高いでしょう。ある研究機関の推計では，▲0.7％程度にまで低下しているとされています。

　こうしたなかでは，実質金利を何としてもマイナスにしたいところです。このため日本銀行は，1990年代末から名目金利をゼロにしたうえで，量的金融緩和やインフレ率目標の設定などにより期待インフレ率を高め，実質金利を下げて自然利子率に近づけようとしてきました。2016年2月から導入されたマイナス金利政策も，実質金利をさらに下げて自然利子率に近づけたいという目論見で実施されたとみられます。しかし皮肉なことに，マイナス金利政策は期待インフレ率を低下させ，実質金利をかえって上昇させてしまったようです。また，マイナス金利政策や量的金融緩和政策が長引くと，それ自体が自然利子率を低下させる効果をもつとの指摘もあります。

　結局，経済の成長率を高めデフレから脱却するには，経済構造改革によって地道に自然利子率をプラスにもっていかねばならないのかもしれません。

（本コラムは第1編第4章に関連）

第2編　経済

総　論

●経済とは

　経済という言葉は，中国の古書「礼記」のなかの「大学」で用いられた，国を治め人民を救うことを意味する，「経国済民（あるいは経世済民）」という言葉が語源とされています。現在では，財やサービスの生産，分配，消費の行為や過程，そしてそこで形成される社会関係の総称を意味します。

　経済は，社会生活の基礎をなすもので，われわれの暮らしは経済抜きに語ることはできないといっても過言ではないでしょう。新聞でも，経済関連の記事は数多く掲載されています。経済が活性化することで国が富み，人々が文字どおり救われ，豊かな暮らしを送ることが可能になります。

●経済学の基本的な考え方とツール

　様々な経済現象や資源の有効活用，経済活動の副作用，そして経済政策などを研究・分析し，失業をはじめとする経済問題の解決法などを検討する学問である経済学には，マクロ経済学とミクロ経済学があります。両者の違いを単純化すれば，それは経済への視点，アプローチです。かつて巨視的経済学と訳されたこともあるマクロ経済学は，経済全体の大きな動きを分析するもので，例えば，経済成長，失業率，経済政策などを対象とします。一方，微視的経済学と訳されていたこともあるミクロ経済学では，個別の市場の需要・供給を分析します。例えば，労働市場や為替市場について検討します。実際の経済の動きを理解するには，両方の視点が必要でしょう。

　経済学では，現実の複雑な経済の動きについて，その本質を取り出し単純化して考えます。現実の経済主体（作用の主）は数多く存在しますが，マクロ経済学では，家計，企業，政府，海外など，ミクロ経済学では需要者（例えば消費者）と供給者（例えば生産者）などに大別します。そのうえで，様々な経済の動きを，変数として抽象化します。これが，モデルとよばれる

ものです。マクロ経済をみるうえで最も基本的かつ重要な変数が，本編第1章でとり上げるGDP（国内総生産）です。GDPとは，1年間に国内で生み出された財・サービスの総額のことです。

　経済学の考え方の基本として，市場機能の重要性を挙げられます。経済学でいう「市場」とは，青果物市場や証券取引所のような取引する場所を意味するのではなく，財やサービスの取引を示す抽象的で広い概念として用いられます。そして，市場における自由競争が，効率的な配分や成長をもたらすと考えます。ただし，そこには副作用ともいうべき事柄も存在します。例えば，環境問題をはじめとした外部不経済，所得分配の歪み，独占・寡占による自由競争そのものの阻害，インフレーション，非自発的失業の発生などです。こうした事柄に対しては，時に政府や中央銀行による政策や規制が必要になります。

●戦後日本経済の動き

　第二次世界大戦によって，日本の国土は焦土と化しました。生産設備が破壊されたうえ，戦前や戦中に発行した公債はハイパー・インフレーション（例えば物価が1年間に2倍になるなど極端な上昇が継続すること）をもたらし，日本経済は壊滅的な打撃を受けました。

　日本経済が立ち直るきっかけになったのは，朝鮮戦争（1950年～。1953年休戦）に伴う朝鮮特需でした。繊維製品などを中心とした特需は，日本の繊維産業の育成にもつながりました。その間には，主権の回復（1952年）もありました。その後，1954年末頃に高度経済成長が始まり，1956年発表の経済白書（当時）において，「もはや戦後ではない」と謳われました。また，1960年には池田勇人内閣の下で策定された所得倍増計画がスタートします。

　東京オリンピック（1964年）後の反動不況など一時的に成長が停滞した時期もありましたが，1968年に名目GNP（国民総生産）が西ドイツ（当時）を抜き世界第2位になるなど，経済大国の道を歩みます。しかし，高度経済

成長は，1973年10月の第四次中東戦争に端を発した第一次石油危機に直面し，終焉を迎えました。その後，1979年のイラン革命に伴うイランの石油禁輸措置をきっかけとした第二次石油危機もあり，日本経済は低成長期に入ります。

その後の転機は，バブル景気です。内閣府経済社会総合研究所による景気基準日付で1986年11月に始まったいわゆるバブル景気は，土地や株式といった資産価格の上昇を特徴として，1991年2月まで続きました。日経平均株価のピークは1989年12月29日で，38,915円87銭をつけました（なお，2020年12月30日の終値は27,444円17銭）。

1990年代に入るとバブルが破裂し，失われた10年などとよばれる長期低迷期を迎えました。その後，2002年2月から2009年3月まで，成長率の水準こそ高くないものの，いざなみ景気ともよばれる戦後最長の景気拡大期間を迎えます。しかし，アメリカでのサブプライム問題，そしてリーマン・ショック（2008年9月）による世界金融危機により，日本を含めた世界経済は急速に悪化しました。その後も，東日本大震災（2011年3月）や新型コロナウイルス（2020年）など，日本経済を揺るがす出来事が発生しています。

▶図表2-1　実質経済成長率の推移

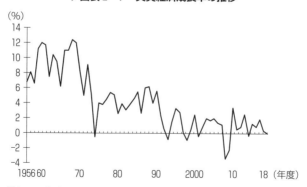

（注）1980年度までは1990年基準の68SNA，1981年度以降は2011年基準の2008SNA（1994年度までは簡易遡及）による。
（出所）内閣府経済社会総合研究所Webサイト「国民経済計算年次推計」「四半期別GDP速報」により作成

第1章
経済の成長と景気

Introduction

経済の動きはとても複雑で，しかも速いものです。景気は「生き物」などといわれることもあるほどです。また，経済や景気は方向性（拡大基調か縮小基調か），水準（失業率や所得の高低など），スピードなど，いろいろな視点で考える必要があります。

経済や景気の状況を知るには，様々な指標で総合的に判断しなければいけません。指標の意味を正確に知り，最新の動向をフォローする必要があります。

1. 国民経済計算(GDP統計)

(1) GDPとは

　GDP（Gross Domestic Product, 国内総生産）は，マクロ経済の動きや大きさをみる場合の最も基本的な変数で，1年間に国内で生み出された財・サービスの総額のことです。なお，かつてよく用いられたGNP（Gross National Product, 国民総生産）は，国内の居住者による総生産のことです（現在は，GNPに相当するものとして，国民総所得；GNIが参考として作成・公表されている）。

　GDPは，国連の定める国際基準に準拠した国民経済計算（SNA；System of National Accounts）によって推計されます。GDPの推計には，3つのアプローチがあります。第1に支出です。財・サービスを購入する消費，設備投資や在庫拡大等のために財・サービスを購入する投資，政府による支出，純輸出（輸出－輸入）といった需要項目で構成されます。第2は生産です。生産額から，原材料費や仕入れ費用を除いた付加価値で測ります。第3は分配です。これは，賃金，利潤，土地代などで構成されています。どのアプローチで推計しても，理論上，金額は同じになります。これを，「三面等価の原則」とよびます（図表2-2）。

　GDPには，実際の市場での取引価格に基づいて推計された名目GDPと，ある年（参照年という）からの物価の上昇・下落分を取り除いた実質GDPがあります。経済成長率を測る場合，名目GDPでは実際の経済活動の変化に加え物価変動の影響も受けてしまうため，これらの要因を取り除いた実質GDPが増加した割合を用います。四半期別で発表される成長率には，季節調整値（賞与の影響で夏と冬に所得が増えるなど季節的な変動を除いたもの）で前期比をとるものと，前年同期比があります。このうち前期比のほう

▶図表2-2 三面等価の数値例

取引例	A社（メーカー）　　　　　原材料を50万円で輸入（仕入れ） 賃金100万円・土地代50万円で製品を完成，利潤100万円を上乗せ ↓（300万円で販売） B社（販売会社）　　　　300万円で完成品を仕入れ 賃金50万円・土地代50万円で販売，利潤50万円を上乗せ ↓（450万円で販売） 消費者
GDPへの寄与分	・支出面でみた場合 　消費450万円－輸入分50万円＝<u>400万円</u> ・生産面でみた場合 　A社の付加価値：販売額300万円－仕入額50万円＝250万円 　B社の付加価値：販売額450万円－仕入額300万円＝150万円　　<u>合計400万円</u> ・分配面でみた場合 　賃金：A社分100万円＋B社分50万円＝150万円 　利潤：A社分100万円＋B社分50万円＝150万円 　土地代：A社分50万円＋B社分50万円＝100万円　　<u>合計400万円</u>

が直近の景気変動をより明確に示すので，注目度が高くなっています。

　名目GDPを実質GDPで除したものを，GDPデフレーターとよびます。GDPデフレーターにより，物価の動きを総合的に捉えることができます。デフレーターには，基準時の名目ウェイトを用いるラスパイレス型と，比較時の名目ウェイトを用いるパーシェ型があります。日本の国民経済計算では，パーシェ型を採用しています。

(2)　GDPの構造

　GDPでよく用いられるのは，支出面（GDE；Gross Domestic Expenditure）からのアプローチです。公表される国民経済計算のうち，四半期別GDP速報は特に注目度の高いものですが，支出面のアプローチのものだけで構成さ

れています。もう1つの国民経済計算年次推計では，生産，分配，支出，資本蓄積などのフロー面に加え，資産・負債などのストック面も作成されますが，フロー面の中心はやはり支出面のものです。

　現実の経済主体は多岐にわたりますが，国民経済計算では，まず国内と海外に大別して，そのうち国内を民間と政府（公的）に分けます。民間はさらに家計，企業，対家計民間非営利団体（わずかである）に分かれます。

　主な需要項目をみると，海外は財貨・サービスの純輸出（輸出－輸入）だけですが，国内需要は，大きく消費（最終消費支出）と投資（在庫品増加＋固定資本形成（＝住宅＋企業設備））に分かれます。

▶図表2-3　2020年7-9月期四半期別実質成長率
(季節調整系列，2次速報値)

	前期比(%)	寄与度 （ポイント）	前期比の年 率換算(%)
国内総生産（GDP）	5.3	***	22.9
国内需要	2.5	(2.6)	10.4
民間需要	2.6	(1.9)	10.7
民間最終消費支出	5.1	(2.8)	22.1
うち家計最終消費支出	5.2	(2.7)	22.3
民間住宅	−5.8	(−0.2)	−21.2
民間企業設備	−2.4	(−0.4)	−9.3
民間在庫品増加	***	(−0.2)	***
公的需要	2.3	(0.7)	9.6
政府最終消費支出	2.8	(0.6)	11.6
公的固定資本形成	0.5	(0.0)	1.9
公的在庫品増加	***	(0.0)	***
財貨・サービスの純輸出	***	(2.7)	***
財貨・サービスの輸出	7.0	(1.1)	31.2
(控除)財貨・サービスの輸入	−8.8	(1.6)	−30.8

（注）***は未発表。2015暦年連鎖価格。
（出所）内閣府経済社会総合研究所国民経済計算部［2020］「2020（令和2）年7-9月期四半期別GDP速報（2次速報値）」により作成

(3) GDPの動き

　日本の実質GDPは，2008年1-3月期に一旦ピーク（529兆円，季節調整値，2015暦年連鎖価格以下同じ）を付けた後，リーマン・ショック等により2008年から2009年1-3月期にかけて，大幅に減少しました。その後増加基調を取り戻しましたが，東日本大震災等により2011年前半に再び落ち込み，以降は増減ありながら2019年7-9月期には消費税率等の引上げ前の駆け込み需要などで559兆円となりました。その後の反動減やコロナ禍の影響で大幅に減少し，2020年7-9月期は527兆円（2次速報値）となっています。

　総合的な物価の変動を示すGDPデフレーターは，リーマン・ショック以降，2013年前半頃まで低下傾向にあり，その結果，名目GDPの伸び率が実質経

▶図表2-4　実質経済成長率と寄与度の推移（季節調整系列）

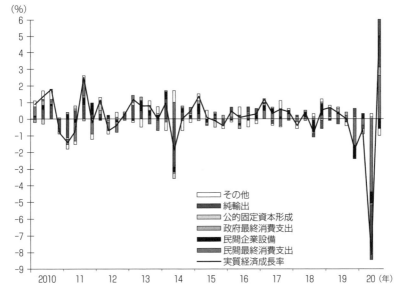

（出所）内閣府経済社会総合研究所国民経済計算部［2020］「2020（令和2）年7-9月期四半期別GDP速報（1次速報値）」により作成

済成長率を下回る状況が続きました。その後，駆け込み需要や消費税率等の引上げにより上昇しました。名目GDPは，1997年10-12月期の545兆円をピークに低迷を続け，2009年1-3月期に500兆円を下回りました。その後，2019年7-9月期に564兆円まで増加しましたが，消費税率等の引き上げやコロナ禍の影響で，2020年7-9月期（2次速報値）には539兆円となっています。

⑷　QE・年次推計

　注目度の高い「四半期別GDP速報」には，1次速報（1次QEとよぶ；Quarterly Estimates）と2次速報（2次QE）があり，その後，第一次年次推計，第二次年次推計，第三次年次推計，基準改定と進み，その間，数値が変わることがあります。

　1次速報は，支出系列と雇用者報酬について，各四半期終了後1ヵ月2週間程度遅れで公表されます。2次速報は，1次速報発表の3週間程度後に，新たに利用可能となった基礎資料によって改定したものが公表されます。

　第一次年次推計は，より確度の高い基礎資料をもとに，前年度とその各四半期の速報値を改定し，あわせてストックを含むより詳細なデータとしたもので，年度終了の約9ヵ月後にフロー（一部を除く），その約1ヵ月後にストック（フローの一部を含む）が公表されます。第二次年次推計は，新たなデータにより年次推計を改定したもので，年度終了の約1年9ヵ月後に公表されます。第三次年次推計は，生産側GDPと支出側GDPの不突合縮減などを目的として，年度終了の約2年9ヵ月後に公表されます。基準改定は，基礎統計のうち産業連関表や国勢調査等の基幹的統計の公表にあわせて，5年に1度，大幅な改定（基準改定）が行われたもののことです。最近では2020年末に「2015年基準改定」が実施されました。

　GDPの数値の詳細な公表スケジュールは，内閣府経済社会総合研究所のWebサイトに公開されています。株価や経済政策などに強い影響力をもつものですから，常に最新情報に触れるよう心がける必要があります。

2. 日銀短観

(1) 日銀短観とは

　日銀短観は，日本銀行が行う統計調査で，正式名称を「全国企業短期経済観測調査」といいます。書類およびオンラインによるアンケート調査を用いて全国の企業の動向を把握し，適切な金融政策の実行に役立てることを目的としています。作成部署は調査統計局で，毎年，3，6，9，12月に調査を実施して，原則として調査の翌月の4月初，7月初，10月初，12月央に調査結果を公表しています。

　日銀短観の中核となる調査は，全国短観です。全国短観のアンケート調査の対象を選択する母集団企業は，総務省・経済産業省の「経済センサス」をベースとした，全国の資本金2千万円以上の民間企業（金融機関等を除く）で約22万社になります。なお，全国短観を補完するために，金融機関調査，持株会社等に関する調査，海外での事業活動に関する調査を行っています。

　調査対象企業（標本企業）は，業種別・規模別の区分ごとに，一定の基準を設け，母集団企業のなかから選定しています。業種は「日本標準産業分類」（総務省）をもとに，製造業を17業種，非製造業を14業種，規模は資本金を基準に，大企業（資本金10億円以上），中堅企業（同1億円以上10億円未満），中小企業（同2千万円以上1億円未満）に区分しています。調査対象企業は適宜見直しを行っており，およそ1万社を抽出しています。

(2) 調査項目

　全国短観の調査項目は，判断項目，年度計画，物価見通し，新卒者採用状況（6，12月調査のみ）の4種類です（図表2-5）。判断項目のうち10項目は，最近（回答時点）の状況と先行き（3ヵ月後）の状況について，3つの

選択肢から，回答企業の判断（季節的変動を除く判断）に最も近いものを選
択します。判断項目のうち3項目は，（3ヵ月前と比べた）最近（回答時点）
の変化と先行き（3ヵ月後まで）の変化について，3つの選択肢から，回答
企業の判断（季節的変動を除く判断）に最も近いものを選択します。

　年度計画は，売上高や輸出，為替レートなど10項目の半期・年度の実績計
数と計画（予測）計数を調査します。物価見通しでは，1年後・3年後・5
年後について，各企業の主要製品の販売価格および物価全般の見通しについ
て，調査しています。新卒者採用状況は，年度の実績計数や計画（予測）計
数を調査します。

▶図表2-5　全国短観の調査内容

	項　目	調査内容
判断項目	業況　国内での製商品・サービス需給 海外での製商品需給　製商品在庫水準 製商品の流通在庫水準　生産・営業用設備 雇用人員　資金繰り　金融機関の貸出態度 CPの発行環境	最近（回答時点）の状況と先行き（3ヵ月後）の状況を3つの選択肢から回答企業の判断（季節的変動を除く）に最も近いものを選択
	借入金利水準　販売価格　仕入価格	（3ヵ月前と比べた）最近（回答時点）の変化と先行き（3ヵ月後まで）の変化を3つの選択肢から回答企業の判断（季節的変動を除く）に最も近いものを選択
年度計画	売上高　輸出為替レート（円／ドル） 為替レート（円／ユーロ）　経常利益 当期純利益　設備投資額　土地投資額 ソフトウェア投資額　研究開発投資額	半期・年度の実績計数，および計画（予測）計数
見通し 物価	販売価格の見通し 物価全般の見通し	1年後，3年後，5年後の見通し
採用状況 新卒者	新卒採用者数	年度の実績計数，および計画（予測）計数

（注）項目のなかには，さらに詳細を調査するもの，一部調査しないものがある。
（出所）日本銀行調査統計局「短観（全国企業短期経済観測調査）解説　2020年5月」により
　　　作成

　日銀短観のなかで最も注目度が高いのが，業況判断D.I.（Diffusion Index）という指標です。これは，判断項目の業況について，「1.良い」「2.さほど良くない」「3.悪い」の回答のうち，「1.良い」の社数構成比から「3.悪い」の社数構成比を控除して算出したものです。業況判断D.I.によって企業マインドの方向や転換点を早い段階で知ることができるため，景気判断の重要な指標となっています。このほか，年度計画の設備投資額や新卒者採用状況なども，景気の現況や先行きを分析するうえで重要です。

(3)　業況判断D.I.の動向

a　業況判断D.I.の見方

　業況判断D.I.では，主に水準と方向性をみます。水準では，プラスかマイナスかの判断が1つの大きな分かれ目です。プラスの場合には，多くの企業が景気は良いと判断しているということになります。逆にマイナスでは，多くの企業が景気は悪いと判断しているということになります。

　方向性では，水準は別にして，業況判断D.I.が改善しているか悪化しているかが分かれ目です。前回調査よりも業況判断D.I.が上向いているか下向いているか，傾向としてはどうか，といった点がポイントになります。

b　業況判断D.I.の動向

　全業種の業況判断D.I.の動きをみてみましょう（図表2-6）。リーマン・ショック前の2年強は，すべての企業規模において改善傾向にあり，また，中小企業を除きプラスの水準を維持していました。それがリーマン・ショック後はすべての企業規模で急激に落ち込み，マイナス50％ポイント近くまで達しました。その後は東日本大震災直後を除けば改善し，2015年3月調査では全規模でプラスとなり，2019年6月調査までおおむねその状態を維持していました。しかし2019年9月調査からプラスの水準が下がりはじめ，2020年3月調査で新型コロナウイルスの影響により大企業以外マイナスになった後，2020年6月調査では全規模で大幅にマイナスとなっています。2020年9月調

査及び12月調査において，全規模で改善が見られましたが依然としてマイナスです。

　企業規模別の業況判断D.I.をみると，ほとんどの時期において中堅企業の業況は大企業の業況より下回っており，中小企業は大企業だけでなく中堅企業の業況も下回っています。つまり，企業規模が大きいほど業況判断の良い企業の割合が多い（あるいは悪い企業の割合が少ない），ということになります。

　なお，為替が大きく変動しているときなど，業況判断D.I.を，為替変動の影響を受けやすい製造業と比較的受けにくい非製造業で分けてみることも有用です。また，業況判断D.I.に限らず，日銀短観の調査結果には有益な情報が多いので，その時々の経済状況における関連事項（例えば雇用不安がいわれるときに新卒採用者数をみる）について，チェックするのが賢明でしょう。

▶図表 2 - 6　業況判断D.I.の推移（全産業，実績）

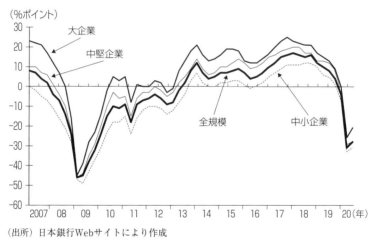

（出所）日本銀行Webサイトにより作成

3. 景気動向指数

(1) 景気動向指数とは

a CIとDI

景気動向指数は，様々な経済活動のうち生産や消費などの重要なものに関わり，かつ景気に対して敏感に反応する指標の動きを統合することによって，景気の現状把握や将来予測に役立てるため，作成されているものです。内閣府経済社会総合研究所景気統計部が毎月作成し，公表しています。

景気動向指数には，コンポジット・インデックス（CI；Composite Index）とディフュージョン・インデックス（DI；Diffusion Index）があります。CIは，構成する指標の動きを合成することで，景気変動の大きさやテンポを測ります。一方，DIは構成する指標のうち，改善している指標の割合を算出することで，景気が各経済部門に波及する度合いを測定します。

景気動向指数は，CI中心の公表形態です。これは，景気変動の大きさや量感の把握が，より重要だと考えられているからです。しかし，DIも景気の波及度把握に必要なので，参考指標として作成・公表されています。また，景気転換点の判定には，ヒストリカルDIを作成し利用しています。

b 先行指数・一致指数・遅行指数

景気動向指数は，各経済部門から選んだ指標の動きを統合して，単一の指標として景気状況を把握しようとするものです。そして，CIとDIにはそれぞれ，景気に対し先行して動くと考えられる指標からなる先行指数，ほぼ一致して動く指標で構成される一致指数，遅れて動く指標で作られる遅行指数があります。一致指数は，景気の現状を把握するのに利用します。先行指数は，一致指数よりおおむね数ヵ月先行して動くと考えられることから，景気動向の予測に用いられます。遅行指数は，一致指数よりもおおむね数ヵ月か

ら半年程度遅行すると想定されており，事後的な確認に用います。

　景気動向指数を作成するための指標は，CIとDIで共通しています。2020年に実施された第12次改定では，先行指数11系列，一致指数10系列，遅行指数9系列の合計30系列が採用されています（図表2-7）。採用系列は，各経済部門の代表的な指標で，景気循環の対応度や景気の山・谷との関係が深いものなどが選ばれています。先行系列では需給の変動，一致系列では生産の調整，遅行系列では生産能力の調整に関連する指標が中心です。採用系列は，

▶図表2-7　景気動向指数採用系列（第12次改定）

先行系列 （11）	最終需要財在庫率指数（逆）　　　鉱工業生産財在庫率指数（逆） 新規求人数（除学卒）　　　　　　実質機械受注（製造業） 新設住宅着工床面積　　　　　　　消費者態度指数 日経商品指数（42種総合）　　　　マネーストック（M2，前年同月比） 東証株価指数　　　　　　　　　　投資環境指数（製造業） 中小企業売上げ見通しDI
一致系列 （10）	生産指数（鉱工業）　　　　　　　　鉱工業生産財出荷指数 耐久消費財出荷指数　　　　　　　　所定外労働時間指数（調査産業計） 投資財出荷指数（除輸送機械）　　　商業販売額（小売業，前年同月比） 商業販売額（卸売業，前年同月比）　営業利益（全産業） 有効求人倍率（除学卒）　　　　　　輸出数量指数
遅行系列 （9）	第3次産業活動指数（対事業所サービス業） 常用雇用指数（調査産業計，前年同月比） 実質法人企業設備投資（全産業） 家計消費支出（勤労者世帯，名目，前年同月比） 法人税収入　　　　　　　　　　　完全失業率（逆） きまって支給する給与（製造業，名目） 消費者物価指数（生鮮食品を除く総合，前年同月比） 最終需要財在庫指数

（注）（逆）とは，逆サイクルのことで，指数の上昇，下降が景気の動きと反対になること。
（出所）経済社会総合研究所［2020］「景気動向指数採用系列の変遷（2020年8月7日）」により作成

おおむね景気循環（谷→山→谷）のたびに，見直しを行っています。

c　ヒストリカルDI

景気の転換点の設定に用いるヒストリカルDIとは，各採用系列について，拡張期における下降（マイナス）を不規則な動きと捉えすべて上昇（プラス）に置き換え，逆に後退期の上昇（プラス）をすべて下降（マイナス）とみなして，DIを作成したものです。ヒストリカルDIの変化は比較的緩やかで，景気の基調的な動きを反映したものになります。そして，ヒストリカルDIが50％ラインを下から上に交わる直前の月を景気の谷，上から下に交わる直前の月を景気の山と考えることができます。

なお，実際の景気基準日付（景気の山と谷の時期）は，ヒストリカルDIの動向とともに，GDPの動きや専門家の意見など景気動向指数研究会での議論を経て，内閣府経済社会総合研究所長が設定します。最近では2020年7月に，2012年12月から2018年10月の71ヵ月にわたる景気拡大期間を，暫定的に認定しています。

(2)　CIの動き

景気動向指数のなかで注目度の高いものは，CIの一致指数と先行指数です。

リーマン・ショック前から，一致指数は横ばいもしくは若干の上昇傾向にあったのに対して，先行指数は下落しつつありました（図表2-8）。そして両指数ともにリーマン・ショックにより急落した後，東日本大震災直後を除いておおむね横ばいあるいは上昇傾向にありましたが，2018年後半頃から下落に転じました。

とくに2020年3月・4月はコロナ禍の影響により，一致指数，先行指数ともに急落しています。ただし，6月には上昇に転じるなど，今後の動向に注意が必要な状況です。

遅行指数は，リーマン・ショック後に先行指数，一致指数に遅れる形で大きく落ち込みました。その後，2010年頃から2014年前半頃までは，継続的に

▶図表2-8　CIの推移

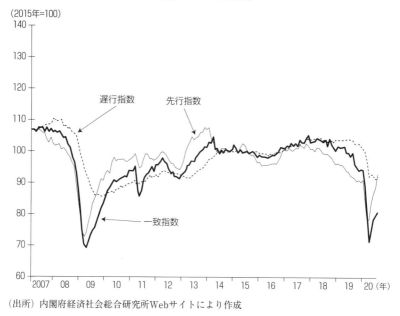

（出所）内閣府経済社会総合研究所Webサイトにより作成

上昇傾向にありましたが，2014年後半以降は下落することもあり，傾向としてはおおむね横ばいとなった後，2019年半ばまでは緩やかに上昇し，その後は先行指数・一致指数にスピード・水準ともかなり遅れる形で下落しています。

(3)　注目系列

　景気動向指数に採用されている系列は，いずれも重要なものです。本書の他の部分でとり上げているものも多くあります。そうしたもの以外で注目すべき系列として，先行系列から新設住宅着工床面積，一致系列から生産指数（鉱工業）を紹介しましょう。

a　新設住宅着工床面積

　新設住宅着工床面積は，国土交通省が毎月作成・公表している建築着工統計のなかで，新設住宅着工戸数と並んで注目度の高い指標です。建築着工統計は，住宅の建設者が事前に各都道府県へ提出する建築工事届などをもとに作成されています。住宅投資は景気の動きに先行するといわれているうえ，関連産業の裾野が広いという特徴があります。そのため，景気の先行きを占う重要な指標とされています。

　新設住宅着工床面積の動きをみると，リーマン・ショック前には月間1,000万㎡近く（季調値）ありましたが，大幅な下落の後，2013年度頃までおおむね持ち直し，その後は横ばいとなり，2019年度半ばから減少傾向に転じました。2019年度の終わり頃からは，月間500万㎡台が当たり前の水準となっています。

b　生産指数（鉱工業）

　生産指数（鉱工業）は，生産活動を代表する指標で，鉱工業生産活動全体の水準の推移を示すものです。経済産業省が毎月作成・公表する鉱工業指数

▶図表2-9　生産指数（鉱工業）の推移（季節調整値）

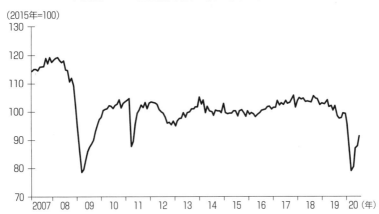

（出所）経済産業省大臣官房調査統計グループ「鉱工業（生産・出荷・在庫）指数確報・速報」により作成

の一部です。鉱工業製品を生産する国内の事業所が対象で，付加価値額で
ウェイト付けされた412品目の生産量を加重平均し，2020年現在で2015年を
100とした指数で表しています。生産指数は，全体のものに加え，業種別・
財別・一部の品目別の指数も公表されています。景気が回復すれば生産を増
やし，景気が後退すれば減らすことから，景気動向を如実に表す指標として
重要視されています。

　鉱工業指数は，このほか，鉱工業生産財出荷指数が同じ一致系列に，鉱工
業生産財在庫率指数が逆サイクルで先行系列に採用されるなど，景気動向を
測るうえで注目度の高い統計です。

4. 物　価

(1)　企業物価指数

　物価の動きを示す指標はいろいろとありますが，最も幅広い範囲を対象としているのは，第1節でとり上げたGDPデフレーターでしょう。それ以外で，物価を幅広く捉えたものとしては，企業物価指数と消費者物価指数が重要です。

　企業物価指数（CGPI；Corporate Goods Price Index）は，日本銀行が毎月作成・公表しているもので，企業間で取引される財の価格の総合的な物価変動を測定するものです。企業物価指数には，基本分類指数として国内企業物価指数，輸出物価指数，輸入物価指数があり，参考指数として需要段階別・用途別指数，連鎖方式による国内企業物価指数などがあります。

　調査価格数（2020年12月時点で最新の2015年基準）は，国内企業物価指数5,743，輸出物価指数1,288，輸入物価指数1,576で，採用品目数は，国内企業物価指数746品目，輸出物価指数209品目，輸入物価指数258品目です。調査価格において，当該商品の品質が変更された場合，新旧調査価格における品質の変化に相当する価格差を除いた純粋な価格変動分のみを指数に反映することで，新旧の調査価格指数を接続しています。

　企業物価指数の中核と位置づけられる国内企業物価指数は，対象が国内で生産した国内需要家向けの財（国内市場を経由して最終的に輸出するものを除く）で，原則として，生産者段階における出荷時点の価格（消費税を含む）を調査しています。輸出物価指数は，輸出品の通関段階における船積み時点の価格，輸入物価指数は輸入品の通関段階における荷降ろし時点の価格を用いており，円と契約通貨両方の指数を作成しています。

　国内企業物価指数は，2008年後半頃から2009年前半頃にかけて大きく下落

▶図表2-10　企業物価指数の推移（季節調整値）

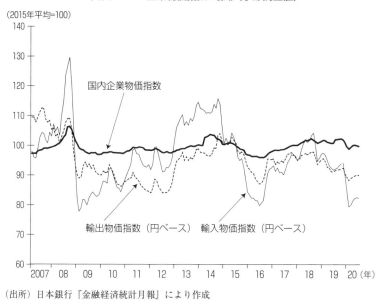

（2015年平均=100）

国内企業物価指数

輸出物価指数（円ベース）　輸入物価指数（円ベース）

（出所）日本銀行『金融経済統計月報』により作成

した後，横ばいの傾向にありましたが，2012年末頃から，緩やかな上昇傾向にあり，2014年4月の消費税率等の引上げにより大きく上昇しました。2014年半ばから2016年にかけて下落傾向にあった後，なだらかな上昇傾向が続きましたが，2020年にコロナ禍の影響で下落傾向へと転じました（図表2-10）。輸出物価指数や輸入物価指数は，国内企業物価指数に比べ，変動が大きいのが特徴です。これは，為替変動の影響を受けることなどが原因です。特に輸入物価指数の変動が大きいのは，為替に加え，輸入に多くを頼る石油や天然ガスなどエネルギーの価格変動が大きいからです（原油価格の動きについては本章7節を参照）。

(2)　消費者物価指数

　消費者物価指数（CPI；Consumer Price Index）は，全国の家計が購入す

る財・サービスの価格の総合的な物価変動を，時系列的に測定したものです。総務省統計局が，毎月作成・公表しています。景気動向を測るだけでなく，公的年金の給付額の変更や物価連動債の元本金額の増減など，幅広く用いられる物価指標です。

消費者物価指数では，総合指数（通常，これをCPIとよぶ）のほか，生鮮食品を除く総合指数（コアCPIとよぶ）や，食料（酒類を除く）及びエネルギーを除く総合指数（コアコアCPIとよぶ）なども作成・公表されています。コアCPIやコアコアCPI作成の理由は，生鮮食品やエネルギーは価格変動が激しいため，全般的な物価変動の基調をみるのにはあまり適さないからです。

消費者物価指数の算定に使用する品目は，家計の消費支出のなかで重要度が高い，価格変動の面で代表性がある，継続調査が可能，などの観点から選択された584品目（沖縄県でのみ調査する4品目を含む）と持家の帰属家賃です。品目の価格は，原則として調査対象となっている167市町村での小売価格ですが，パソコン（デスクトップ型およびノート型）とカメラは，POS情報を用いて主要な家電量販店で販売された全製品の販売価格を用います。品質の変化などがあった場合には，物価変動以外の要因を除去（品質調整）します。対象とする品目やウェイトなどは，一定の周期で見直しをしています。次回は2021年夏に，2020年基準へと改定する予定です。

直接税や社会保険料などの支出，貯蓄，土地・住宅の購入など財産購入費は，指数の算定対象に含めません。なお，持家の住宅費用は，帰属家賃方式によって指数に組み入れます。これは，持家の住宅が借家だったら支払われるであろう家賃を，持家の住宅費用とみなすやり方です。

消費者物価指数は，総合指数でみると2009年以降，2013年5月までは前年同月比でみて下落傾向にありましたが，その後は2015年末頃まで上昇傾向にありました。2016年はやや下落する月が多くなり，翌年からは緩やかな上昇傾向にありました（図表2-11）。一方，コアCPIは上昇に転じる時期や再び下落傾向に変わる時期が，総合指数よりやや早くなっています。コアコア

▶図表2-11　消費者物価指数の推移（前年同月比）

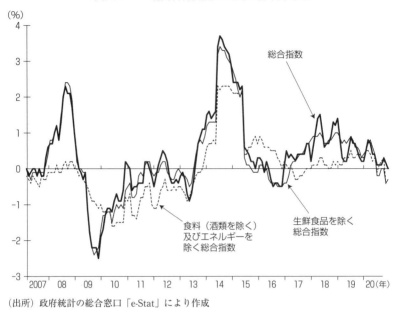

（出所）政府統計の総合窓口「e-Stat」により作成

CPIは，他の指数とは異なる動きをすることが多いです。2020年4月頃から
は，コアCPIとコアコアCPIがマイナスになる月があるなど，コロナ禍の影
響が出ています。

(3)　企業向けサービス価格指数

　物価を示す指標としては，企業向けサービス価格指数も大切です。

　企業向けサービス価格指数（SPPI；Services Producer Price Index）は，
企業間で取引されるサービスの価格の変動を集約して，指数化したものです。
日本銀行が毎月作成・公表しています。企業向けサービス価格指数には，基
本分類指数と参考指数（卸売サービス価格指数や消費税を除く企業向けサー
ビス価格指数など）があります。基本分類指数は，基幹となる総平均と，7

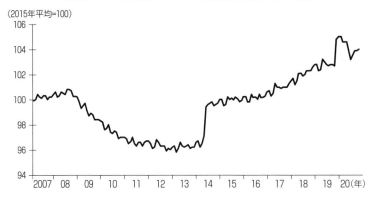

▶図表2-12　企業向けサービス価格指数（総平均）の推移

（注）2020年8月分は速報値。
（出所）日本銀行『金融経済統計月報』により作成

大類別，24類別，60小類別，146品目で構成されます。消費税を含めて作成しており，外貨建てで契約されたものは円換算して集計されています。

　企業向けサービス価格指数（総平均）は，リーマン・ショック（2008年9月）あたりから下落傾向にありましたが，2013年に入りやや上昇傾向に転じ，2014年4月の消費税率等の引き上げにより大きく上昇した後，上昇傾向にありました（図表2-12）。2019年12月の消費税率等の引き上げで再び大きく上昇した後，2020年4～5月はコロナ禍の影響で広告（とくにテレビ広告）や宿泊サービスなどを中心に大きく下落しましたが，その後は再び緩やかな上昇基調に戻っています。

⑷　インフレ・デフレ

　物価の持続的な上昇をインフレーション，略してインフレとよびます。逆に，物価が持続的に低下することをデフレーション，略してデフレとよびます。物価が下落するときには，実質所得の減少や失業率の上昇など，不況の状態にあることが比較的多いので，そうした現象とあわせてデフレと称する

こともありますが，もともとは物価に関連する部分のみを指す用語です。

　インフレは，原因や度合い，対象などの違いでいくつかの種類があります。原因では，需要の強さを理由とするものを，ディマンド・プル・インフレといいます。輸入物価の上昇によるものは，輸入インフレとよびます。ディマンド・プル・インフレの多くは，実質所得が増加したり失業率が低下する好況時に発生しますが，輸入インフレは好況時に発生するとは限りません。

　インフレの度合いについては，1年間に物価が2倍にもなるような急激な上昇が続く状態を，ハイパー・インフレとよび，長期間徐々に物価が上昇していく状態をクリーピング・インフレといいます。対象では，株や土地といった資産の価格のみ上昇する資産インフレなどがあります。

　また，財・サービスの価格上昇が賃金の上昇を生み，それがさらに財・サービスの価格を引き上げる要因になるような，物価がらせん状に上昇していく状態を，インフレ・スパイラル，その逆の現象をデフレ・スパイラルとよぶこともあります。

　インフレが発生しているときは好況が多く，デフレ時は不況が多いのですが，不況とインフレが同時発生することもあります。それをスタグフレーション（stagflation，不況：stagnationとインフレーション：inflationを合成した言葉）とよび，経済状況としては最も望ましくないといえるでしょう。

　インフレは，一般的に金融資産，とくに預貯金を減価させます。そのため，金融資産・負債差額がプラスの場合はインフレによってダメージを受け，マイナスの場合は恩恵を受ける可能性が大きいです。日本において金融資産・負債差額がプラスの部門は家計，マイナスの部門は政府と法人です。そのため，インフレは家計にダメージが大きく，債務の大きい政府にはプラスとなることが多いことから，「インフレ税」などということすらあるほどです。家計でとくにインフレのダメージが大きいのは，高齢者世帯に多い労働所得を持たず公的年金に加え貯蓄を取り崩して生活を営んでいる世帯です。インフレが弱者に厳しいといわれるのは，こうした背景があるからです。

5. 株 価

(1) 東証株価指数・日経平均株価の動向

　第1編第2章4節でみたように，株価指数や株価平均は株式市場で取引されている個別銘柄の価格の動きを総合して，市場全体の動向を示すものです。なかでも注目度の高いものは，東京証券取引所第一部に上場するすべての日本企業を対象とした東証株価指数（TOPIX）と，東京証券取引所第一部上場株式のうち225銘柄を対象にしている日経平均株価です。

　各企業や産業の動きを反映するだけでなく，政治や国際情勢など当面の企業業績に直接関係しないような，様々なニュースなどにも敏感に反応します。また，東証株価指数は，本章3節で紹介した景気動向指数でも，先行系列に採用されています。さらに，株価の上昇によって，保有資産や担保価値が増加し，消費や投資の活性化をもたらすことがあります。これを，資産効果とよびます。一方，株価などの資産価格下落時に生じる消費などの縮小を，逆資産効果とよびます。

　東証株価指数をみると，リーマン・ショックを機に大幅に下げたのち，2012年末頃までは低迷していました。2013年に入ると上昇基調になり，それが2015年前半まで続きました。しかし，2015年中頃から下落傾向に転じ，2016年は年央まで低迷していましたが，年後半から年末にかけて上昇し，翌2017年末にはリーマン・ショック以前の水準を超えました。2018年中は下落傾向，2019年半ば過ぎまではおおむね横ばいで推移した後，上昇傾向に転じましたが，2020年2月に新型コロナウイルスの影響により大きく下げました。その後は持ち直し傾向にありますが，先行きは不透明です。東証株価指数は，日経平均株価とともに話題になることが多い指標です。常に最新の動向をチェックして，水準と方向性に目を向けておく必要があるでしょう。

▶図表2-13 東証株価指数(TOPIX，終値)の推移

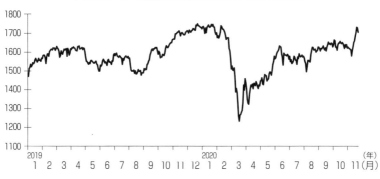

（出所）東京証券取引所「統計月報」「日報」により作成

(2) 様々な株価指標

　東証株価指数や日経平均株価以外にも，株価指標には様々なものがあります。市場で分けるもの（東証第二部株価指数，東証マザーズ指数，JASDAQ INDEXなど），規模で分けるもの（TOPIXニューインデックスシリーズなど），業種で分けるもの（東証業種別株価指数など），複数のものを合成あるいは組み合わせたコンポジット（東証コンポジットインデックスシリーズなど）など，数多くのものがあります。なかには，投資者にとって投資魅力の高い会社で構成するJPX日経インデックス400のようなものもあります。

　株式の売買を専門に扱わない限り，すべての株価指標を追う必要はないでしょうが，業務に関連する業種や取引先企業が指数に組み込まれているものなどには，注意が必要でしょう。

6. 地 価

(1) 指 標

　地価の代表的な指標としては，地価公示に基づくもの（一般的にこれを公示地価とよぶ）と都道府県地価調査によるもの（一般的にこれを基準地価とよぶ）があります。

a 地価公示による公示地価

　地価公示は，標準地を対象として毎年1月1日時点における正常な価格を，3月に公示するものです。土地取引の価格の指標，公共用地の取得価格決定の基礎，鑑定評価を行う場合の規準，などが作成・公示の目的です。また，公示地価は相続税評価（公示地価のおよそ8割，路線価として国税庁より7月初め頃公表）や固定資産税評価（公示地価のおよそ7割）の目安として用いられるほか，企業会計における資産の時価評価にも活用されています。

　地価公示の対象となる標準地は，都市計画区域内を主として，用途や駅からの距離など様々な条件を考慮し選定された標準的な土地をいいます。2020年地価公示の標準地は，市街化区域20,567（約0.7k㎡当たり1地点），市街化調整区域1,380，その他の都市計画区域4,035，都市計画区域外の公示区域18の合計26,000地点（うち東京電力福島第一原発事故に伴う避難指示区域内7地点は調査休止）でした。

　公示価格は，特殊事情などを取り除いた，自由取引において通常成立すると考えられる更地としての1㎡当たりの価格です。価格の評価は，2名の不動産鑑定士がそれぞれ別に現地を調査し，最新の取引事例やその土地からの収益の見通しなどをもとに行います。そして，地点間や地域間のバランスなどを考慮し，国土交通省の土地鑑定委員会が公示価格を決定しています。

　集計した指標として公示地価をみる場合，全用途平均の全国平均の変化に

加え，住宅地と商業地に分け，それをさらに全国，三大都市圏（東京圏，大阪圏，名古屋圏），地方圏で区分し，前年と比較したものが注目されます。

b 都道府県地価調査による基準地価

基準地価は，地価公示による公示地価と補完的な関係にあります。調査時期は，基準地価が7月1日で9月に公表されます。また，調査地点については，都市計画区域外の宅地や宅地ではない林地なども含む点に特徴があります。2020年の調査地点数は，21,519地点（宅地21,070，林地449）でした。

調査方法は，地価公示と同様ですが（ただし評価にあたる不動産鑑定士は1名），各都道府県が調査主体で，都道府県の発表にあわせて，国土交通省が全国の状況をとりまとめて公表しています。

(2) 動 向

公示地価（全用途平均）の推移をみると，東京圏のバブル期の上昇率のすごさと，その後の下落率の大きさ，そして下落期間の長さが目につきます（図表2-14）。そして，2014年頃から長期的に上昇傾向にあります。それに対して全国平均は，上昇・下落の方向こそ東京圏と大きく変わらないものの，変動幅がかなり小さいことがわかります。ただし，公示地価の本書執筆時点の最新データは2020年1月のものなので，コロナ禍の影響が不明です。

そこで，2020年の都道府県地価調査による基準地価公示をみてみましょう（図表2-15）。全国平均では，全用途平均で3年ぶりに下落に転じました。用途別では，住宅地は下落幅が拡大し，商業地は5年ぶりに下落しています。圏域別では，三大都市圏において住宅地が下落に転じ，商業地は名古屋圏で下落，東京圏・大阪圏では上昇率が低くなっています。地方圏は，地方四市を除き下落しています。調査対象期間のうち2019年後半の地価は，総じて上昇傾向と予想されますが，2020年前半はコロナ禍の影響により下落傾向が強かったと考えられます。なかでも，インバウンドによる地価の上昇が見られていた地域は，コロナ禍の影響を強く受けた可能性が高いです。

▶図表 2-14　公示価格対前年変動率（全用途平均）

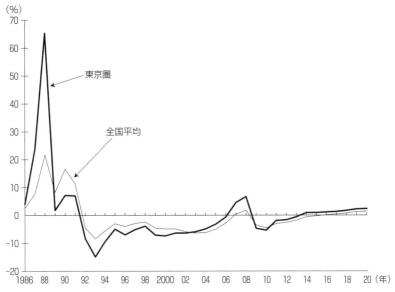

（注）年は公示時点のもの。
（出所）国土交通省Webサイトにより作成

▶図表 2-15　基準地価の圏域別・用途別対前年変動率

（単位：%）

	住宅地			商業地			全用途		
	2018年	2019年	2020年	2018年	2019年	2020年	2018年	2019年	2020年
全国平均	−0.3	−0.1	−0.7	1.1	1.7	−0.3	0.1	0.4	−0.6
三大都市圏平均	0.7	0.9	−0.3	4.2	5.2	0.7	1.7	2.1	0.0
東京圏	1.0	1.1	−0.2	4.0	4.9	1.0	1.7	2.1	0.1
大阪圏	0.1	0.3	−0.4	5.4	6.8	1.2	1.4	1.9	0.0
名古屋圏	0.8	1.0	−0.7	3.3	3.8	−1.1	1.5	1.9	−0.8
地方圏平均	−0.8	−0.5	−0.9	−0.1	0.3	−0.6	−0.6	−0.3	−0.8
地方四市	3.9	4.9	3.6	9.2	10.3	6.1	5.8	6.8	4.5
その他	−0.9	−0.7	−1.0	−0.6	−0.2	−1.0	−0.8	−0.5	−1.0

（注）地方四市は，札幌市，仙台市，広島市，福岡市。
（出所）国土交通省土地・建設産業局「令和2年都道府県地価調査の概要」により作成

7. エネルギー・食料・貴金属の価格

　日本は，多くのエネルギーや食料，貴金属を輸入しています。そのため，それらの価格の変化は，日本経済に大きな影響を与えます。

(1)　原油価格

　原油（原油および粗油）は，日本における2019年度の輸入総額77.2兆円の10.3％（8.0兆円）を占める最大輸入品目です。しかも，原油はガソリンや灯油はもちろん，ナフサなどからプラスチックや合成繊維をはじめ幅広い分野の製品の原料となります。したがって，その価格の動向は，為替とともに日本の物価や企業収益，消費などに強い影響を及ぼすことになります。

　原油価格の代表的な指標には，WTI，北海ブレント，ドバイがあります。WTI（West Texas Intermediate）は，西テキサス周辺で産出される原油のことで，硫黄分が少なくガソリンを多く取り出せるなど品質の高さが特徴です。そのWTIの先物が，ニューヨーク商業取引所（NYMEX：New York Mercantile Exchange，ニューヨーク・マーカンタイル取引所とよぶこともある）で取引されています。WTI先物（ニューヨーク原油先物などとよぶこともある）は，取引量と市場参加者が多いため，原油価格の指標のなかで最も重要度が高く，他の指標にも影響を及ぼしているといわれています。

　ただし，日本の場合，原油の輸入先は89％（2019年度）をサウジアラビア，アラブ首長国連邦，カタール，クウェートなどの中東諸国に依存しているため，原油価格の指標としては，中東産のドバイの動向も目を離せません。実際，財務総合政策研究所の『財政金融統計月報』ではドバイのみを掲載しています（2020年12月現在）。また，主にイギリスの北海にあるブレント油田から採鉱される北海ブレントについても，先物価格において重要度が高いといわれます。

　原油価格の指標には，先物価格と現物の取引におけるスポット価格があります。注目度が高いのは，先行きを占う意味でWTI先物などですが，実際の取引の価格に近いスポット価格も，日本の原油輸入の実態をみるうえで重要です。価格は，1バーレル（約159ℓ，バレルと表記されることもある）を単位として，米ドル建てで表記されることが一般的です。

　原油価格は，2008年中盤にピークを迎えたのち，リーマン・ショックの影響などで急落しましたが，その後2014年6月頃までは，上昇傾向にありました（図表2-16）。その後再び急激な低下に転じた後，2016年に入り反転し2018年後半頃まで上昇，終盤に低下，2019年はおおむね横ばいで推移しました。2020年は3月に新型コロナウイルスの影響により急落し，月中平均として2002年1月以来およそ18年ぶりに20ドルを割りました。

　ただし，原油価格をめぐっては，コロナ禍の先行きや産油国の動向，アメリカでの金融政策の行方など様々な要因があり，今後の見通しは不透明です。また，シェールガスやシェールオイルの生産も，原油価格や天然ガスの価格に大きな影響を及ぼしているといわれています。シェールガスやシェールオイルとは，泥が固まった岩石で薄片状に剥がれやすいシェール（頁岩：けつ

▶図表2-16　WTI先物の推移（月中平均）

（出所）IMF, Primary Commodity Prices. により作成

がん）に残留している天然ガスや原油のことです。地下の比較的浅い部分にはシェールオイル，深い部分にシェールガスがあるといわれています。2000年代後半になり，採掘技術が進歩する一方，原油価格の上昇もあり，主にアメリカにおいて地下2,000メートルより深いシェール層の開発が進められ，生産が本格化していきました。こうした一連の動きをシェール革命とよぶこともあり，世界のエネルギー供給に大きな影響を及ぼしています。ただし，原油や天然ガスの価格の低下によって，採掘が経済的に見合わないシェールガス田も出ています。

(2)　食料の価格

　食料，なかでも穀物等の価格の変動は，日本経済への影響が大きいものの1つです。穀物等のなかでも注目度が高いのは，国内における消費量が多いにもかかわらずその多くを輸入に依存している，小麦，とうもろこし，そして大豆です（国際的な商品市況では，コメも重要な品目の1つになっている）。

　小麦，とうもろこし，大豆は，いずれも国際取引が活発な品目で，シカゴ商品取引所を中心として取引されています。シカゴ商品取引所における穀物価格は，2007年後半頃から2008年中盤にかけて大幅に上昇し，その後急落しました（図表2-17）。しかし，2010年7月頃に再び上昇傾向に転じた後，2012年8月頃から長期的にみて下落傾向にあります。ただし，大豆については2016年にかなり上昇し，2020年6月以降も上がっています。また，とうもろこしと小麦も2016年で下げ止まりの傾向がみられます。

　日本におけるとうもろこしや大豆の先物取引は，東京商品取引所などで行われています。東京商品取引所での取引は，2013年2月に，それまで取引されていた東京穀物商品取引所（解散）から移管されたものです。

(3)　貴金属の価格

　原油や食料のほかにも，貴金属，ゴム，アルミニウムなど様々な商品の取

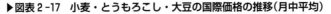

▶図表2-17　小麦・とうもろこし・大豆の国際価格の推移（月中平均）

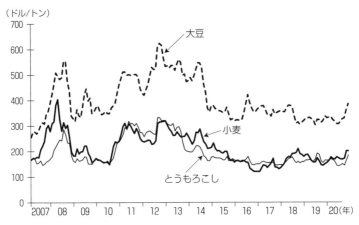

（出所）IMF, Primary Commodity Prices. により作成

引が行われています。なかでも取引が活発で注目度が高いものは，金でしょう。国際市況での金は，米ドル建ての表記が一般的です。そして単位は，トロイオンスを用います。ちなみに，金以外の銀など貴金属でも，国際市況では一般的にトロイオンスを用います。1トロイオンスは，約31.1グラムになります。ただし，日本国内，例えば大阪取引所での取引は，グラム単位で行われています。

　金の価格は，2000年代初頭は1トロイオンス200ドル台後半が相場でした。その後はかなり急速な上昇傾向が続き，2009年に1,000ドルを超え，2011年には1,800ドル台を付けるに至りました。しかし以降は下落傾向に転じ，2015年末には1,000ドル台まで下げました。その後，上昇や下落はありながらも，2019年半ば頃までは1,100ドルから1,400ドル程度で推移していました。しかし2019年半ば頃から国際的な貨幣供給量の増加を背景に，金は安全資産として買われ，2020年8月には2,000ドルを超えることもありました。

　このほか貴金属では，プラチナ（白金）や銀，パラジウムなどの取引も行

われています。銀は価格の変動要因が比較的金と似ていることから，同様の変化の方向を示すことも多いですが，その他の貴金属は，需要と供給の両面から，必ずしも金と同じ傾向で価格が推移するわけではありません。例えばパラジウムは，自動車の触媒や電子部品に使われることが多いため，国際的な景気状況に影響されることがあります。プラチナも，宝飾品に加えディーゼル車などの触媒に使われます。産出国の政治情勢も重要です。プラチナは南アフリカが過半を占め，ロシアがそれに続きます。パラジウムでは，ロシアと南アフリカが主たる産出国です。両国とも政治的・経済的に不安定な面もあり，産出量に影響が及ぶことがあります。

　2021年1月現在，大阪取引所における1グラムあたりの価格は，金がプラチナを大きく上回っています。2010年代前半頃までプラチナの方が高かったことが多いのですが，金価格の上昇とディーゼル車需要の落ち込みなどによるプラチナ価格の下落により，現在では金が大きく上回っています。

▶図表2-18　貴金属1gあたり価格・上場来最高値・最安値
（東京商品取引所・大阪取引所，期近，先物）

商品	現在価格 2021年1月5日	最高値	最安値	上場日
金（標準取引）	6,420円	7,020円 （2020年8月7日）	865円 （1999年9月16日）	1982年3月23日
銀	91.7円	791.0円 （1984年3月3日）	44.7円 （2020年3月23日）	1984年1月26日
白金（標準取引）	3,518円	7,584円 （2008年3月6日）	1,154円 （1995年5月29日）	1984年1月26日
パラジウム	8,031円	10,070円 （2020年2月28日）	326円 （1992年8月14日）	1992年8月3日

（注）2020年7月に東京商品取引所から大阪取引所へ移管されました。
（出所）東京商品取引所Webサイト，JPX Webサイトにより作成

第2章
社 会 構 造

Introduction

経済の動きは，様々な社会構造の変化と無縁ではいられません。社会構造の変化が，経済を動かす要因ともなります。人口動態や社会保障などは，その典型例といえるでしょう。短期的な動きと長期的な推移，制度変更など注目すべき点は多岐にのぼります。なかでも制度変更は，企業活動やわれわれの暮らしに大きな影響を及ぼすことが多く，その動向に注目する必要があります。

1. 労働・雇用情勢

　雇用はわれわれの生活の維持に欠かせないものであり，重要な政策目標の
1つでもあります。雇用情勢次第で，政策の方向性が変わることもあります。

(1)　労働・雇用統計

a　労働力調査

　労働・雇用情勢を示す代表的な統計は，総務省統計局が作成・公表してい
る労働力調査です。労働力調査では，労働力人口，就業者数・雇用者数（産
業別など），非労働力人口なども公表されていますが，最も注目度の高い指
標は，完全失業率や完全失業者数でしょう。

　労働力調査の対象は，15歳以上人口です。それを労働力人口と非労働力人
口（通学，家事，その他）に分けます。労働力人口は，就業者と完全失業者
に，就業者はさらに従業者と休業者に分かれます。統計上の完全失業者は，
仕事がなく仕事をしなかった，仕事があればすぐ就くことができた，求職活
動をしていた（結果待ちを含む）という条件すべてを満たす人のことです。
そのため，職を失ってもあきらめて求職活動をしない人は完全失業者に該当
しません。労働力人口に占める完全失業者の割合を，完全失業率とよびます。

　最近では，正規職員と非正規職員の区別も重要です。一般職員や正社員な
どとよばれる人を正規の職員・従業員，パートやアルバイト，労働者派遣事
業所の派遣社員，契約社員などとよばれる人を非正規の職員・従業員と定義
して，それぞれの数や割合が発表されています。

　このほかにも労働力調査では，学卒未就職者（15〜24歳）の動向や，求職
理由別完全失業者数における「非自発的な離職による者」と「自発的な離職
による者」の違い，完全失業者の仕事に就けない理由における「条件にこだ
わらないが仕事がない」と「希望する種類・内容の仕事がない」の多寡など

注目される指標が数多くあります。

b　一般職業紹介状況（職業安定業務統計）

労働・雇用情勢を示す指標で完全失業率と並んで注目されるのが，求人倍率です。求人倍率は，厚生労働省が作成・公表している一般職業紹介状況（職業安定業務統計）で明らかになります。一般職業紹介状況は，公共職業安定所（ハローワーク）における求人，求職，就職の状況（新規学卒者を除く）が毎月とりまとめられており，求人倍率等の指標が作成されています。

求人倍率は，求職者に対する求人数の割合のことで，その月の新規求人数を新規求職申込件数で除した新規求人倍率と，月間有効求人数を月間有効求職者数で除した有効求人倍率の2種類があります。新規求人数（除学卒）は，雇用の変化に対して敏感に反応するため，景気動向指数の先行系列に採用されています。また，有効求人倍率（除学卒）は，安定的な雇用情勢をみることができるため，一致系列に採用されています。ちなみに，完全失業率は逆サイクルで遅行系列に採用されています。

一般職業紹介状況では，求職者に対する就職件数の割合を示す就職率や，求人数に対する充足された求人の割合を示す充足率なども注目の指標です。

c　毎月勤労統計

賃金や労働時間の動きを知るには，厚生労働省がまとめる毎月勤労統計が最適です。常用労働者を5人以上雇用する事業所について，雇用，給与，労働時間を毎月末現在で調査しています。常用労働者1人当たりの現金給与総額の動きは，家計の消費に直結する指標です。また，現金給与総額は，基本給や定額の各種手当などの所定内給与，時間外手当などの所定外給与，賞与などの特別給与に分かれており，景気の転換点などでは所定外給与や特別給与の動きをみるといった使い方もできます。

また，毎月勤労統計では，実労働時間や出勤日数，常用雇用（一般労働者とパート労働者），労働異動率（入職率や離職率）なども注目指標です。

▶図表2-19　主要な労働・雇用情勢統計

統計名	担当省	主な内容	公　　表
労働力調査	総務省	労働力人口，就業者数・雇用者数，完全失業者数，完全失業率，非労働力人口	【基本集計】 月次：調査月の翌月末 四半期平均：最終調査月の翌月末 年平均：12月分結果公表時 年度平均：3月分結果公表時 【詳細集計】 四半期平均：最終調査月の翌々月 年平均：10～12月期平均結果公表時
一般職業紹介状況（職業安定業務統計）	厚生労働省	求人倍率，求職者，求人数，就職率，充足率	月次：調査月の翌月末頃 年平均：12月分結果公表時 年度平均：3月分結果公表時
毎月勤労統計	厚生労働省	雇用，給与および労働時間	月次：調査月の翌々月初頃に速報値，翌々月中旬過ぎ頃に確報値 年平均：12月分結果公表時 年度平均：3月分結果公表時

(2)　動　向

　完全失業率（季節調整値）は，リーマン・ショック後の2009年7月に5.5％まで上昇した後，2019年末まで低下傾向にありました（図表2-20）。2013年6月には3.9％と4％を下回りリーマン・ショック前の水準に戻り，2019年12月で2.2％となりました。この間，就業者の対前年増減をみても，2013年1月以降長期にわたりプラスが続いていました。しかし，2020年に入り，完全失業率は1月から上昇に転じ8月には2017年1月以来の3％となり，就業者の対前年増減をみても3月以降マイナスが続いています。

　近年，新規求人倍率（季節調整値）は有効求人倍率（季節調整値）を恒常的に上回っています（図表2-21）。また，新規求人倍率，有効求人倍率ともに，リーマン・ショック後の2010年頃から，2019年はじめ頃まで上昇傾向を保ち，人手不足が深刻な問題となりました。新規求人倍率は2011月6月に1

▶図表 2 -20　完全失業率および就業者の対前年増減の推移

(注) 2011年3月から8月までは東日本大震災による補完推計値。
(出所) 総務省統計局『労働力調査』により作成

倍を超え, 2018年9月は2.49倍となり, 有効求人倍率は, 2013年11月以降1
を上回って推移し2018年8月から2019年4月に幾度も1.63倍を示しました。
しかし, それ以降緩やかな下落傾向の後, 2020年に入るとコロナ禍の影響で
両指標とも急落しています。ただし, 新規求人倍率は建設業などの求人増な
どがあり8月に, 有効求人倍率は10月に反転しました。

(3)　雇用に関するルール

　企業が労働者を雇う場合, 労働契約を結び, 労働条件を明示した書面を交
付する必要があります。その際, 必要な内容としては, 契約期間 (定めがあ
る場合は更新についても必要), 仕事内容, 仕事場所, 賃金, 仕事の時間や
休日等, 退職などです。一方, 違約金の支払いや積立の強制などは盛り込む

▶図表2-21　求人倍率の推移（季節調整値）

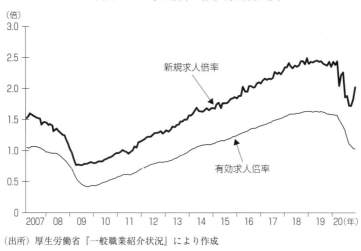

（出所）厚生労働省『一般職業紹介状況』により作成

　ことができません。これらは，労働基準法によって定められています。労働者を雇うと，雇用保険や労災保険，健康保険や厚生年金保険に加入する必要があります。雇用保険は，労働時間が1週間20時間以上で31日以上の雇用見込がある人を雇うと適用対象となります。労災保険は，パートやアルバイトも含め原則として一人でも雇用すると適用されます。健康保険と厚生年金保険は，法人の事業所あるいは特定の業種で常時5人以上を雇用する個人事業所では強制適用となっています。パートやアルバイトでも，労働時間や所定労働日数が，通常の労働者の4分の3以上あれば加入の必要があります。

　景気が低迷すると，解雇の話題が多くなります。解雇に関しても，労働基準法や労働契約法でルールが決められています。国籍や婚姻など法律で禁止されている事項に該当しない，解雇の予告，就業規則の解雇事由に該当，正当な理由，手順の順守をすべて満たす必要があります。採用内定取消しも，解雇に該当するので同様の条件を充たす必要があるとされています。

　雇用をめぐる最近の動きとしては，働き方改革関連法が重要でしょう。働

き方改革関連法では，残業時間の上限規制の導入，年５日間の年次有給休暇取得の義務づけ，労働時間の調整が可能な期間（清算期間）の延長，正社員・非正規社員間の不合理待遇差排除のための規定整備，待遇に関する説明義務の強化，裁判外紛争解決手続（行政ADR）規定の整備，高度プロフェッショナル制度の新設などが謳われています。

⑷ マクロ経済学における雇用や失業の理論

　マクロ経済学においてよく使われる用語の１つに，完全雇用があります。完全雇用は，完全失業者がいない状態を示すものではありません。

　失業は，その原因からいくつかの種類に分けることができます。まず，よりよい待遇やより望ましい職種に就きたいといった自発的な理由で辞職し，失業状態にある者を，自発的失業者とよびます。また，就業の意欲があり，より高い賃金を求めるわけでもなく，求人はあるものの，職業上の技能や求人の地域などであわないため就業できない者は，摩擦的失業者とよばれます。摩擦的失業者は，産業構造の変化などにより発生すると考えられます。

　自発的失業者や摩擦的失業者は，求職活動をしていれば統計上は完全失業者に入りますが，完全雇用の定義でいえば失業に含まれません。つまり，自発的失業者や摩擦的失業者がいても，完全雇用状態になる可能性があります。

　ケインズ（John Maynard Keynes）は，失業している者が，自発的失業者と摩擦的失業者だけの状態を完全雇用と定義しています。それ以外に，有効需要の不足などによって発生する失業者を非自発的失業者とよび，非自発的失業者がいる状態を不完全雇用としました。

　一方，フリードマン（Milton Friedman）は，長期的にみると失業率は一定の値を取るという自然失業率仮説を提唱しました。これは，失業率と物価上昇率の間に，相関関係があるというフィリップス曲線（もともとは，失業率と賃金上昇率の相関関係）の考えを批判する形で示されました。自然失業率は，金利などに対する期待が現実と一致した際に導かれる失業率です。

2.人口動態

(1)　3区分人口の変化

　人口の増減や年齢構成の変化といった人口動態は，経済の長期的な趨勢や社会保障制度へ大きな影響を与えます。また，人口動態は，地域によって異なるため，地域間での違いも重要になります。

　まず，人口の動きをみてみましょう。戦後日本の人口は増加を続け，5年に1度の国勢調査では2010年に1億2,806万人，世界で10番目に人口の多い国になりました。しかし，その後は減少に転じて，2015年の国勢調査では1億2,709万人，総務省統計局の人口推計では2020年12月に1億2,571万人となりました。そして，国立社会保障・人口問題研究所の『日本の将来推計人口』における出生中位（死亡中位）推計によれば，2030年が1億1,913万人，

▶図表2-22　日本の人口の動態

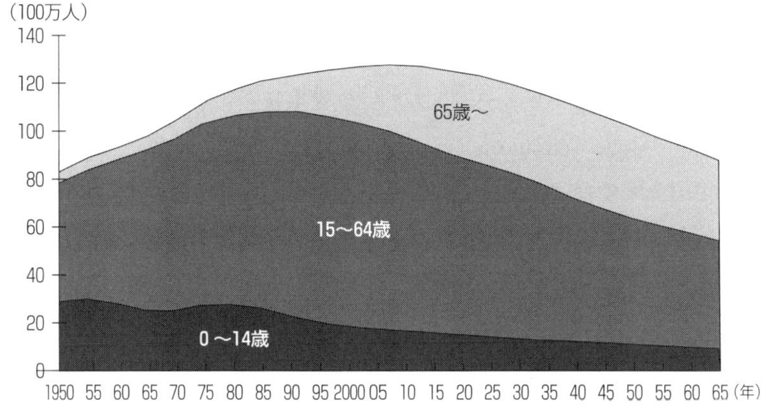

（注）2015年まで実績値。2020年以降は国立社会保障・人口問題研究所の出生中位（死亡中位）推計値。
（出所）国立社会保障・人口問題研究所編『人口統計資料集』『日本の将来推計人口』により作成

2053年に1億人を割り，2065年には8,808万人まで減ります（図表2-22）。

　人口動態をみるには，15歳未満，15〜64歳，65歳以上という3区分で捉えることが有効です。15歳未満人口は，1980年の2,752万人をピークに減少が進み，2015年は1,589万人とピーク時の6割弱の水準になっています。今後も減少傾向は進み，2065年には898万人と2010年の半分程度の数になると推計されています。15〜64歳人口は，1995年の8,726万人が最高で，その後減少に転じ，2015年は7,629万人です。今後も減少を続け，2065年には4,529万人とピーク時の約半分になると推計されています。

　それに対して，65歳以上の人口は戦後一貫して増加を続け，特に1990年代からの増加が顕著です。2015年には3,347万人，全人口の26.6％を占めています。今後も増加を続け，2042年に3,935万人となりピークを迎えますが，全人口に占める比率（2042年36.4％）はその後も上昇を続け，2065年には38.4％に達します。

(2) 少子化

a 少子化の要因と現況

　人口動態に影響を与える要因には，出生と死亡による自然要因と，移民をはじめとした国をまたぐ移動による社会要因があります。このうち，日本の人口動態により強い影響を及ぼしているのは，自然要因です。2019年の入国超過による増加は19.6万人で，自然増加数（出生－死亡）の▲50.1万人の一部を埋める役割を果たしているだけです。

　人口減少，特に15歳未満人口の減少の要因は，出生数の減少にあります。出生に関しては，合計特殊出生率をみるのが適当です。これは，15歳から49歳までの女性の年齢別出生率を合計したもので，1人の女性が一生の間に生む子どもの数に相当します。人口置換水準といって，おおむね2.07人の子どもを生めば人口水準が維持できるとされています。

　日本に限らず主要先進国では，かつてに比べ合計特殊出生率は下がってい

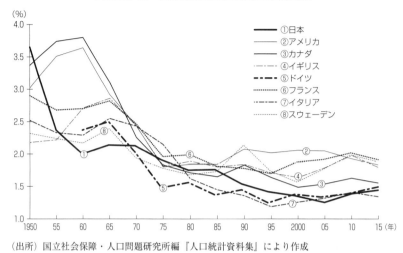

▶図表2-23　合計特殊出生率の推移の国際比較

（出所）国立社会保障・人口問題研究所編『人口統計資料集』により作成

ます（図表2-23）。日本において，戦後の第1次ベビーブーム（1947～1949年）では4を超えていました。その後低下を続け，1970年代には2を下回り，2005年には1.26と最低を記録しました。その後，いわゆる団塊ジュニア世代が子どもを生む年代になり若干上向きましたが，2019年で1.36にとどまります。国際的にみると，ドイツやイタリアと同水準です。他の国をみると，もともと数値の高いアメリカや，かつて日本に近い水準から2程度まで上昇しているスウェーデンやフランス，イギリスといった国もあります。

　b　少子化対策

　1994年の「エンゼルプラン」，1999年の「新エンゼルプラン」をはじめ，これまで多くの少子化対策が計画・実施されてきました。その中心的なものは，子育て支援策です。比較的最近のものでは，小規模・家庭的保育等への財政支援創設などの「子ども・子育て関連3法」（2012年成立），2013年の「待機児童解消加速化プラン」，希望出生率1.8の実現などを目指す「ニッポン一億総活躍プラン」（2016年），女性就業率80%に対応可能な保育の受け皿

整備を目指す「子育て安心プラン」(2017年)，放課後児童対策の取組を推進する「新・放課後子ども総合プラン」(2019年) などがあります。こうした少子化対策の内容については，少子化社会対策白書が参考になります。

しかし，第1次ベビーブームの1949年は270万人，第2次ベビーブームの1973年には209万人にのぼった出生数は，2016年に100万人を割り，2019年は87万人まで減少，少子化に歯止めはかかっていません。それぞれの政策の重要性は間違いありませんが，少子化対策としての政策の有効性には疑問が残ります。少子化の原因から，改めて問い直すべきではないでしょうか。

(3) 高齢化

高齢化は，高齢者の数の増加を意味する場合と，人口に占める高齢者の比率の上昇を意味する場合があります。前者の場合，死亡率とコーホート（同年または同期間に出生した集団）の構成員数が影響し，後者の場合，それに少子化の影響が加わります。現在の日本では，両者が同時に表れています。

発展途上国では乳児死亡率（0歳死亡数／出生数）が高く，人口動態に強い影響を及ぼすこともあります。しかし，日本の場合には1,000人当たり2人（2019年）と世界最低水準です（新興工業国の一角を占めるインドでも，2016年で同34人と高水準である）。また，平均寿命は世界トップクラスです。コーホートでは，1947〜1949年に生まれたいわゆる団塊の世代が，65歳以上になっていることが高齢者数増加の大きな原因となっています。

高齢化は日本全体の問題ですが，地域によって差があります。総務省統計局の人口推計による2019年の高齢化率（65歳以上人口／総人口）の全国平均は28.4％ですが，最高の秋田県は37.2％，最低の沖縄県は12.2％です。

高齢化は，社会保障給付費の増大や世代間の格差，高齢者の社会的孤立，介護施設整備の必要性などの課題を生みます。なかでも社会保障給付費の増大は，負担の中心となる若中年層の減少と同時進行のため深刻な問題です。

3. 公的年金制度

(1)　制度の全体像

a　公的年金制度とは

19世紀末のドイツでビスマルクによって世界で初めて創設されて以来，多くの国で公的年金制度が整備されています。年金制度は，加齢による無所得などのリスクに対して，加入者が少額ずつの保険料を負担し集めておき，リスクが顕在化したらそこから給付を受ける仕組みです。リスク分散の考え方で，制度の安定や維持のためにはできる限り母数が大きく，年齢や属性，居住地などに偏りがないほうが望ましいです。そのため，強制力を使って国全体に適用したものが，公的年金制度になります。

b　日本の公的年金制度の仕組み

日本の公的年金制度は，国民年金（基礎年金）を共通の基盤とした仕組みになっています。日本では，1961年に一定年齢以上の全国民が年金制度に加入する，国民皆年金が実現しています。現在では，20歳になると，所得のない学生でも国民年金（基礎年金）への加入が義務づけられています（ただし，申請により在学中の保険料の納付を猶予する「学生納付特例制度」がある）。

公的年金の被保険者は，自営業者などの第1号被保険者，会社員など被用者の第2号被保険者，第2号被保険者の被扶養配偶者の第3号被保険者に分けられます。このうち第2号被保険者は，厚生年金にあわせて加入します。

c　給付の仕組み

国民年金（基礎年金）や厚生年金は，現役世代の保険料を主な財源として，高齢者世代等へ年金を給付する仕組みです。こうしたやり方を，賦課方式とよびます。賦課方式には，物価の上昇への対応が容易，制度導入時から給付が可能などの長所があり，海外をみても公的年金の主流の方式となっていま

す。しかし，少子高齢化が進み，保険料を担う現役世代が減少する一方で年金を受給する高齢者等が増加すると，保険料の引上げや年金減額，給付開始年齢の引上げが必要になる，といった問題に直面します。

　一方，自分が現役時に積み立てた保険料を，老齢時などになるまで運用し，年金として受給するやり方を，積立方式とよびます。日本の公的年金制度で積立方式を採用しているのは，第1号被保険者が基礎年金の上乗せとして加入可能な国民年金基金，厚生年金の上乗せである厚生年金基金，確定給付企業年金，確定拠出年金（企業型），そして個人型確定拠出年金（iDeCo）です。これらは，すべて任意加入の制度です。確定拠出年金（企業型）には，厚生年金基金，確定給付企業年金の加入者も加入可能です。そしてiDeCoについては，2017年1月よりすべての被保険者の加入が可能となりました（一定の条件が付く場合がある）。

　国民年金（基礎年金）や厚生年金は，給付額は決まっているのに対し，保険料などの拠出額が変動する確定給付型です。それに対して，確定拠出年金（企業型）およびiDeCoは，拠出額が一定で給付額は運用状況次第で変動するという確定拠出型の年金です。

　公的年金制度の主な受給者は，一定の受給資格期間を満たした高齢者ですが，公的年金に加入したうえで一定の条件を満たしていれば，高齢者でなくても交通事故などで重度の障害を負った場合，生涯にわたり障害年金を受給できます。また，加入者が死亡した場合，子や配偶者などは，一定の条件の下で遺族年金を受け取ることができます。

(2)　国民年金（基礎年金）

a　受給資格期間

　国民年金（基礎年金）は，日本国内に住所のある20歳以上60歳未満のすべての人が加入しなければなりません。そして，保険料を納めた期間や加入者であった期間等（受給資格期間という。保険料免除期間も含む）が原則とし

て10年（120ヵ月）以上あれば，65歳以降，老齢基礎年金を受給できます。かつては25年以上必要でしたが，2017年8月から受給資格期間が短縮されました。

b　年金額

仮に20歳から60歳まで40年間（480ヵ月），保険料を払い続けた場合，2021年1月時点で月額65,141円（満額）の老齢基礎年金を受給できます。保険料の納付期間が短ければ，その分減額されます。例えば，36年間（432ヵ月）保険料を納付した場合，満額より1割少なくなります。また，保険料全額免除期間分の年金額は2分の1（2008年度分までは3分の1）となり，未納期間は年金額の計算対象外となります。

年金額は，マクロ経済スライド方式によって変化します。賃金や物価の伸びに加え，被保険者数や平均余命の変化などを含める点に特徴があります。

65歳での受給開始を遅らせることで，将来の年金額を増やすことも可能です。70歳（2022年度からは75歳）になるまで，受給を1ヵ月遅らせるごとに支給額が0.7％増加します。一方，希望すれば60歳から65歳の間に繰上げ受給することも可能です。しかし，1ヵ月受給を繰り上げるごとに0.5％年金が減額され，その減額率は一生変わりません。

c　保険料

国民年金（基礎年金）の保険料は，第1号被保険者は市町村等に直接支払い，第2号被保険者は厚生年金の保険料に国民年金（基礎年金）の保険料も含まれています。第3号被保険者の保険料は，扶養している配偶者が加入する厚生年金が負担しています。

このうち第1号被保険者の国民年金（基礎年金）の保険料は定額で，月16,540円です（2020年度）。ただし，所得がない人などには，免除や減免の措置があります。また，学生については，本人の所得が一定以下であれば申請により在学中の保険料の納付が猶予される学生納付特例制度があります。

第1号被保険者は定額で直接支払う形式のため，全額免除・猶予者が全体

の41％（2019年度）を占めるほか，多くの保険料未納者がいます。多数の保険料未納者の存在は制度の根幹に関わる問題で，年金未納問題とよばれます。制度が不安定かつ財源不足になることに加え，保険料の未納者は将来，年金を受給できない可能性が高く，生活保護の対象になることもあります。

国民年金（基礎年金）の給付財源は，保険料だけではありません。2009年度から，国民年金（基礎年金）の国庫負担割合はそれまでの3分の1から2分の1に引き上げられました。つまり，半分は税金や国債などによって賄われています。

このほか，過去に納付された保険料の一部が積立金となっていて，その運用収入も給付の財源となっています。積立金は，年金積立金管理運用独立行政法人（GPIF）が管理・運用を行っています。GPIFは，国内債券のほか，外国債券（為替ヘッジのないものが多い），国内株式，外国株式に投資しています。そのため，運用収益は株式市場や為替の動向に大きく左右されます。公的年金の積立金の運用対象として，そうしたものが望ましいか疑問の声もあるところです。

(3)　厚生年金

a　受給資格

民間企業に勤務している人や公務員などは，厚生年金に加入します。厚生年金の被保険者期間があって，老齢基礎年金の受給資格を満たした人が65歳になると，老齢基礎年金に上乗せして老齢厚生年金を受給できます。ただし，現在は制度の過渡期で，男性で1961年4月1日，女性で1966年4月1日以前に生まれた人は，受給開始年齢が異なります。老齢基礎年金同様，支給開始年齢を遅らせて将来の年金額を増やしたり，減額のうえ繰り上げ受給したりすることが可能です。

b　受給年金額と保険料

年金受給額は，保険料納付済期間と保険料算定のベースとなる標準報酬月

額や標準賞与額によって決まります。したがって，保険料の納付期間が長く
給与所得が高い人ほど，年金額は多くなります。また，国民年金同様，全体
の水準はマクロ経済スライドによって変動します。日本年金機構によると，
2020年４月時点で平均的な収入（賞与含む月額換算の平均標準報酬43,9万円）
で40年間就業した場合，夫婦２人分の老齢基礎年金を含め月額220,724円の
厚生年金を受給できます。

　厚生年金の保険料は，事業主と被保険者が半分ずつ負担します。保険料は，
毎月の給与（標準報酬月額）と賞与（標準賞与額）に共通の保険料率18.3％
を乗じて計算されます。

　標準報酬月額とは，報酬月額（報酬の月平均額）を８万８千円から65万円
までの32等級に分け，その等級に該当する金額のことをいいます。給与に加
え，通勤手当や事業所が提供する宿舎費や食事代等の現物給与も含めて決定
されます。また，標準賞与額は，税引き前賞与額の１千円未満切り捨てのも
ので，150万円が上限です。なお，賞与の支給額が150万円を超える場合，標
準賞与額は150万円とされます。

4. 医療保険と介護保険

(1) 医療保険

a 国民皆保険

　医療保険は怪我や病気に罹患した人の医療費の金銭的負担を，その人の所属集団のなかで分散するシステムの社会保険です。日本では，いずれかの医療保険に必ず加入する国民皆保険ができており，不測の事態に対する金銭面での保障が全国民に確保されています。

　医療保険制度は，被用者保険と国民健康保険，そして後期高齢者医療制度に大別されます（図表2-24）。被用者保険には，民間の被用者およびその被扶養者を対象とした組合管掌健康保険（組合健保。大手企業やそのグループ企業が多い）や全国健康保険協会管掌健康保険（協会けんぽ。健保組合をもたない主に中小企業の従業員およびその被扶養者が加入）のほか，公務員や私学教職員およびその被扶養者を対象にした共済組合，船員向けの船員保険

▶図表2-24　医療保険の概要

	被用者保険			国民健康保険		後期高齢者医療制度
	組合健保	協会けんぽ	共済組合	市町村国保	国保組合	
主な対象	大手企業被用者等	中小企業被用者等	公務員や私学教職員	自営業者等	弁護士，税理士，医師等	75歳以上
保険者数	1,390	1	85	1,716	162	47
被保険者数	2,956万人	3,924万人	858万人	2,752万人	274万人	1,742万人
公費負担	財政窮迫組合への補助	給付費等の46.1%	なし	給付費の50%等	組合により異なる	給付費の50%等

（注）1．組合健保，協会けんぽ，後期高齢者医療制度が2018年度平均，共済組合と国民健康保険は2019年3月末。
　　　2．上記のほかに，船員向けの船員保険があります。
（出所）厚生労働省保険局「国民健康保険事業年報」「健康保険・船員保険事業年報」「後期高齢者医療事業状況報告」，財務省主計局「国家公務員共済組合事業統計年報」，総務省自治行政局「地方公務員共済組合等事業年報」，日本私立学校振興・共済事業団「私学共済制度事業統計」により作成

があります。

国民健康保険は，市町村国保と国保組合があります。市町村国保は，市区町村が保険者として運営し，自営業者およびその被扶養者などが加入します。一方，国保組合は弁護士や税理士，医師ら地域の同業者およびその被扶養者によって組織される国民健康保険組合が保険者として運営する健康保険です。

b 保険料と公費負担

保険料は，被用者保険の場合，事業主と被保険者とで折半して負担します。ただし，組合健保の場合，事業主の負担割合を増やすことができます。組合健保と協会けんぽは，一定の範囲内で保険料率を変えられます。組合健保と共済組合には，原則として公費負担はありません。財政が逼迫した組合健保への定額補助がわずかにある程度です。一方，協会けんぽは，給付費等の16.4％が公費負担となっています。

国民健康保険では，保険者である自治体によって，保険料で徴収する場合と国民健康保険税で徴収する場合があります。保険料（税）を納付するのは被保険者ではなく，世帯主です。そして保険料（税）は，所得や世帯人員などによって決まりますが，自治体によって異なります。給付財源の50％は保険料（税）ですが，残りの50％（国41％，都道府県9％）は公費です。

c 自己負担

医療機関にかかった場合，費用の多くは保険から支払われますが，一部を自己負担します。2020年度において，75歳以上の人はかかった医療費の1割負担（2022年10月から年収200万円以上の人は2割になる予定），70歳から74歳の人は原則2割負担です（いずれも現役並み所得の人は3割負担）。義務教育就学後から69歳までは3割負担，義務教育就学前は2割負担です。いずれの年齢においても，自己負担には限度額があり，高額の療養費がかかる場合でも，低い自己負担額で済むようになっています。なお，一部の国保組合の自己負担は上記のものと異なります。

d 後期高齢者医療制度

後期高齢者医療制度は，75歳以上の高齢者を対象として，かつての老人保健制度をもとに2008年度から始まった制度です。各都道府県の広域連合が保険者で，給付費のうち，公費負担が5割，被用者保険と国民健康保険からの支援金が4割，高齢者の保険料が1割となっています。

(2) 介護保険

a 介護保険の概要

介護保険は，高齢者の介護を主たるリスクと想定して，ドイツの制度を参考にして2000年度にスタートした社会保険制度です。

介護保険の保険者は，市区町村です。いくつかの自治体が共同で広域連合を組む例もあることから，実際の保険者数（2020年度1,571）は市区町村数（同1,741）より少なくなっています。介護サービスにかかる費用の9割が介護保険の給付費から支払われ，残りの1割が利用者による自己負担となっています（一定以上の所得の人は2割または3割負担）。

b 給付費の財源

介護保険の給付費の50％は公費負担で，市町村12.5％，都道府県12.5％，国25％となっています（施設等給付の場合，市町村12.5％，都道府県17.5％，国20％）。残りの50％は，被保険者による保険料で賄われます。

保険者である市町村は，3年を1期とする介護保険事業計画を策定し，3年ごとに見直します。2018年度から2020年度は第7期計画期間となります。保険料は，事業計画に定めるサービス基盤の整備やサービス利用の見込みに応じて，3年間を通じて財政の均衡を保つよう設定されます。

被保険者は，65歳以上の第1号被保険者（2020年10月末，3,571万人）と，40歳から64歳までの第2号被保険者に分かれます。第1号被保険者と第2号被保険者の保険料の給付費に占めるバランスは人口比で設定され，2018〜2020年度の間は，給付費の23％が第1号被保険者，27％が第2号被保険者からの保険料で賄われることになっています。

c 保険料

65歳以上の第1号被保険者の保険料は，市区町村が原則として公的年金から天引きして徴収します。保険料は本人の収入に定率でかけられ，保険料率は保険者ごとに設定されます。ただし，一定の収入額以下の人には，市町村民税の課税状況等に応じ保険料率が段階別に設定されています。2020年度（第7期計画期間）の保険料基準額は，全国の加重平均額で月額5,869円です。第7期計画期間の保険料基準額は月額3,000円（音威子府村，北海道）から9,800円（葛尾村，福島県）まで保険者により差があります。

40歳から64歳の第2号被保険者の保険料は，各医療保険者を通じて徴収されます。全国の第2号被保険者1人当たりの保険料額を計算し，これを各医療保険者が被保険者数に応じて納付します。各保険者は定率の保険料率を決め，被用者保険であれば標準報酬月額や標準賞与額，市町村国保であれば所得などに課します（市町村国保は均等割部分などもある）。例えば2020年度の協会けんぽの介護保険料率は，総報酬額の1.79％（労使折半）です。

d 要介護認定

被保険者は市区町村で申請し，介護認定審査会を経て要介護認定されることで，介護保険からサービスを受けることができます。要介護認定とは，寝たきりや認知症等で介護が必要な状態の要介護（5段階）か，日常生活に支援が必要な状態の要支援（2段階）と認定されることです。ただし，第2号被保険者は，末期がんや関節リウマチ等の加齢による特定の疾病で要介護，要支援状態になった場合のみ認定されます。2020年10月末の要介護認定者数は，65歳以上の第1号被保険者が665万人（第1号被保険者の19％），第2号被保険者が13万人です。

要介護認定を受けると，原則1割の負担で，利用者が自ら種類や事業者を選択し介護サービスを利用できます。また，月々の自己負担額が上限を超えた場合，その分が払い戻される制度があります。介護サービス提供事業者には，民間企業，農協，生協，NPOなど多様な形態が認められています。

5. 企業経営・構造

(1) 経営形態・組織・統治

a 会社法

会社に関する様々なルールを定めたものが会社法です。従来，会社に関する規定は商法第2編，有限会社法，商法特例法などに分散していましたが，会社法は，これらの法律を一本化し，2006年5月に施行されました。

会社法によると，会社には，株式会社，合名会社，合資会社，合同会社の4種類があります。このうち，合名会社，合資会社，合同会社は，持分会社と総称されます。合名会社は，無限責任社員（会社の債権者に個人で無限に直接の責任を負う）のみ，合資会社は無限責任社員と有限責任社員（責任は出資限度額まで），合名会社は有限社員のみが出資し設立されます。旧法時代に可能だった有限会社の新設は，できなくなっています。

会社法の施行によって，資本金実質1円で会社を設立できるようになったこと（ただし，純資産300万円以上でなければ利益配当できない），同じ住所に同名の会社を設立することはできないが同一市区町村内での類似商号規制が撤廃されたこと，株式会社の株式については証券（株券）の不発行を原則とすること，などが変わりました。

b 株式会社の組織

株式会社には，株主総会と1名以上の取締役が必要です。公開会社（会社法では株式の譲渡制限のない会社のことを指し，上場の有無は関係ない）と，非公開会社のうち指名委員会等設置会社や監査等委員会設置会社では，取締役会を設置し，取締役の数は3人以上，そこから代表取締役（複数でも構わない）を置かなければなりません。なお，指名委員会等設置会社とは，取締役会のなかに，社外取締役が過半数を占める3名以上の取締役で構成される

最低3つの委員会（指名委員会，監査委員会，報酬委員会は必須）を設置した会社のことです。また，監査等委員会設置会社とは，監査等委員会を設置した会社のことです。

　株式会社のなかで，公開会社と，非公開会社のうち大会社（資本金5億円以上または負債200億円以上）および大会社でなく会計監査人を置く会社は，監査役を置かなければいけません。また，公開会社のうち大会社は，監査役会が必要です。ただし，指名委員会等設置会社や監査等委員会設置会社は監査役を置くことができません。監査役は，当該企業の経営監視や調査をしますので，当該企業の取締役はもちろん，子会社の取締役も兼任することはできません。

　取締役の任期は原則2年，監査役は原則4年ですが，非公開会社の場合，定款に定めることでそれぞれ10年まで伸ばすことができます。

　公開・非公開を問わず，株式会社の大会社は会計監査人を置かなければいけません。また，指名委員会等設置会社や監査等委員会設置会社でも必要です。一方，大会社以外は，会計監査人の設置は任意です。取締役等と共同して計算書類の作成等を担う会計参与（公認会計士や税理士）を，任意で置くこともできます。

c　他社の株式の保有

　会社は，他社の株式を保有し支配することができます。他の株式会社を支配する目的でその会社の株式を保有する会社を持株会社といい，グループの利益の集中化やグループでの事業戦略作成，買収や合併時に活用できるなどの利点があります。持株会社には，子会社の支配だけを目的とする純粋持株会社と，自らも事業活動を営みながら子会社を支配する事業持株会社があります。社名に「ホールディングス」と付いた企業の多くが純粋持株会社です。純粋持株会社の収入は，子会社の配当です。金融機関には純粋持株会社が多くありますが，一般の事業会社の株式を15％以上保有することは禁じられています。

(2) 合併・買収

a 合併

　企業の合併は，法律の定めに従って，複数の企業が1つになることをいいます。法律上の合併形態には，吸収合併と新設合併があります。

　吸収合併とは，合併する1つの企業が存続会社になり，合併する他の企業の権利義務を承継するものです。消滅する企業の株式に存続企業の株式を割り当てますが，消滅企業の株式と割り当てられる存続企業の株式の比率を合併比率といいます。一般的に，合併比率が1：1の場合を，対等合併とよびます。新設合併は，合併する企業すべてが解散して，新たに設立した企業に解散した企業すべての権利義務を承継するものです。吸収合併と新設合併いずれの場合でも，商号は自由に付けることができます。そのため，法律上の吸収合併で消滅企業の商号が付くこともあります。

　2007年5月から，いわゆる三角合併ができるようになっています。これは，他の企業を吸収合併する際，消滅企業の株式に対して，存続会社の株式ではなく，存続会社の親会社の株式を割り当て実施する合併のことです。外国企業が日本に子会社を設立して，その子会社が日本の企業を吸収合併する際，親会社である外国企業の株式を割り当てるケースなどが想定できます。

b 買収

　企業の買収には，株式取得や営業譲渡などの手法があります。

　株式取得には，新株引受と既存株の譲渡（株式買収）があり，このうち新株引受とは，買収先企業の新たに発行する株式を買収元企業が引き受けることです。株式買収には，いろいろな種類があります。買収元企業が買収先企業のオーナーなどから株式を購入し，会社の経営権を譲り受けるのが株式譲渡です。買収元企業が自社株と買収先企業の株式を交換して子会社化するものを，株式交換といいます。

　上記の例は，多くの場合，買収元企業と買収先企業（またはそのオーナー）

で合意が形成されている友好的買収ですが，買収先企業が買収に合意していなくても，株式の取得によって支配権を握ることもできます。これが，いわゆる敵対的買収です。株式の取得には，証券取引所を通じて株式を取得する方法や市場を通さず公開買付け（TOB）で取得する方法があります（友好的買収でもTOBを利用可能）。市場外で議決権の3分の1を超える買収を実施する場合，原則としてTOBが必要です。3分の1以下でも5％超の場合は，前60日間で10人超から買い付ける際はTOBが必要です。TOBを実施するには，その目的や購入予定株数，価格などを事前に公表しなければいけません。

　買収元企業が買収先企業の議決権をもつ株式の2分の1超を取得すると，役員の選任などの普通決議を自由に決めることができるようになり，3分の2超になると定款変更などの特別決議も含め，完全に買収先企業の支配権を握ることになります。

　会社法には，買収防衛策に関する規定があります。第1は新株予約権で，防衛策の発動が決定された場合，会社の判断で，新株予約権の割当や行使を行うことが可能になります。第2は普通株式とは権利の内容が異なる種類株式で，例えば，議決権制限株式，取得条項付株式，拒否権付株式，複数議決権株式などを発行することができます。第3は決議要件加重で，定款において規定すれば，取締役の解任や合併などの決議要件を加重できます。ただし，

▶図表 2-25　会社法施行規則における買収防衛策に関する開示ルール

・買収防衛策に関する基本方針
　防止したい買収類型：二段階買収など
　得られる効果：時間・交渉力の確保など
　守るべき企業価値：長期的株主価値など
・買収防衛策の具体的内容
　発動条件：トリガー条件の判断基準やプロセス
　株主に与える影響　など
・買収防衛策の合理性
　取締役の恣意性を排除するための工夫　など

（出所）経済産業省経済産業政策局［2006］「産業政策から見た新会社法のポイント」により作成

これらの買収防衛策は，一定のルールの下で開示することが必要です（図表2-25）。

(3) 株価関連指標，財務諸指標

　企業の状態を示す指標には，いろいろなものがあります。そうした指標を複合的に用いることで，各企業の状態をよく知ることができます。指標は，略語などで表記されることも多いので，各指標の意味することをきちんと把握することが必要でしょう。

　まず，株価との関連で，頻繁に用いられる基本的な指標として，PER，ROE，PBRを挙げることができます。

　PERは，株価の1株当たり利益に対する比率である「株価収益率」のことで，Price Earnings Ratioの頭文字をとっています。株価が純利益の何倍かを示すので，数値が高いほど株価が利益に対して割高（将来の成長や利益等に対する期待値が高い）と判断できます。ちなみに，「1株当たり利益」（Earnings Per Share）はEPSとよばれ，税引き後利益を発行済み株式数で除して求められます。

　ROE（Return On Equity）は，自己資本に対する利益の比率を示す「自己資本利益率」のことです。株主から預かった資本がどれほど有効に使用されているかを示すものなので，数値が高いほど資本の活用度が高いと判断できます。そのため，ROEの数値を高く維持している企業は，高い成長率を継続しているとみなすこともできます。

　PBRは，株価の1株当たり純資産（自己資本）に対する比率である「株価純資産倍率」のことで，Price Book-Value Ratioの頭文字をとったものです。純資産に対する株価の評価を示し，数値が高いほど株価が割高（期待値が高い）と判断できます。1を下回っていると，仮に企業が解散した場合に株主が得られる金額は，株式に投資した金額より多くなります。

　ROEの分母に負債を加えたROA（Return On Assets）も，重要な指標で

▶図表2-26　主な株価関連指標の略称と名称

略称	名称	略称	名称
PER	株価収益率	ROI	投資利益率
EPS	1株当たり利益	ROC	資本利益率
ROE	自己資本利益率	PCFR	株価キャッシュフロー倍率
PBR	株価純資産倍率	EVA	経済的付加価値
ROA	総資産利益率		

す。ROAは，総資本（総資産）に対する利益の比率で「総資産利益率」のことです。株主資本に負債を加えた総資本が，どれだけ有効に利用されているかを示します。比較的近い概念の指標には，投資額に対する利益の比率を示すROI（Return On Investment，「投資利益率」）や，資本に対する利益の比率を示すROC（Return On Capital，「資本利益率」）もあります。

　PERなどとあわせて活用することが多い指標に，PCFRがあります。これは，「株価キャッシュフロー倍率」（Price Cash Flow Ratio）のことで，株価の1株当たりキャッシュフロー（税引き後利益に減価償却費を加えたもの）に対する比率を示し，数値が高いほど株価は利益に対して割高（期待値が高い）と判断できます。

　企業の収益率を重視した指標には，EVA（Economic Value Added）もあります。これは，「経済的付加価値」のことで，支払利息控除前税引後利益（NOPAT；Net Operating Profits After Tax）から資本コスト額を控除したものです。数値の高さが収益率の高さを示しますが，利益が出ていても資本コスト額を上回らなければ数値はマイナスになります。

　配当関連では，株の購入代金に対する年間配当金の比率を示す「配当利回り」や，企業の税引き後利益に対する年間配当金総額を示す「配当性向」が大切です。「配当利回り」が高いほど株式投資額に対する収益率が高く，「配当性向」が高いほど利益の多くを配当していることを意味しています。

6. 環 境

(1) 気候変動枠組条約

環境問題は，古くは公害問題，現在では地球環境問題が取りざたされています。また，新たなビジネスとして，環境関連分野が話題にのぼります。

地球環境問題に対して，欧州諸国を中心に問題意識は高く，日本もその例外ではありません。地球環境問題に対する国際的な取組みとして，最も重要度の高いもののひとつが，気候変動枠組条約でしょう。気候変動枠組条約は，大気中の温室効果ガス（CO_2やメタンなど）の濃度を安定化させることを目的として1992年5月に作成され，1994年3月に発効しました。2020年1月現在の締約国数は，197の国と機関です。

気候変動枠組条約における最高意思決定機関は，毎年開催される気候変動枠組条約締約国会議（Conference of the Parties：COP）です。なかでも有名なのは，1997年に京都で開催されたCOP3でしょう（COPは開催順に数字が付されて表記）。COP3では，主に先進国に対して温室効果ガス排出を2008年からの5年間で，1990年比で一定割合削減することを義務づけた京都議定書が作成され，2005年2月に発効しました。ただし，京都議定書について，アメリカは署名したが未締結，カナダが2012年12月に脱退しました。また，温室効果ガス削減義務を負わない国に中国やインドが含まれるなど，地球温暖化対策としての実効性にも問題が出ました。

2015年12月のCOP21では，すべての国が参加する枠組みとして「パリ協定」が採択され，2016年11月に発効しました。世界共通の長期目標として，産業革命前からの平均気温上昇を摂氏2度未満に抑えることに加え，1.5度までに抑える努力を追求すること，すべての国が削減目標を5年ごとに提出・更新するとともに実施状況を報告し評価を受けることなどが定められて

います。また，先進国による資金の提供や市場メカニズムの活用なども謳われています。

(2) SDGs

　最近では投資するにあたり，地球温暖化などの環境問題だけでなく，格差をはじめとした社会問題の解決に向けたESGという概念が注目されています。ESGとは，環境（Environment），社会（Social），企業統治（Governance）の頭文字をとったものです。こうした環境に加え貧困の解決や技術革新なども包摂した目標として，世界中で重視されているのがSDGsです。

　SDGs（エス・ディー・ジーズ）とは，「Sustainable Development Goals（持続可能な開発目標）」の略称です。2015年9月の国連サミットにおいて全会一致で採択された，持続可能でよりよい世界の実現のための国際目標です。目標達成の年限は，2030年となっています。SDGsの前身であるMDGs（ミレニアム開発目標）は，発展途上国向けの開発目標が掲げられていました。しかし，SDGsは，先進国を含めすべての国が行動する普遍性，「誰一人取り残さない」包摂性，すべてのステークホルダーが役割を担う参画型，社会・経済・環境に統合的に取り組む統合性，そして定期的にフォローアップする透明性が特徴です。

　SDGsには，17のゴールとそれぞれのゴールに対応した169のターゲット，そして232の指標で構成されています。17のゴールは，環境問題に限定されず，住みやすい社会の構築や経済発展なども重視されています。ターゲット

▶図表2-27　SDGsの17のゴール

1 貧困をなくそう	2 飢餓をゼロに	3 すべての人に健康と福祉を
4 質の高い教育をみんなに	5 ジェンダー平等を実現しよう	6 安全な水とトイレを世界中に
7 エネルギーをみんなにそしてクリーンに	8 働きがいも経済成長も	9 産業と技術革新の基盤をつくろう
10 人や国の不平等をなくそう	11 住み続けられるまちづくりを	12 つくる責任つかう責任
13 気候変動に具体的な対策を	14 海の豊かさを守ろう	15 陸の豊かさを守ろう
16 平和と公正をすべての人に	17 パートナーシップで目標を達成しよう	

の内容は，具体的です。例えば，ゴール3の「すべての人に健康と福祉を」では，最初のターゲットに「2030年までに，世界の妊産婦の死亡率を出生10万人当たり70人未満に削減する。」と掲げられ，その指標として「妊産婦死亡率」と「専門技能者の立ち会いの下での出産の割合」をあげています。

(3) 環境関連ビジネス

環境やSDGsに対する意識が高まるとともに，関連するビジネスも熱を帯びてきています。

再生可能エネルギー関連事業のように，すでに多くの実績をあげている分野もあります。地球に到達する太陽光のエネルギー量は莫大で，その一部でも変換できれば，世界の年間消費エネルギーのかなりの部分を賄うことが可能になるといわれています。実際，太陽光発電事業は，再生可能エネルギー関連のなかでも最も実用化の進んだ分野の1つとなっています。このほかにも，風力発電事業，資源リサイクル事業，低燃費・低公害車を活用したカーシェアリング事業など，様々な環境関連ビジネスがあります。

金融分野でも，環境や社会的課題を意識したビジネスが広がってきています。環境関連融資では，太陽光や風力，バイオマスといったすでに定番化しているといえるほど広がっているものから，燃費性能で金利優遇する自動車ローンも発売されています。日本政策金融公庫では，ソーシャルビジネス支援資金（企業活力強化貸付）として，社会的企業，コミュニティビジネス，NPO，介護事業，障害者福祉，児童福祉などソーシャルビジネス向けの融資を取り扱っています。逆に，新しい石炭火力発電のプロジェクトに融資しない方針を決めたメガバンクも出てきています。また，優れた環境対策を行う企業を選別したエコファンドや，SDGsへの貢献が期待される企業の株式に投資するSDGsファンドといった投資信託もあります。社債市場でも，グリーンボンドやソーシャルボンドといったESG投資が注目されています。

コラム／ベイルイン・ベイルアウト

リーマン・ショック後，金融危機を回避し，危機後の経済的ダメージを最小にするための金融プルーデンス政策の議論が進展しました。そうしたなか，国際的な枠組みとしてバーゼルⅢが生まれ，アメリカではドッド＝フランク法が成立し，EUでは域内の銀行監督，破綻処理メカニズム，預金保険制度の一元化を目指す「銀行同盟」の実現が図られています。

事前的プルーデンス政策については，バーゼル委員会の自己資本比率規制がおおむね世界標準として認知されています。しかし，金融機関破綻をシステミック危機につなげないための事後的プルーデンス政策については，国によって基本思想に隔たりがあります。預金保険制度が不可欠なことは共通認識ですが，破綻処理の際に公的資金を注入するか，ステークホルダーのみが損失を被るべきか，については意見が集約しません。前者の金融機関の債権者・株主以外の政府等の第三者が損失・リスクを被ることをベイルアウト（bail out），後者の預金者を含む金融機関の債権者が債権放棄などにより損失を被ることをベイルイン（bail in）といいます。

日本は，1990年代後半から21世紀初頭にかけて頻発した金融機関破綻において，ペイオフは行わず，すべて国有化・公的資金注入か資金援助によって対応しました。すなわち，専らベイルアウトで対応しました。

これに対し，2007〜2009年の欧米の金融危機においては，アメリカは途中までは日本に倣ってベイルアウトで対応しましたが，リーマン・ブラザーズの破綻において公的資金は注入しませんでした。また，キプロスの救済では，預金課税によるベイルイン方式がとられています。さらに，EUは2016年，公的資金を銀行に注入する際に予め株主・債券保有者に負債の8％相当額の負担を求める銀行再生・破綻処理指令を導入しました。どうやら欧米では，紆余曲折はあったものの，リーマン・ショックを経てベイルインの考え方に傾いたようです。

他方で，2016年7月にはイタリアの大銀行のモンテ・デイ・パスキ・ディ・シエナの財務悪化が表面化しましたが，イタリア政府は公的資金注入を見送り，自主再建を求めました。ベイルインは，債権者の抵抗が強く，金融市場の不安定化を招きかねないことが理由であるとされています。

ベイルインとベイルアウトのいずれを中心に金融危機への対応策を築くかについては，いまだ議論が尽くされていないようです。

（本コラムは第1編第7章に関連）

第3章
国際経済（日本経済関連）

Introduction

　もともと日本は貿易立国として有名でしたが，グローバル化の進展によって，国際経済の動向が日本経済に与える影響はさらに大きく，そしてより複雑になっています。国際収支や為替などについて，そのメカニズムの理解や，実態把握がより重要になります。また，貿易には，国際的あるいは二国間の取り決めがあります。ルールの内容次第で，日本の産業構造が変化する可能性もあります。

1. 国際収支

(1) 構　造

　国際収支は，居住者と非居住者の間のあらゆる対外経済取引を示すものです。そのなかには，自動車や原油のような財の輸出入をはじめ，債券や株式などの金融取引，それらに伴う決済資金など，様々なものが含まれます。

　国際収支は，経常収支，資本移転等収支，金融収支に分かれます。このうち経常収支は，貿易・サービス収支，第一次所得収支，第二次所得収支で構成されています。実体取引に伴う収支の状況を示す貿易・サービス収支は，さらに貿易収支とサービス収支に分けられます。このうち貿易収支は財（物）の輸出入の収支，サービス収支はサービス取引の収支を示します。

　第一次所得収支は，居住者と非居住者間の賃金等の受取・支払や，配当金等の受取・支払などの合計です。一方，第二次所得収支は，居住者と非居住者との間の対価を伴わない資産の提供，たとえば無償資金協力，寄付，贈与の受払などの収支を示しています。

　資本移転等収支は，対価を伴わない固定資産の提供や債務免除等を計上します。

　金融収支は，金融資産に関わる居住者と非居住者間の債権・債務の移動を伴う取引を計上するもので，直接投資，証券投資，金融派生商品，その他投資，外貨準備の合計です。

　経常収支の額は，理論上，経常収支の額と資本移転等収支の合計から，金融収支を控除することで，バランスします。ただし現実には，若干の誤差脱漏が生じるので，それを合わせたものがバランスします。2020年度を例に取れば，経常収支が20兆1,408億円の黒字で，資本移転等収支が4,374億円の赤字，金融収支が22兆5,587億円の黒字，誤差脱漏が2兆8,553億円で，すべて

▶図表 2 -28　国際収支の項目と内容(2019年度)

項　　目	内　　容	(億円)
経常収支	金融収支経常取引を除く，居住者・非居住者間で債権・債務の移動を伴う全取引の収支状況	201,408
貿易・サービス収支	実体取引に伴う収支状況	1,887
貿易収支	財（物）の輸出入	6,665
輸出	財（物）の輸出	749,430
輸入	財（物）の輸入	742,765
サービス収支	輸送（国際貨物等），旅行（旅行者の宿泊費等），金融（手数料等），特許等使用料の受取・支払	−4,777
第一次所得収支	居住者と非居住者間の賃金等の受取・支払，居住者が非居住者にもつ金融資産からの利子，配当金等の受取，その逆の支払	214,213
第二次所得収支	無償資金協力，寄付，贈与の受払など	−14,692
資本移転等収支	対価を伴わない固定資産提供，債務免除等	−4,374
金融収支	金融資産に係る居住者と非居住者間の債権・債務の移動を伴う取引の収支状況	225,587
直接投資	居住者・非居住者間の直接投資の受取・支払	190,816
証券投資	居住者・非居住者間の証券投資の受取・支払	223,893
金融派生商品	居住者・非居住者間の金融派生商品の受取・支払	−2,569
その他投資		−207,324
外貨準備	貨幣用金，SDR，IMFリザーブ・ポジション，現金，預金等の増減	20,772
誤差脱漏		28,553

（出所）財務省Webサイト「統計表一覧（国際収支状況）」2021年1月4日時点，により作成

を合計すればゼロとなります。なお，外貨準備は，通貨当局の管理下にあり，直ちに利用可能な対外資産（貨幣用金，SDR，IMFリザーブ・ポジション，現金，預金等）の増減を計上します。

(2)　動　向

　国際収支は，財務省が毎月作成・公表する国際収支状況（国際収支統計）でその動きがわかります。国際収支状況は，国内経済や為替市場にも多大な

261

影響を与える重要な統計です。例えば，日本の経常収支黒字の拡大は，受取外貨の拡大を意味し，それを円に交換する動きが増加すると考えられるため，円高要因となります。時には，長期金利にも影響を与えます。なかでも，経常収支およびその構成要素のなかで金額が大きく変動の激しい貿易収支と第一次所得収支に注目が集まります。

　2020年度の国際収支では，第一次所得収支の黒字幅が20兆円超を維持する一方，貿易収支の黒字がわずかだったことから（サービス収支は赤字），経常収支の黒字額のほとんどが第一次所得収支によるものでした。

　こうした傾向は，過去からずっと続いていたわけではありません。経常収支が黒字を保っている点は変わりませんが，かつてその中心は輸出を原動力とした貿易収支黒字でした。しかし，2000年代後半に入り貿易収支は黒字幅を減らし，東日本大震災による影響などで2011年度に年度ベースで赤字となり2014年度までそれを継続した後，わずかな黒字を維持しています。一方，第一次所得収支黒字は増加傾向にあり，20兆円超の高い水準を保っています。結果として，経常収支黒字は2007年度のピークから減少しているもの

▶図表 2 -29　経常収支の推移

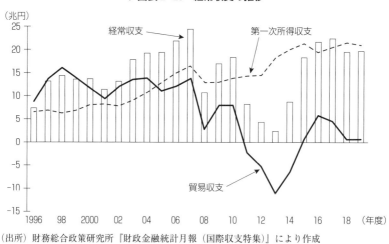

（出所）財務総合政策研究所『財政金融統計月報（国際収支特集）』により作成

の，高水準となっています。

(3) インバウンドと旅行収支

　かつては海外へ旅行する日本人に比べて，海外から日本へ来る旅行者の増加はそこまで大きくありませんでした。法務省の「出入国管理統計」によると，2000年に海外へ出国した日本人は延べ1,782万人で，1970年の19.0倍でした。一方，日本に入国した外国人は527万人で，1970年と比べ6.8倍にとどまっていました。しかし，2000年代に入り徐々に訪日外国人が増加し，東日本大震災と福島第一原発事故の影響で2011年こそ大幅減だったものの，その後は復調しました。そして，2015年からは海外へ出国する日本人を上回るようになりました。2019年は3,119万人と2000年の5.9倍にのぼっています。

　訪日外国人の増加とともに，日本での消費額も増大しています。観光庁による「訪日外国人消費動向調査」によると，訪日外国人全体の旅行消費額（宿泊代，買物代，飲食費，娯楽サービス費など）は，2010年が1兆1,490億円でした。それが2019年には4兆8,135億円と4.2倍の規模になっています。訪日外国人たちの消費は，日本経済にとっても無視できないものです。

　こうした傾向は，国際収支にも顕著に表れています。経常収支を構成するサービス収支の内訳の1つに，旅行収支があります。これは，訪日外国人旅行者および日本人海外旅行者の宿泊費，飲食費等の受取および支払を示すものです。従来，旅行収支といえば，日本人海外旅行者によって海外で支払われた宿泊費や飲食費等が，訪日外国人旅行者による日本でのものを上回り，赤字が当たり前という状態でした。しかし2014年度の国際収支では，旅行収支が約半世紀ぶりに黒字へと転じ，その後黒字幅を拡大しています。

　インバウンドの活況に冷や水を浴びせたのが，コロナ禍です。2020年5月には4,488人まで減少し，その後徐々に増えたとはいえ，2020年9月の訪日外国人は18,861人で，前年9月（221万人）の1.4％にすぎません。先行きも不透明で，以前の状況に戻るには相当の時間がかかりそうです。

2. 為替レートの日本経済への影響

(1) 円高ドル安

　為替レートの変動は，貿易の活発な日本経済に対して，大きな影響力をもちます。なかでも日本経済へ与える影響が大きいのは，ドル・円の為替レートです。ドルは主要な国際決済通貨であり，円との関係でその変動は日本経済に強い影響を及ぼします。為替レートの変動は，個別企業の業績や株価，様々な物価，消費動向などにも影響を及ぼします。

　円がドルに対して強くなる，すなわち円高ドル安になると，一般的に輸入が有利になり，輸出は不利になります。輸入品の価格が下落すれば，当該商品だけでなく，その商品を使用した製品の価格も引下げが可能になります。例えば石油やガスは，日本では多くを輸入に頼っていますが，それらを直接的に利用するガソリンや灯油の値段が下がるだけでなく，塩化ビニールなど石油化学製品，電力などの価格も下がると考えられます。さらに電力料金が下がれば，多くの企業でコストが下がり，価格の引下げや利益拡大につながります。

　各個人の所得が変わらなければ，価格低下により，購買力が高まり消費量の拡大も期待できます。消費量が拡大すれば，関連産業での雇用拡大も考えられます。また，海外旅行の際，円高は有利です。ただし，一定のブランド力をもつ高級輸入車やブランドバッグなどの輸入商品は，円高でも価格を下げず，当該企業の利益を増やす効果しかないこともあります。

　かつてほど日本経済における輸出産業の影響力は大きくないとはいえ，輸出は2019年度で75兆円にのぼります。しかも，輸出産業には自動車や電機など多くの雇用を創出するものが多いのも特徴です。円高ドル安は，そうした輸出産業にとって不利になります。特に海外市場で価格競争の激しい製品を

輸出している場合，その影響はより強く，利益の縮小にとどまらず，雇用の縮小や海外へ生産を移転する要因の１つにもなります。そうすると，関連産業で雇用や所得，利益が縮小して，日本経済にマイナスの影響が出ます。

このように，為替レートの変動が日本経済へ与える影響は複雑です。

(2) 動　向

ドル・円の為替レートの動きをみると，2012年10月頃まで円高傾向にあり，１ドル70円台だったこともあります（図表２-30）。その後のいわゆるアベノミクスなどで円安に振れ，2015年６月には，１ドル126円をつけました。しかし，2015年末あたりから円高傾向に，そして2016年９月頃から円安傾向へと変わり，その後2017年からゆるやかな円高傾向で推移し，2021年１月４日現在で１ドル102円台となっています。

長期的な為替レートの水準には，各国の物価上昇率の差が強い影響力をもつという，購買力平価説が有力といわれますが，短期変動についてはケインズの美人投票に象徴されるように様々な要因が考えられます。為替レートの変動要因には，経済だけでなく，政治的なものも含まれます。かつては，有事のドル買いといわれ，戦争など突発事項が発生するとドル高になりましたが，現在では必ずしもそうとは限りません。

▶図表２-30　ドル・円相場の推移

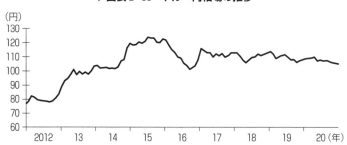

（注）東京インターバンク相場における中心相場の月中平均。
（出所）日本銀行「主要時系列統計データ表（月次）」により作成

3. WTO

(1) WTOの概要

　グローバル化が急激に進むなか，日本経済にとって国際貿易はますます重要になっていますが，日本に限らず，国内産業の保護や幼稚産業育成などの観点から，関税や各種の規制などは残っています。自由貿易促進のため創設された国際機関に，WTO（World Trade Organization；世界貿易機関）があります。

　WTOは，前身であるGATT（関税と貿易に関する一般協定）を引き継ぎ，1995年1月に発足しました。GATTにおける2大原則であった，最恵国待遇（すべての加盟国に同等の貿易条件を与えること）と内国民待遇（輸入品を国産品と同様に扱うこと）はじめ，その理念などを引き継いでいます。GATTが協定であったのに対して，WTOは機関であり，また，その役割もGATT時代の物品の貿易に加え，サービスの貿易の自由化も対象にするなど拡大しています。

　WTOの本部は，スイスのジュネーブにあります。2020年7月現在，164の国と地域が加盟しています。また，オブザーバーの国・地域も24にのぼります。日本は，1955年9月に前身のGATTに加盟し，WTOは発足時から加盟し主要国の1つとなっています。

　WTOでは，貿易に関するルールを決めたり，分野ごとに交渉や協議を実施したりする場が設けられています。最高意思決定機関は閣僚会議で，意思決定はコンセンサス方式，すなわち全加盟国合意による決定を原則としており，その決定は全加盟国を拘束します。また，貿易についての加盟国間の紛争解決のために，紛争処理手続が定められており，紛争処理の決定事項は大国も拘束する強制力をもっています。

▶図表2-31　WTOの基本事項（2020年）

事務局	ジュネーブ（スイス）
設　立	1995年1月1日
加盟国	164カ国・地域（＋24ヵ国・地域のオブザーバー）
予　算	1億9,550万スイスフラン
日本の予算分担率	3.925%（790万スイスフラン）
職員数	623人
役　割	WTO貿易協定の管理 多角的貿易関係に関する交渉の場の提供 紛争解決了解の運用 国際貿易政策の監視 発展途上国への技術的支援及び養成 他の国際組織との協力

（出所）WTO［2020］*Annual Report 2020*, WTO. により作成

(2) WTO協定

　WTO協定（WTO設立協定とその附属協定）において，WTO加盟各国が自由に財やサービスなどの貿易をできるようにするための様々な国際ルールが定められています。WTOは，こうした協定の実施や運用を行うと同時に，新たな貿易課題への取組みを行い，多角的貿易体制の中核を担っています。

　WTO協定の基本原則には，GATTの二大原則であった最恵国待遇と内国民待遇に加えて，数量制限の一般的廃止の原則と，合法的な国内産業保護手段としての関税に係る原則が掲げられています。数量制限の一般的廃止は，数量制限が関税より国内産業保護の度合いが強く，より直接的に自由貿易を歪曲する可能性があることがその理由です。関税については，交渉を通じて品目ごとに漸進的に引き下げることを目指しています。ただし，WTO協定には多数の例外規定が存在しており，複雑な構造となっています。

　WTOでは，関税引下げやサービス分野の規制緩和など，貿易の自由化に

関連するルールを包括的に交渉するのが原則です。それをラウンド，あるいはアジェンダとよびます。2020年12月現在では，2001年から始まったドーハ・ラウンド（ドーハ・開発・アジェンダ）が続いているものの，先進国と途上国の対立などが顕著になり，2011年に一括合意を頓挫しました。そのため現在では，WTOのあり方を含め交渉が続いている状況です。

(3)　紛争解決手続

　貿易を進めるうえで，時に国や地域で対立することがあります。WTOでは，当事者間の協議による解決が重視されていますが，一定期間を過ぎても二国間協議で解決しない場合，紛争の当事者は，パネル（小委員会）の判断に紛争を付託するよう要請することができます。要請を受けると，WTOの全加盟国からなる紛争解決機関（DSB；Dispute Settlement Body）は，全加盟国が異議を唱えない限りパネルを設置することになります。

　パネルでは，紛争事案について法的な観点から審理し，勧告あるいは裁定がなされます。パネルでの勧告や裁定に不満がある場合，上級委員会に対して申し立てを行うことができます。つまり，二審制ということです。上級委員会は，パネルにおける法的な認定や結論について，支持や修正，取り消しができます。上級委員会での決定には，加盟国は従わなければなりません。

　上級委員会は，7人の委員により構成されます。アメリカの反対などにより委員の補充ができず，2020年8月現在において1人しかいません。審理は3人で行う必要があり，2019年12月以来，機能停止に陥っています。

4. EPA・FTA

⑴ EPA・FTAとは

　自由貿易の促進のため創設されたWTOでは，原則として全加盟国に，等しい関税の適用を求めています。これを補完するものとして，2つ以上の国や地域の間で，よりいっそう貿易や投資の自由化・円滑化を進めるための協定があります。それが，EPA（Economic Partnership Agreement；経済連携協定）やFTA（Free Trade Agreement；自由貿易協定）です。

　FTAは，特定の国や地域の間で，輸出入にかかる物品の関税やサービス貿易の障壁等の削減あるいは撤廃を目的とする協定です。一方，EPAは，貿易の自由化に加え，投資や人の移動，知的財産の保護や競争政策におけるルール作り，様々な分野での協力の要素等を含む，幅広い経済関係の強化を目的とする協定です。このうち日本は，経済関係の強化を目指して，より幅広い分野を対象とするEPAの締結を推進してきました。

　2002年11月に発効したシンガポールとのEPAを皮切りに，2021年1月において，発効済の対象は19の国と地域，署名済が2つの国と地域があります（図表2-32）。また，現在交渉中あるいは交渉延期・中断中の段階にあるものもあり，自由貿易のさらなる拡大を目指しています。

⑵ TPP11・TPP12

　日本経済への影響力が強いといわれ，注目度の高いTPP（Trans-Pacific Strategic Economic Partnership AgreementまたはTrans-Pacific Partnership）は，EPAの1つです。環太平洋パートナーシップとよばれます。

　TPPは，もともと2006年5月にシンガポール，ブルネイ，チリ，ニュージーランドの4ヵ国間で発効したEPAです。2010年3月から，原加盟4ヵ

▶図表2-32　日本のEPA・FTA取組状況(2021年1月)

状　態	国・地域
発効済	シンガポール，メキシコ，マレーシア，チリ，タイ，インドネシア，ブルネイ，ASEAN，フィリピン，スイス，ベトナム，インド，ペルー，豪州，モンゴル，TPP11，EU，イギリス，アメリカ
署名済	TPP12，RCEP
交渉中	コロンビア，日中韓，トルコ
交渉延期・中断中	カナダ，GCC（湾岸協力会議），韓国

（注）日中韓とGCCはFTA，その他はEPA。
（出所）外務省［2021］「EPA・FTAの現状」により作成

国にアメリカ，オーストラリア，ペルー，ベトナムを加えた拡大交渉が始まりました。その後，マレーシア，メキシコ，カナダ，2013年7月には，日本が交渉に参加することになりました。そして，2016年2月には署名にこぎつけました。しかし，実質的に交渉を主導してきたアメリカが2017年1月に離脱を表明しTPP12とも呼ばれるEPAの発効の見通しは不透明な状態です。

　しかし，アメリカを除く11ヵ国は交渉を続け，2018年3月に「環太平洋パートナーシップに関する包括的及び先進的な協定」（通称TPP11）の署名，12月には日本を含む6ヵ国の国内手続き完了を受け発効に至りました。TPP11には，2020年12月現在，タイやイギリス，中国も関心を寄せており，TPP12から離脱したアメリカも含め，今後の拡大の可能性を持っています。

　TPP11は，アジア太平洋地域における高い水準での自由化を目標として掲げています。物品市場アクセス，サービス貿易だけにとどまらず，非関税分野のルール作りのほか，新しい分野を含む包括的協定となっています。

第4章
国際経済（海外動向）

Introduction

　この章では，海外経済の動向を捉える視点と主要国・地域の最近の経済動向を解説します。経済のグローバル化が進み，各地域の動向が相互に密接に影響しあうようになりましたが，他方で，各国・地域の特性や強み・弱みが際立つようになりました。世界には200ヵ国近くの国がありますので，これらの経済動向をすべて把握することは困難です。そこで，複数の国々をグルーピングしたり，重要な国に絞ったりして動向を観察します。どのようにグルーピングすべきか等を，この章の記述をもとに習得してください。また，海外経済については信頼できる新しい情報を得ることが容易ではありません。本章で紹介する諸文献・諸機関を記憶にとどめ，折に触れてWebサイト等を参照するとよいでしょう。

1. 世界経済の動向

(1) 世界経済の見方，参照統計・文献

a IMFにより公表される指標

世界全体の経済動向，あるいは世界全体でのいくつかの国や諸地域を捉えたり比較したりするには，IMF（国際通貨基金）のデータをみるのがよいでしょう。IMFは，毎月，"International Financial Statistics"（IFS）を公表しており，IMF加盟国などの200以上の国・地域の経済，金融市場，物価，国際収支，輸出入，為替レート，外貨準備等に関する包括的な経済データがこのデータベースから入手できます。

また，毎年4月と10月の2回，IMF総会の前に，"World Economic Outlook"（WEO）が発表されます（図表2-33）。このWEOは，IMFが国際金融業務（詳細は第1編第6章を参照）を行う際に前提とする経済予測を主目的としますが，同時に世界経済に関する詳細，かつ高度な分析も盛り込んでいます。また，巻末にはIMF加盟国すべての経済指標の長期系列が掲載されています。正式版は毎年2回4月と10月に発表されますが，その間の6〜7月，1月にそれぞれ"World Economic Outlook Update"が発表されますので，結局年4回予測が発表されることになります。いずれも新聞報道されますし，IMFのWebサイトでみることもできます。

b OECDより公表される指標

また，OECD（Organisation for Economic Co-operation and Development, 経済協力開発機構）も，加盟37ヵ国（先進国）の経済・金融データはもとより，比較のために世界全体や発展途上国の諸地域の経済指標を発表しています。OECD非加盟国（発展途上国，ロシア，中国など旧社会主義国）の国別のデータはIFSとは異なり把握できませんが，OECD加盟国（先進国）の

▶図表 2 -33　世界と主要国・地域の実質経済成長率

(単位：%)

	2018年	2019年	2020年	2021年
世界全体	3.6	2.8	−4.4	5.2
先進国	2.2	1.7	−5.8	3.9
アメリカ	2.9	2.2	−4.3	3.1
ユーロ圏	1.9	1.3	−8.3	5.2
ドイツ	1.5	0.6	−6.0	4.2
フランス	1.8	1.5	−9.8	6.0
イタリア	0.8	0.3	−10.6	5.2
スペイン	2.4	2.0	−12.8	7.2
日本	0.3	0.7	−5.3	2.3
イギリス	1.3	1.5	−9.8	5.9
カナダ	2.0	1.7	−7.1	5.2
その他先進国	2.7	1.7	−3.8	3.6
新興国・発展途上国	4.5	3.7	−3.3	6.0
新興・発展途上アジア	6.3	5.5	−1.7	8.0
中国	6.7	6.1	1.9	8.2
インド	6.1	4.2	−10.3	8.8
ASEAN先発 5 ヵ国	5.3	4.9	−3.4	6.2
新興ヨーロッパ	3.2	2.1	−4.6	3.9
ロシア	2.5	1.3	−4.1	2.8
中南米	1.1	0.1	−8.1	3.6
ブラジル	1.3	1.1	−5.8	2.8
メキシコ	2.2	−0.3	−9.0	3.5
中東・中央アジア	1.8	1.4	−4.1	3.0
サウジアラビア	2.4	0.3	−5.4	3.1
サブサハラアフリカ	3.2	3.2	−3.0	3.1
ナイジェリア	1.9	2.2	−4.3	1.7
南アフリカ	0.8	0.2	−8.0	3.0
低所得発展途上国	5.1	5.3	−1.2	4.9

(注)　1 ．2020，2021年はIMF予測（2020年10月時点）。
　　　2 ．その他先進国はアメリカ，日本，イギリス，カナダ，ユーロ
　　　　圏以外の先進国。
(出所)　IMF "World Economic Outlook"（2020年10月）により作成。

第 4 章　国際経済（海外動向）

データはIFSよりも詳しく把握できます。先進国間の経済構造などを比較する際には大変有用です。また，IMFと同様，OECDも毎年6月と12月の2回，"OECD Economic Outlook"と題する世界経済予測を発表します。OECDは，IMFとは異なり実際の政策執行機能をもたず，シンクタンク的な色彩が強いため，その分析や予測はむしろIMFより客観性が高いともいわれています。また，"OECD Economic Outlook"に盛り込まれた世界経済の高度な分析や，巻末の経済・金融データの長期系列も有用です。

c　そのほかの指標

そのほか，世界の主要金融機関やシンクタンクなどが，様々な経済予測を公開していますので，適宜参照するとよいでしょう。日本国内では，内閣府が毎年夏と冬の2回，『世界経済の潮流』を発表しています。また，経済産業省は毎年6～7月に『通商白書』を発表します。これらの文献は，経済予測はしていませんが，世界経済の状況を定点観測し，主要なテーマに関し掘り下げた分析をしています。いずれもWebサイトで参照できます。

(2)　最近の世界経済の動向

IMFの"World Economic Outlook"（2020年10月）をみると，世界の実質経済成長率は，2012年から3％台に低下し，以降弱含みで推移し2019年には2.8％となりました（前掲図表2-33）。2012年からの成長率低下は，先進国，特にユーロ圏と日本の経済停滞が主因です。新興国・発展途上国の経済成長率は継続的に先進国を上回っていましたが，アジアやアフリカが高い成長を維持したのに対し，2012年からブラジル，ロシア，メキシコ，中東諸国の成長率が順次低下しました。そして，2020年にはコロナ禍が発生し，2020年の世界の経済成長率はマイナス4.4％に下落するとIMFは見込んでいます。

世界経済の成長率をより長期的にみると，1990年以降中国が突出して高く，2000年代以降は中国を除く新興国・途上国の経済成長率も，先進国を上回っています。世界の経済成長率に対する寄与度をみても，21世紀に入ってから

は中国，およびその他の新興国・途上国が世界経済を牽引してきた様子がみてとれます。しかし，2014年頃から中国・新興国の経済成長が鈍化し，その世界経済の牽引力も弱まっています。こうした傾向は，世界貿易においてより顕著です。世界貿易は，リーマン・ショックの直後を除き21世紀に入ってから増加を続けてきましたが，2012年頃から中国，アメリカ，およびその他地域とも貿易（輸入）が低迷し，2015年には減少しました。

　2019年までの先進国についてみると，アメリカとイギリスはリーマン・ショック（2008年）のダメージを脱し，2011年頃から持ち直し，2％前後の成長ペースを示しました（前掲図表2-33）。日本経済は2012年秋から回復し，2012～2013年にはやや回復しましたが，2014年からは停滞しました。これに対し，ユーロ圏経済は2012～2013年は欧州債務危機の影響が長引きマイナス成長に陥り，それ以降も低迷ぎみでした。

　2020年にはコロナ禍により，欧州，アメリカ，日本では4－6月期に新型コロナウイルス感染拡大とそれに対応した都市封鎖や国民の行動制限の影響から経済成長率は著しく落ち込みました（図表2-34）。しかし7－9月期には，

▶図表2-34　世界の主要国のコロナ禍前後の実質経済成長率

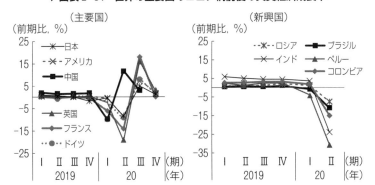

（注）　1．各種資料により内閣府作成。
　　　　2．左図の破線は各国諸機関による予測（日本は日本経済研究センター「ESP
　　　　　フォーキャスト調査」）。
（出所）内閣府『世界経済の潮流 2020 I』（2020年11月18日），p.6

経済封鎖の解除と前期の減少の反動により，高い経済成長率を記録していま
す。中国は，早くから感染が拡大した一方で感染抑止も早かったため，1－
3月に成長率がマイナスに低下した後，4－6月以降はプラス成長を回復し
ています。また，新興国ではインドやペルーの成長率の落ち込みが深刻です。

　欧州諸国の経済成長率はマイナス10％前後に，アメリカもマイナス4％程
度に低下すると見込まれます。日本の成長率も，マイナス5％程度まで低下
すると見込まれています。

　コロナ禍の中で，アメリカ，日本，ドイツの株価は2020年3月に大きく落
ち込んだ後，4月以降回復し，10〜11月にはコロナ禍前の水準を取り戻して
います（図表2-35）。イギリスの株価は6月以降も低迷していますが，これ
はイギリスでの感染拡大が深刻なことに加え，EU離脱（ブレグジット）に
係る協議が円滑に進まなかったことも影響しているようです。

　これだけの深刻な社会危機の中で，株価が堅調で推移したことは，一般に
は世界経済の復元力を評価したものとして好感されています。しかし，他方
で，コロナ禍に伴う各国の旺盛な財政支出増と金融緩和によって作り出され
たバブルであるとの見方もあり，今後の成り行きが注目されます。

▶図表2-35　先進主要国の株価の推移（2020年1月2日＝100）

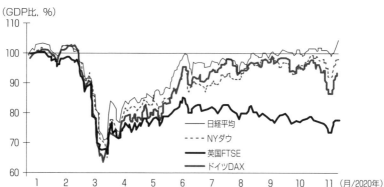

（注）Bloombergにより内閣府作成。
（出所）内閣府『世界経済の潮流 2020Ⅰ』（2020年11月18日），p.7

2. アメリカ経済の動向

(1) アメリカ経済をみる諸統計

　世界最大の経済規模をもつアメリカ経済の動向は，日本にとっても世界にとっても重要です。アメリカ経済の動向およびその予測は，内外のシンクタンクや先述の内閣府『世界経済の潮流』，経済産業省『通商白書』でも必ず触れますので，それらを参照するとよいでしょう。

　アメリカの経済データを，原データで把握する場合は，アメリカ商務省が多くのデータを公表しています。統計集としては"Survey of Current Business"というデータ集が，月刊で公刊されています。各省庁がバラバラに経済データを公表する日本と異なり，GDP（SNA，国民経済計算），国際収支，消費データ，産業データまで，労働統計を除きおおむねカヴァーしていますので，大変便利です。雇用・失業統計などの労働統計は，労働省が，"Monthly Labor Review"などで提供しています。金融統計については，中央銀行のFRB（Federal Reserve Board，連邦準備制度理事会）が"Federal Reserve Bulletin"（四季報）等で提供しています。これらのいずれもが，Webサイトで詳細なデータを，迅速に公表しています。

(2) アメリカ経済の特徴

　アメリカの経済状況は，日本と異なる性格を持ちます。

　第1に，個人消費が景気をリードする度合いが強いことです。例えば，不況を脱し景気が持ち直す際には，個人消費がまず回復し，その後に企業活動が活発になる傾向があります。このため，景気に最も先行するのは雇用であり，「非農業部門雇用者数（Nonfarm Payroll Employment）」といった指標が注目されます。この指標は，各月のデータが翌月の第1金曜日に労働省か

第4章 国際経済（海外動向）

277

ら発表されるという驚くべき速報性をもっていますので，世界中のアナリストや市場関係者がこの数字に注目することになります。

　第2に，アメリカは市場経済が浸透していますので，市場での調整速度が速いです。例えば，先述の雇用統計は日本では景気に遅れる遅行指標であるのに対し，アメリカの場合は景気に先行します。経済状況の展望が明るくなればまず雇用が増え，これが個人消費増につながり，その後に産業（企業）が生産活動や設備投資を活発化させます。日本では，輸出増加などで企業が生産を活発化させ，後に残業や賞与の増加で個人所得が増えてから消費が刺激され，雇用数の増減に影響が至るのはかなり後になります。

　第3は，為替レート変動の影響を受けにくいことです。日本では，円高になると即座に不況感が漂いますが，アメリカは経常収支が赤字ですので通貨高（ドル高）のデメリット以上にメリットもあります。また，輸出入，対外債権・債務の多くがドル建てであるため，為替レート変化が企業収益や対外資産・負債の保有者に直接影響しません。このため，世界で最も為替レート変動に鈍感な経済であるといえましょう。

　これらの特徴を踏まえて観察すると，理解が深まるでしょう。

⑶　近年のアメリカ経済の動向

a　サブプライム・ローン問題およびリーマン・ショック後の動向

　アメリカ経済は，2007年からのサブプライム・ローン問題，2008年のリーマン・ショックの悪影響を受け，2009年には実質経済成長率は▲3％まで落ち込みました。しかし，その後，金融の量的緩和策や積極的な財政主導にも支えられて経済の調整は迅速に進み，2010年以降は2％程度の経済成長を取り戻しました。

　景気がリーマン・ショックの半年後の2009年半ばから個人消費主導で回復した背景には，雇用の回復がありました。非農業部門雇用者数は，2008年後半から2009年に激しく落ち込んだ後に2010年から回復し，失業率は2009年10

月の10%をピークにその後低下し，2020年 2 月には3.5％と50年ぶりの低水準をつけました（図表 2 -36）。NBER（全米経済研究所）は前回の景気の谷を2009年 6 月，そして景気の山を2020年 2 月と認定しており，この間の景気拡大期間は128ヵ月と史上最長となりました。

しかし，コロナ禍に伴う都市封鎖により，失業率は2020年 4 月には一挙に統計開始以来最高の14.7％に上昇しましたが，その後都市封鎖解除に伴い順調に下落し2020年10月には 6 ％台に戻りました。

この間，賃金は順調に上昇を続け前年比上昇率は2020年 3 月には3.4％に至りました（図表 2 -37）。この賃金上昇は，アメリカの経済成長を支える一方で，金融引締めを求める声の根拠となりました。賃金上昇率はコロナ禍では失業が増加する中でかえって跳ね上がり，その後も堅調に推移しています。

なお，アメリカの中央銀行FRB（連邦準備制度理事会）は，リーマン・ショック以降急速に金融緩和を進め，政策金利が下限のゼロに近づくと量的金融緩和（QE）を 3 度にわたり実施しました。しかし2013年半ば以降，景気が改善したこと，物価上昇率が高まりだしたことを受け，金融緩和の出口

▶図表 2 -36　アメリカ；失業率（U 3 ）

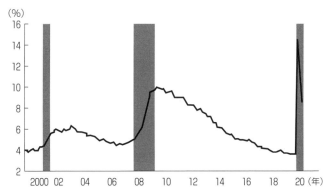

（注）　1 ．アメリカ労働省統計により内閣府作成。
　　　　2 ．シャドーは景気後退期。
（出所）内閣府『世界経済の潮流2020 I 』（2020年11月18日），p.219

▶図表2-37　アメリカ；時間当たり名目賃金（前年同期比）

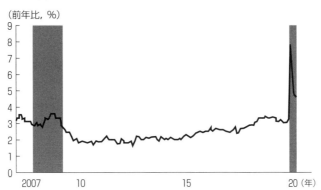

（前年比, %）

（注）　1．アメリカ労働省データにより内閣府作成。
　　　　2．シャドーは景気後退期。
（出所）内閣府『世界経済の潮流 2020Ⅰ』（2020年11月18日），p.221

　を模索し，2014年10月末で量的金融緩和を終了しました。

　その後，トランプ政権が打ち出した減税への期待などからインフレ懸念が高まったことから，FRBは2015年12月にはゼロ金利を解除し2018年末にかけて政策金利（FF金利）誘導目標を計9回，2.5%まで引き上げました。

　金利引き上げを受けドル高が進行し，またトランプ政権下での中国との関税引き上げ合戦もあり，輸出は2017年以降低迷しました（図表2-38）。その結果，アメリカ企業の収益は悪化し，2016〜17年には成長率は2％台に減速しました。こうした状況を見て，FRBは2019年7月には10年ぶりに利下げを実施し，以降3回政策金利を引き下げ2019年末には1.5〜1.75％としました。さらに，コロナ禍による経済の急縮小に応じて，2020年3月には一挙に合計1.5%の利下げを実施し，ゼロ金利政策に戻りました。

　b　財政赤字問題

　アメリカの財政赤字は依然大きく，今なおアメリカ経済の懸念材料となっています。ジョージ・W・ブッシュ政権時の軍事支出増や減税により悪化したアメリカ財政は，リーマン・ショック前後の複数の金融機関への公的資金

▶図表 2 -38　アメリカ；実質財輸出額

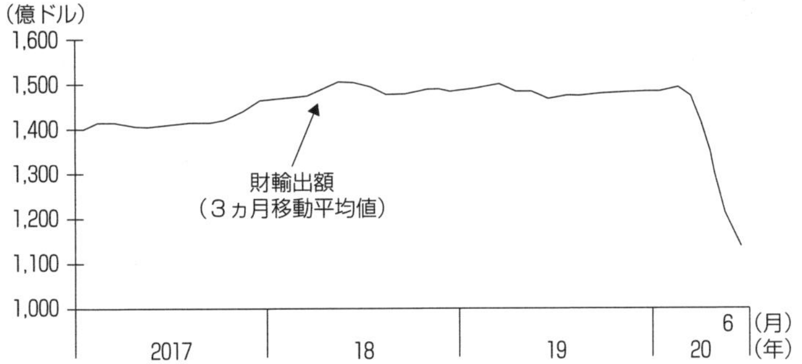

(億ドル)

財輸出額
（３ヵ月移動平均値）

```
1,600
1,500
1,400
1,300
1,200
1,100
1,000
       2017        18         19        20  6 (月)
                                            (年)
```

(注)　1．アメリカ商務省統計により内閣府作成.
　　　2．通関ベース，実質値，季節調整値.
(出所)　内閣府『世界経済の潮流 2020 I 』(2020年11月18日)，p.222

注入等により赤字が大きく膨らみ，一般政府（除く社会保障基金）の財政赤字のGDP比は2009年には13.7％に拡大しました。この結果，2012年には，自動歳出削減システムの発動等による景気への悪影響（いわゆる「財政の崖」）が懸念されました。その後，経済成長に伴い財政収支は改善しましたが，依然として先進国中でも高く，引き続き注意が必要です。

　特に，2017年初に発足した共和党トランプ政権は，公共投資や減税などの拡張的な財政政策を実施し，４年間で財政赤字は拡大しました。また，2020年にはコロナ禍に伴う諸支出も膨れ上がっており，アメリカの財政赤字はさらに悪化し，政府債務残高の名目GDP比は100％に近づいています。

　2021年１月に誕生したジョー・バイデン政権（民主党）は，景気対策や地球環境対応のための巨額の支出予定を発表していますが，他方で法人税や富裕層向けの所得税の増税をも企図しています。このため，財政赤字は2020年時点よりさらに悪化することが懸念されています。

　経常収支赤字と財政赤字という双子の赤字を抱えるアメリカは，常に国際経済，国際金融界での大きな不安材料になっており，そうした中でアメリカの財政赤字の動向は注目を集めています。

3．欧州経済の動向

⑴　EU・ユーロ圏の構成国

　欧州には，多数の中小規模の国があるため，その全体像を把握するのは容易ではありません。このため，何らかの括りが必要であり，EU（欧州連合），あるいはユーロ圏といったグループで経済をみるのが通例になりました。こうした事情もあり，欧州経済をみるには，まずEUやユーロ圏の構成国を知っていなければいけません。

　EUは，その前身は6ヵ国で構成されていましたが，その後拡大を繰り返し，とくに東欧革命やソ連崩壊後は，中東欧諸国やバルト諸国まで取り込み2013年には加盟国数は28ヵ国に至りました。しかし，2020年1月にはイギリスが離脱し，現在は27ヵ国が加盟しています。なお，スイス，ノルウェー，ロシア，トルコは元々EUに加盟していません。EU27ヵ国の人口は約4億5千万人（2020年3月），EU全体のGDPは16兆ドルであり，これは世界のGDPの約20%を占め（2019年），いずれもアメリカを上回っています。

　ユーロ導入国（通貨統合参加国）は2020年12月現在19ヵ国であり，これら全体は「ユーロ圏（Euro Area）」とよばれます。通貨統合を実施した1999年には，その参加国は11ヵ国でしたが，厳しい基準をクリアした国が順次加わり，2014年初にラトビア，2015年初にリトアニアが加わり19ヵ国となりました。ユーロ圏は，通貨はもちろん金融政策も共通（各国の金利は，信用リスクが同じであれば全く同一）であり一国に近い経済とみなすことができることから，最近はユーロ圏経済を中心に欧州経済を語るのが一般的となりました（イギリスは元々通貨統合に参加しておらず，2021年初にEUから離脱しました）。

　なお，ユーロ圏経済を一括りで捉えるとはいえ，そのなかの大国であるド

イツ，フランス経済の動向もあわせてみることが少なくありません。

(2) EU・ユーロ圏の経済の見方

　EU全体，およびその構成国の経済諸指標は，欧州委員会（European Commission）の統計部門であるEurostatが提供しています。加盟国すべてを比較できるため，大変有用です。ユーロ圏については，ECB（European Central Bank，欧州中央銀行）が，金融データだけでなく実体経済のデータも広範に公表しています。いずれもWebサイトから容易に収集可能です。

　ユーロ圏経済は，多数の国の集合体であるからか，大陸欧州諸国から成るからか，アメリカやイギリスと比べるとショックに対する調整が遅い感があります。日本経済と似た性格を有しているのかもしれません。また，社会保障や雇用保護の色彩が強いので失業率が高く，これが長年にわたり欧州最大の問題となっています。他方で，ECBがインフレファイターであったドイツ・ブンデスバンクの流れを汲んでいるため，ユーロ圏経済はかなりディスインフレ的な要素を有しているといえましょう。

(3) ユーロ圏・イギリス経済の最近の動向

　ユーロ圏のGDPは，リーマン・ショック後急減し，2009年半ばから回復傾向にありましたが，2012～2013年にはスペイン，イタリアなどの債務危機に見舞われた国々の停滞により，再びマイナス成長に陥りました。ドイツやフランスはプラスの成長率を維持しました。ユーロ圏経済は，債務危機のダメージから脱して2014年頃から経済は徐々に回復し，2016年の経済成長率は1.7％となりましたが，その後は低水準で推移しました。そして，2020年にはコロナ禍により，成長率は大きく低下しました（図表2-39）。

　リーマン・ショック以降，2012年までユーロ圏の失業率は総じて上昇を続けました。ただし，国によるばらつきがあり，スペイン，イタリアなどの南欧諸国の失業率が急ピッチで上昇した一方，ドイツの失業率は2009年末から

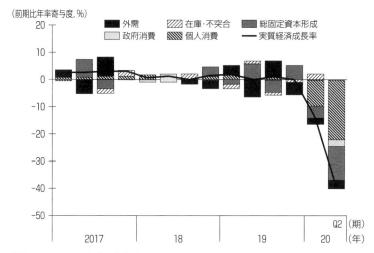

▶図表 2 -39 ユーロ圏の実質経済成長率（前期比年率・項目別寄与度）

（注）Eurostatにより内閣府作成。
（出所）内閣府『世界経済の潮流 2020 I』（2020年11月18日），p.277

　低下しました。南欧諸国が債務危機に陥りユーロの為替レートが軟化した結果，産業競争力の強いドイツの経済が加速したとみられます。こうした２極化は，EUの課題です。その後，2013年からユーロ圏の失業率は低下傾向に入りましたが，ギリシャやスペインでは20％前後の高水準が続き，ドイツと南欧諸国との失業率格差は縮小しませんでした（図表 2 -40）。

　2020年のコロナ禍によりユーロ圏経済全体が打撃を受けましたが，とくに感染の広がりが深刻で厳しい経済制限を入れたイタリア，スペイン，フランスの経済が受けた打撃は深刻であり，これらの国々の2020年の経済成長率はマイナス10％以下に落ち込みました。

⑷　欧州債務危機（PIIGS問題）

a　欧州債務危機発生の経緯と原因

　2009年10月，ギリシャが巨額の財政赤字を抱えていたことが表面化し，同

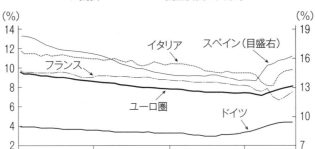

▶図表 2 -40　ユーロ圏主要国の失業率

（注）Eurostatにより内閣府作成。
（出所）内閣府『世界経済の潮流 2020 I』（2020年11月18日），p.290

年末にかけて，ギリシャ国債の格下げ，金利高騰などが生じ，ギリシャ国債
を多く保有する欧米の金融機関に損失懸念が高まりました。2010年にかけて，
ギリシャに対する信用不安は，南欧（地中海）諸国などに波及し，ポルトガ
ル，スペイン，イタリア，アイルランドなどの国債金利が相次いで高騰しま
した。このような信用危機の連鎖が発生した国々の頭文字をとって，この問
題は「PIIGS問題」とよばれています。

　このPIIGS問題は，リーマン・ショック後の世界金融危機のなかで生じま
したが，両者に直接の因果関係はありません。PIIGS問題は，以下の通貨統
合の矛盾のなかで必然的に生じた問題であるといえましょう。

　ユーロ導入国は通貨統合によって各国の金融政策と通貨政策の自由を喪失
しました。ユーロの金融政策は，フランクフルトのECBに一元化され，各
国の経済事情に応じた金利引き下げや，通貨切り下げはできません。このた
め，財政政策にしわ寄せが行き，経済力が弱いPIIGS諸国は，財政政策に
よって経済活性化を図り，この結果，政府債務がかさみました。PIIGS諸国
の財政状況は，2009年頃から2013年頃まで悪化が続きました。

　一国内であれば，たとえ連邦国家であっても，各地域の財政状況が悪化す

れば中央政府からの所得移転があり，地域格差は是正されます。例えば，日本では，各地方自治体の財政格差は，地方交付税交付金で均されますので，自治体が厳密な意味での破綻（債務不履行）に至ることはありません。しかし，ユーロ圏では，通貨と金融政策は統合しましたが，財政の統合はなされていないので，こうした地域間所得移転はほとんどありません。これが弱小国の財政悪化に歯止めがかからない理由となっています。また，債務危機を救済するための仕組みも存在しなかったため，混乱に拍車がかかりました。

　欧米の主要な金融機関は，PIIGS諸国の国債を保有し，これらの国の企業に対しても与信していたため，PIIGS諸国の政府・民間の債務に対する信用不安は，欧米の主要金融機関の債権の価値の低下につながりました。特にドイツ，フランス，イギリスの金融機関は，大きな潜在損失を被り，ヨーロッパの金融システム不安をもたらしました。

　b　EUの対応

　こうしたPIIGS諸国の債務危機と，欧州の主要金融機関の損失に対し，EUと主要国は様々な対応策をとってきました。まず，2010年半ばからECBは大量の資金供給を実施し，ユーロ圏の金利引下げを図るとともに，ユーロ圏の金融機関に流動性を供給しました。次に，政府債務の膨張が最も深刻で，国債金利が高騰したギリシャの救済策が模索され，2010年5月にEUはギリシャ救済のための7,500億ユーロの緊急支援の枠組みを発表しました。ギリシャの救済策はその後，何度も紛糾しましたが，2012年3月に53％の債務削減（銀行等の債権放棄）の方針が決まり，一応の決着をみました。

　より全般的な仕組みとしては，2012年9月にECBがユーロ圏諸国の国債を買い入れるOMT（Outright Monetary Transactions）の導入を決定しました。また，2011年には最大5,000億ユーロの支援が可能な恒久的な救済基金としてESM（欧州安定メカニズム，European Stability Mechanism）の創設を決め，2012年10月に発足しました。

　こうした危機の収拾策とともに，今後の危機防止・危機対応の仕組みづく

りの議論も本格化しました。第1は，EUによる加盟国の財政監視を強める方針が確認されました。今回の債務危機が，ギリシャなどの財政状況の粉飾がきっかけとなったことからこれは当然です。第2は，銀行同盟です。各国レベルに加えEUレベルでも銀行監督を強化し，破綻処理メカニズムを構築し，預金保険制度を共有し，銀行の単一監督メカニズムを構築しています。

c 2013年以降のユーロ圏，PIIGS諸国の状況

こうした政策対応を受けて，欧州の債務問題は最悪期を脱しました。PIIGS諸国の長期金利も2012年頃から低下し始めました。しかし，2012年末にはキプロスが信用危機に陥りました。2013年3月には，大手2銀行の整理・再編と大口預金者に破綻処理費用の負担を強いる（ベイルイン）という厳しい内容を含む救済案が採られ，キプロス危機はようやく収束に向かいました。また，2014年および2015年にはギリシャの経済状況が再び悪化し，国内政治の混乱も加わり，ギリシャの債務問題が再燃しました。これを受け，EUは2016年1月から，EU加盟国政府が銀行の破綻処理や再生を行う際に，当該金融機関の株主・債権者に損失の一部を負担させるベイルインを行うことをルール化しました。これは，政府の金融機関救済を円滑に行うための措置でしたが，かえって救済が困難になった面もあります。

また，2016年7月にはイタリアの大手銀行の自己資本不足が伝えられ，ユーロ圏の金融システムに対する不安が高まりました。

PIIGS諸国などの欧州の低信用国の民間部門債務には頭打ちの傾向がみられますが，公的部門の債務のGDP比は依然として上昇傾向にあります。さらに，経済成長率についても，アイルランドは2012年にプラス成長に転じ，それ以降4〜5％の成長を遂げましたが，ギリシャ，イタリア，ポルトガル，キプロスの経済は低迷しています。こうした低成長は，国内の雇用問題を悪化させ社会の不安定化につながると同時に，税収伸び悩みと失業保険給付などの財政支出増をもたらし，財政状況をさらに悪化させるという悪循環に陥っています。

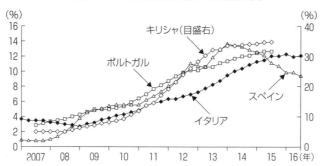

▶図表2-41　南欧諸国の銀行の不良債権比率

（注）イタリアはイタリア銀行資料，スペインはトムソン・ロイター資料，ギ
　　　リシャ・ポルトガルは世界銀行資料により内閣府作成。
（出所）内閣府『世界経済の潮流2016Ⅰ』（2016年8月），p.67

　その結果，南欧諸国の銀行の不良債権は，スペインを除きいまだに上昇を
続けており，ギリシャは35％，ポルトガル，イタリアは12％程度と高水準に
達しました（図表2-41）。PIIGS諸国やキプロスの債務危機は最悪期を脱し
たものの，引き続きユーロ圏経済の足を引っ張り，今後も折に触れて国際金
融市場の火種となり得ることを念頭に置く必要がありましょう。

(5)　イギリス（U.K.）のEU離脱（Brexit）

a　国民投票否決を受けた世界の金融市場の混乱

　2016年6月23日，イギリスのEU（欧州連合）残留・離脱を問う国民投票
が同国で実施されました。結果は，内外の大方の予想を覆し，離脱支持が
52％（残留支持48％）となり，イギリスはEUを離脱することとなりました。
開票直後から世界の金融市場は大荒れとなり，世界的に株価が暴落し，英ポ
ンドとユーロの為替レートが大きく下落しました。これに対し，日本円は安
全資産としての需要が高まり対ポンド，対ユーロはもちろん，対ドルに対し
ても上昇し，世界経済，特にイギリス経済・EU経済が多大なダメージを受
けるのではないかとの懸念が浮上しました。

しかし，この金融・為替市場の混乱は1週間程度で終わり，欧米の株価は国民投票前の水準を取り戻しました。当のイギリスの株価も，ポンド安を好感し上昇基調となりました。その後，イギリス経済は弱含みではありますが，それほど大きな打撃を受けるでもなく推移しました。

b　Brexitのイギリス・EUの貿易などへの影響

2017年3月，イギリスは欧州理事会に離脱の意思を通知し離脱プロセスが始まり，以降，メイ首相，ジョンソン首相の下でEUとの離脱交渉がなされました。北アイルランドの国境問題やイギリスとEUとの通商問題などに一定の合意を得たのち，2020年1月末，イギリスは正式にEUから離脱しました。2021年1月1日から英EU自由貿易協定（FTA）が発効していますが，イギリスのEU離脱前よりは貿易面の障壁は強まっており，イギリス経済に大きな打撃が及ぶと懸念されます。

イギリスは単一通貨ユーロを共有する通貨統合や人の移動の自由を保証するシェンゲン協定には参加していませんが，モノ・サービス（貿易），労働，資本（投資）の域内の自由移動を保証する市場統合には参加しています。このため，イギリスは新協定を結ばない限りEUとの自由な経済活動ができなくなります。その場合，イギリスもEU（除くイギリス）も貿易や投資が停滞し，経済が大きなダメージを被ることは確実です。

2019年には，関税の無いEU向けを中心に離脱前の駆け込み輸出が増加し，これが生産活動にも好影響を与えましたが，2020年に入り輸出減退が深刻となっています（図表2-42）。EUとの通商協定が遅れれば，EU向け輸出の低迷が長期化し，生産活動の足を引っ張ることは避けられません。

c　イギリスの投資立地・対英投資などへの影響

おそらく中長期的なBrexitの影響のうち最も重要なものは，イギリス向け直接投資への影響でしょう。イギリスは世界で最も対内直接投資を積極的に受け入れ，外資の力を得て経済成長を続けている国です。2019年末の対内直接投資のGDP比は73.4%にのぼり，日本はもちろん欧米諸国を大きく凌駕し

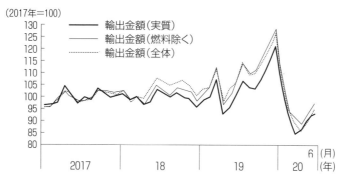

▶図表2-42　イギリスの財輸出

(2017年=100)

- 輸出金額（実質）
- 輸出金額（燃料除く）
- 輸出金額（全体）

(注)　英国統計局統計により内閣府作成。
(出所)　内閣府『世界経済の潮流 2020Ⅰ』(2020年11月18日), p.296

ています。そしてBrexitの国民投票がなされた2016年以降，イギリスへの対内直接投資の増勢は強まり，他国との差はむしろ開いています（図表2-43）。その背景には，洗練された自由な経済システム，比較的低い法人税率，英語といった要素があります。これまではそれに加え，Brexitによって失われることが懸念されるEU域内諸国への自由なアクセスについても，海外投資家はこれまでは楽観的に見てきたようです。

　しかし，Brexitがなされる2021年以降は，対英直接投資の増勢が衰える懸念は少なくありません。まず，製造業や卸・小売業，ITなどサービス業では，EUへのモノ・サービスの自由アクセスを魅力としてイギリス内に工場や研究所，販売拠点をもっている多国籍企業が多く，これらは新協定の形態次第ではイギリスから撤退して他の欧州諸国にモノ・サービスの生産をシフトすることが予想されます。

　また，EU離脱後はEUのシングルパスポートが効力を失うことの影響が懸念されています。シングルパスポートとは，EU加盟国のどこかに現地法人を有する企業は，EU域内のどこでも拠点を設けることができる，というものです。このシングルパスポートを利用して，多くの多国籍企業がイギリス

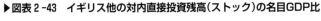

▶図表 2 -43　イギリス他の対内直接投資残高（ストック）の名目GDP比

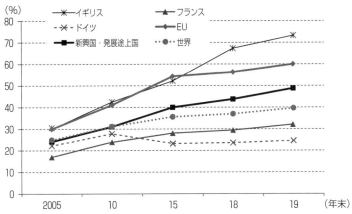

（注）　1．世界はUNCTADの調査対象193ヵ国。
　　　　2．EUにはイギリスを含む。
（出所）UNCTAD "World Investment Report 2020" により作成

に欧州統括法人をもち，その傘下としてEU域内のドイツやフランスなどに支店などの拠点を設けています。イギリスがEUから離脱すると，これらの多国籍企業はイギリス以外のEUに欧州統括法人を移さねばなりません。ただし，多国籍企業の多くはイギリス以外のEUにもすでに拠点をもっており，登記上イギリスから他のEU諸国に統括本部を移動すれば済むとの見方もあります。すなわち，統括本部の数十名の管理部門スタッフが大陸欧州に移動するだけのことであり，実際のイギリス内でのビジネスは変化しないとの考え方です。

　特に金融機関の場合は，欧州で突出した金融センターであるロンドンに欧州統括本部を置き，その傘下に大陸欧州の支店を保有する構造をとっています。イギリスのEU離脱により，欧州での体制を見直さねばならないことは必至でしょう。ただし，ロンドンは欧州内にとどまらず，世界のなかでも突出した国際金融センターです（図表 2 -44）。その背景には，洗練された厚い

金融市場，英語を母国語とする国際金融取引に長けた豊富な人材，国際金融取引に不可欠な弁護士，会計士，コンサルタントの集積，シティという狭い地域への金融機能の集中，といった得難い強みがあります。こうした強みがEU離脱で失われるわけではありません。2020年のランキングでは，ロンドンはニューヨークの後塵を拝しましたが，引き続き2位と，他のEUの金融都市を引き離しています。

▶図表2-44　世界の金融センターランキング

	2014年	2016年	2020年
1位	ロンドン	ロンドン	ニューヨーク
2位	ニューヨーク	ニューヨーク	ロンドン
3位	香港	シンガポール	東京
4位	シンガポール	香港	上海
5位	東京	東京	シンガポール
6位	ソウル	サンフランシスコ	香港
7位	チューリッヒ	ボストン	北京
8位	トロント	シカゴ	サンフランシスコ
9位	サンフランシスコ	チューリッヒ	ジュネーブ
10位	ワシントンDC	ワシントンDC	ロスアンゼルス
11位	シカゴ	シドニー	深セン
12位	ボストン	ルクセンブルグ	ドバイ
13位	ジュネーブ	トロント	フランクフルト
14位	フランクフルト	ソウル	チューリッヒ
15位	シドニー	モントリオール	パリ
16位	ドバイ	上海	シカゴ
17位	モントリオール	大阪	エジンバラ
18位	バンクーバー	ドバイ	ルクセンブルグ
19位	ルクセンブルグ	フランクフルト	広州
20位	大阪	バンクーバー	シドニー

（注）1．世界の金融機関の有識者2,400名からの回答に基づく。
　　　2．網掛けはイギリス，EU内の都市名。
（出所）Z/Yen Group, "GFCI-Global Financial Centres Index 27", March 2020

4. 新興国経済の動向

(1) 新興国の定義と情報源

　新興国の定義は定まっていません。IMFや世界銀行なども，それぞれ新興国を定義して論じますので，その定義には気を付ける必要があります。通常は，先進国（OECD諸国）を除いた発展途上国のうち，一定以上の所得水準（1人当たりGDP水準）をもち，比較的高い経済成長率を示してきた国を指すと考えられます。アメリカ投資銀行が名付けたBRICs（ブラジル，ロシア，インド，中国）が最も有名です。その後，それ以外の国を含めるVISTA，NEXT11といった様々なグルーピングが誕生しましたが，どれも定着していません。新興国経済を論ずる際には，企業の進出先としてみるのか，投資先としてみるのか，あるいは世界経済・日本経済への影響を考えるのか，といった用途によって適切な括り方をする必要がありましょう。

　新興国経済についても，IMFや内外のシンクタンクの他，世界銀行（World Bank），アジア開発銀行等の地域別の国際機関が各地域の詳細な経済分析や予測を行っています。これらを総合して経済状況の把握や展望を得るとよいでしょう。

(2) 新興国経済の動向

a　新興国全体

　新興国経済は，リーマン・ショック後も先進国より高い成長力を示してきました。しかし，最近は新興国内でも成長力などにばらつきが出てきています。2019年までの数年間を見ると中国は，経済成長率が低下傾向を示したものの6％程度の比較的高水準を維持していますが，ブラジル，ロシアの成長率は1％程度で低迷していました（前掲図表2-33）。

特にロシアは産油国であるため，2014年央以降の原油価格下落の深刻な影響を受け，さらにウクライナ問題への対応として欧米より経済制裁を受けたことから経済が悪化しました。その結果，通貨ルーブルに対する売り圧力が高まり，中央銀行のルーブル防衛も及ばず，2014年11月10日には従来の通貨バスケット・ペッグ制から変動相場制に移行しました。2014年および2015年には，ルーブルが激しく下落し，通貨危機の様相を呈しました。ロシア経済，およびルーブル為替レートは，今なお，世界経済，国際金融の大きなリスクとなっています。

2020年に入ると，コロナ禍により明暗がより鮮明となりました。ロシア，中南米は，感染抑止がうまくいかず経済成長率は大きなマイナスとなりましたが，中国やASEAN諸国の経済は相対的に軽微な停滞に留まりました。

b　中国

中国の実質経済成長率は，2009～2010年には10%を上回っていましたが，2011年には10%を割り，その後徐々に低下し2019年には6%程度となりました（図表2-45）。2008年のリーマン・ショックに対応して同年11月に4兆元（当時の為替レートで53兆円，GDP比13%）の景気対策を実施し，これにより一時的に成長率が高まりました。しかし，その効果が薄れ，徐々に構造的な問題が浮上してきました。こうしたなか，2012年11月には，中国共産党では習近平を総書記とする新指導部が発足し，「小康社会の建設」との政策理念の継続をうたいました（習近平は，2013年3月に国家主席に就任）。こうした経済減速のなかで，中国政府はインフラ投資の前倒し実施，中国人民銀行は金融緩和を進め，経済の下支えを行いました（図表2-46）。

2010年頃までの高成長は，個人消費と固定資本形成（設備投資・住宅投資・公共投資）がリードしましたが，2011年以降，不動産価格の高騰と，不良債権問題の深刻化を背景に固定資本形成は減速しました。

国際収支面では，2010年6月の人民元為替相場の柔軟化を受け，緩やかな人民元高・ドル安が進み，経常収支黒字は依然として巨額の黒字を計上しつ

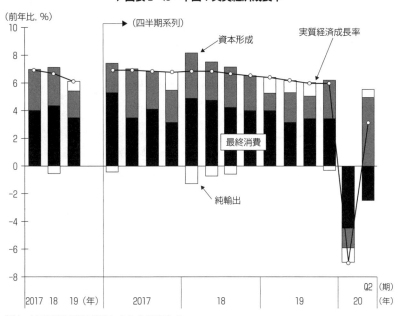

▶図表 2-45　中国；実質経済成長率

（注）中国国家統計局統計により内閣府作成。
（出所）内閣府『世界経済の潮流 2020 I 』（2020年11月18日），p.236

つも減少傾向にあります（後掲図表 2-50）。

　他方で，外資の進出や証券投資といった形態での資本流入が2012年から弱まり，逆に中国からの資本流出が目立つようになりました。こうした状況に対し，中国政府（人民銀行）は，人民元の買い支えを行いましたが，2015年8月には人民元売りの圧力を受け入れる形で人民元の切り下げに踏み切りました。中国政府は，2015年8月，人民元為替レートの取引基準値を実勢相場に連動する方式に変更するという制度変更を発表し，2016年末まで人民元安が続き，世界の金融市場に多大な動揺をもたらしました。その後，2017年から人民元為替レートはもち直しました。

　中国経済の成長力の鈍化とともに，中国の産業の過剰生産・過剰債務の問

▶図表 2 -46　中国；主要金利の推移

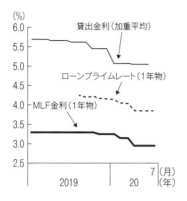

(注) 1. 中国人民銀行統計等により内閣府作成。
　　 2. 貸出金利（加重平均）は四半期毎の公表。
(出所) 内閣府『世界経済の潮流 2020 I』（2020年11月18日）, p.262

▶図表 2 -47　中国；主体別債務残高
　　　　　　（名目GDP比）

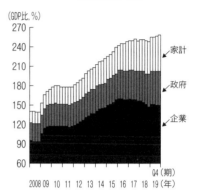

(注) 1. BIS統計により内閣府作成。
　　 2. 資金の出し手は国内外の全金融機関。
(出所) 内閣府『世界経済の潮流 2020 I』（2020年11月18日）, p.268

　題が浮上してきました。中国の民間債務は趨勢的に上昇してきましたが（図表 2 -47），2010年以降の上昇は著しく，そのGDP比は日本やアメリカを大きく上回り，日本のバブル崩壊後のピーク（1995年，221％）に近づいています。その背景には，需要減退による産業，特に国有企業の過剰生産があります。そうした過剰債務の結果，中国の金融機関の不良債権比率も急ピッチで上昇しています（図表 2 -48）。要注意先まで含めた不良債権比率は2016年には 5 ％を上回り，実態はこれ以上に悪いとみられています。中国の過剰債務・不要債権問題は，中国経済によってはもちろんのこと，国際金融市場や世界経済にとっても大きな懸念材料となっています。

　中国は，新型コロナウイルスの発生源と目され，早くから多くの感染者を出しましたが，その後の感染抑制を徹底したことから，早期に経済も回復し，2020年の実質経済成長率は 2 ％弱の水準を維持した様子です。IMFやADBは，2021年には 8 ％前後の経済成長率を示すと予測しています。

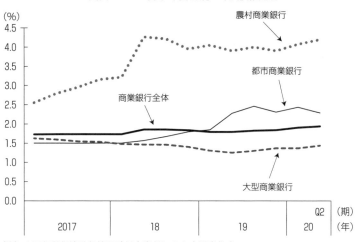

▶図表 2 -48　中国；商業銀行の不良債権処理

(注)　中国銀行保険監督管理委員会資料により内閣府作成。
(出所)　内閣府『世界経済の潮流 2020 I』(2020年11月18日)，p.268

c　アジアNIES(韓国，台湾)

　1980年代に大きく成長した韓国，台湾，香港，シンガポールは，新興国の先駆けとしてアジアNIES (Newly Industrializing Economies，新興工業経済地域) とよばれました。NIESは，すでに先進国に分類されることもあることから，この括り方は以前ほど使われなくなりましたが，BRICsなどより10年ほど早く躍進したことから，NIESを区別して括る意味があります。ここでは韓国，台湾について，経済状況を概観します。

　韓国経済は，2007～2008年に進行したウォン安を受け，輸出産業が主導する形で2010年には 6 ％以上の経済成長率を達成し，2011年には減速したものの約 4 ％の成長を保ちました。しかし，2012年後半には，ウォン為替レートの反転上昇，世界経済の減速などから急速に経済は減速し，2012年の実質経済成長率は 2 ％に低下しました。その後，2012年にはパク・クネ政権が成立し，経済構造改革と競争力強化に取り組み，経済成長率は一時 3 ％台に高ま

りましたが，その後鈍化しました（図表2-49）。コロナ禍の影響は，他国に比べると大きくはなくアジア開発銀行の予測では2020年の成長率は▲1％であったと見込まれています。

　台湾の実質経済成長率は，2010年には10%以上の高水準にありましたが，中国経済の減速と為替レートの上昇により経済は減速し，経済成長率は2012年頃には1％台に低下しました。経済成長率は，その後一進一退を繰り返し2019年には2.7%まで高まりました。コロナ禍には大変優れた対応を見せ，2020年にもプラス成長を維持したものと見込まれます。

　台湾経済は，半導体などIT製品の輸出依存度が高く，IT市況に大きく左右されることから，産業構造多様化等の経済強化策が模索されています。

d　ASEAN（東南アジア諸国連合）

　ASEANは，新興国のなかでも一層の成長が期待される地域として，また，日本企業の進出先として，さらにはアジアにおける経済統合（地域圏形成）の核として，注目を集めています。1961年にタイ，フィリピン，マレーシアが設立した東南アジア連合（ASA；Association of Southeast Asia）に，1967年8月，インドネシア，シンガポールが加わりASEANに改組されました。これら5ヵ国の原加盟国は，今でも「ASEAN5」といわれ，ASEANの中核メンバーとして特筆されます。その後，1984年にブルネイ，1995年にベトナム，1998年にミャンマー，ラオス，1999年にカンボジアが加わり，それ以降10ヵ国の体制となっています。

　ASEANの域内人口は6億人を超えており5億人のEUより多く，また，2014年のGDP合計は2兆4千億ドル以上と，国別のGDP規模では世界8位にあたります。2019年までのASEANの実質経済成長率は，おおむね5％程度と世界的にも高い水準で推移しました（図表2-49）。2011年には世界経済の減速とタイの洪水の悪影響などから経済成長率は低下しましたが，2012～19年は堅調に推移しました。

　ASEANのうち，先に経済成長を遂げて所得水準が高い先発5ヵ国

▶図表 2 -49　アジア新興国・発展途上国の経済成長率

(単位：%)

	2013年	2014年	2015年	2016年	2017年	2018年	2019年	2020年	2021年
新興・発展途上アジア全体	6.5	6.3	5.9	5.7	5.7	5.9	5.1	−0.7	6.8
東アジア	6.8	6.6	6.1	5.8	5.6	6.1	5.4	1.3	7.0
中国	7.8	7.3	6.9	6.6	6.4	6.7	6.1	1.8	7.7
韓国	2.9	3.3	2.6	2.6	2.8	2.7	2.0	−1.0	3.3
香港	3.1	2.6	2.4	1.5	2.0	2.9	−1.2	−6.5	5.1
台湾	2.2	3.9	0.6	0.9	1.5	2.7	2.7	0.8	3.5
東南アジア	5.0	4.5	4.4	4.5	4.6	5.1	4.4	−3.8	5.5
ASEAN先発 5 ヵ国	5.1	4.6	4.8	4.8	5.1	5.3	4.9	−3.4	6.2
インドネシア	5.6	5.0	4.8	5.0	5.1	5.2	5.0	−1.0	5.3
タイ	2.7	0.8	2.8	3.2	3.5	4.2	2.4	−8.0	4.5
マレーシア	4.7	6.0	5.0	4.1	4.4	4.7	4.3	−5.0	6.5
シンガポール	4.7	3.3	2.0	1.8	2.0	3.4	0.7	−6.2	4.5
フィリピン	7.1	6.2	5.9	6.4	6.2	6.2	6.0	−7.3	6.5
ASEAN後発 5 ヵ国	―	―	―	―	―	―	―	―	―
ベトナム	5.4	6.0	6.7	6.0	6.3	7.1	7.0	1.8	6.3
ミャンマー	8.4	8.7	7.2	8.4	8.3	6.4	6.8	1.8	6.0
カンボジア	7.4	7.1	7.0	7.0	7.1	7.5	7.1	−4.0	5.9
ラオス	7.8	7.5	6.7	6.8	7.0	6.2	5.0	−2.5	4.5
ブルネイ	−2.1	−2.3	−0.6	1.0	2.5	0.1	3.9	1.4	3.0
南アジア	6.2	6.7	7.0	6.9	7.3	6.1	4.3	−6.8	7.1
インド	6.6	7.2	7.6	7.4	7.8	6.1	4.2	−9.0	8.0

（注）1 ．2020，2021年はADB予測（2020年 9 月時点）。
　　　2 ．アジア全体，東アジアは日本を含まない。
　　　3 ．ASEAN先発 5 ヵ国は，IMF "World Economic Outlook"（2020年 9 月）による。
（出所）ADB（アジア開発銀行）"Asian Development Outlook 2020 Update"（2020年 9 月）により作成

（ASEAN 5 ；インドネシア，タイ，マレーシア，シンガポール，フィリピン）の経済成長率は，世界的には高い水準ですが，総じて頭打ち傾向にあります。2013〜19年を見ると，フィリピン，インドネシアは 5 ％以上の成長率を維持していましたが，より高所得のシンガポール，タイは成長率が鈍化し

第 4 章　国際経済（海外動向）

ています。この背景には，所得水準が高まり，国際競争力が低下するという「中所得国の罠」の問題があるともいわれています。

　他方，後発5ヵ国（ベトナム，ミャンマー，カンボジア，ラオス，ブルネイ）の経済成長率は先発のASEAN5よりも総じて高く，先進国から注目を集めています。しかし，先行するベトナム，ミャンマーに比べ，カンボジア，ラオスは成長率が低く経済が不安定です。ラオス，カンボジアは政変などが相次ぎ海外から十分な投資がなされないことに加え，経常収支の赤字が大きく対外債務のファイナンスの面での不安も抱えています。また，ブルネイはエネルギー価格の低下により2013〜2015年にマイナス成長に陥るなど，産業構造の脆弱性も抱えています。

　ASEAN諸国は，2020年のコロナ禍の悪影響は，総じて大きくはありませんでした。とくにベトナムはコロナ対策に成功し，2020年の経済成長率は世界も高い2％程度に上ったとみられています。

　ASEAN諸国は，経済成長の大きな可能性を秘めた地域であり，日本をはじめとする先進国の企業の投資先，進出先として大きな魅力をもっています。他方で，域内の経済格差は大きく，シンガポールを除き脆弱性を抱える国も多いため，リスクも少なくありません。

　e　インド

　インド経済は，人口の多さ，IT産業や国際サービス産業などの立地条件のよさ等から，21世紀に入り海外からの直接投資，証券投資を集めて急成長を続け，2010年には10%以上の経済成長率を達成しました。しかし，欧米経済の停滞に伴う輸出の低迷とインフレ懸念に伴う金融引締めの影響で，2011年から減速し，実質経済成長率は2012年には約3％に低下しました。

　2013年以降は，経済調整を終え経済は上向き，成長率は7％以上を回復しました（前掲図表2-49）。しかし他方で，他の新興国に比べて鉱工業の比率が低くサービス業への依存度が高い産業構造をもち，その結果として経常収支は慢性的に赤字である（図表2-50）といった経済構造上の弱さを抱えて

います。世界経済においては中国に次ぐ大きな経済成長の源ではありますが，リスクも大きく，その動向は注目されます。

インドは新型コロナウイルスの感染拡大が深刻であり，IMFやADBは2020年の経済成長率はマイナス10%前後に落ち込むと予想していますが，

▶図表 2 -50　アジア新興国・発展途上国の経常収支（GDP比）

(単位：%)

	2015年	2016年	2017年	2018年	2019年	2020年	2021年
発展途上アジア全体	3.1	2.4	2.0	0.6	1.4	1.4	1.4
東アジア	4.0	3.1	2.7	1.1	1.8	2.0	2.0
中国	3.0	2.0	1.7	0.2	1.0	1.5	1.3
韓国	7.7	7.0	6.0	4.5	3.6	2.8	3.5
香港	3.1	2.3	2.1	3.7	6.1	4.0	4.0
台湾	14.5	14.8	15.3	11.6	10.7	10.0	12.0
東南アジア	−1.0	−1.1	−1.6	1.6	2.7	1.6	1.8
ASEAN先発 5 ヵ国	—	—	—	—	—	—	—
インドネシア	−2.0	−1.8	−1.7	−2.9	−2.7	−1.5	−2.0
タイ	8.1	11.4	9.0	5.6	7.0	3.9	4.5
マレーシア	3.0	2.0	1.8	2.2	3.4	1.0	2.0
シンガポール	18.1	19.0	19.5	17.2	17.0	15.0	17.0
フィリピン	2.5	0.2	0.2	−2.5	−0.1	−0.5	−1.5
ASEAN後発 5 ヵ国	—	—	—	—	—	—	—
ベトナム	0.5	3.3	2.0	2.4	5.0	1.0	1.5
ミャンマー	−5.2	−7.0	−8.0	−4.7	0.4	−4.5	−4.5
カンボジア	−11.1	−10.1	−9.4	−12.2	−15.0	−22.3	−17.8
ラオス	−20.3	−18.0	−19.0	−13.0	−9.5	−8.2	−8.7
ブルネイ	16.0	11.0	5.3	7.9	9.0	9.5	9.5
南アジア	−1.0	−1.1	−1.6	−2.6	−1.4	−0.5	−0.9
インド	−1.1	−1.0	−1.3	−2.1	−0.8	−0.3	−0.6

(注)　1 ．2020，2021年はADB予測（2020年 9 月時点）。
　　　2 ．アジア全体，東アジアは日本を含まない。
　　　3 ．シャドーは経常収支赤字。
(出所)　ADB（アジア開発銀行）"Asian Development Outlook 2020 Update"（2020年 9 月）により作成

2021年には再び9％近くの成長率をとり戻すとみています。潜在的な成長力の強いインドが再び成長軌道に戻れるかどうかは，コロナウイルス感染を封じ込められるかどうかにかかっているといえましょう。

第3編　財　政

総　論

●本来の役割

　財政とは，政府が支出したり収入をあげたりする経済行為のすべてのこと
です。財政の役割は，大きく2通りに分けることができます。1つが，財政
本来の役割といえる，政府の統治に必要な財・サービスを提供することです。
多くの国では国民が主権者で，政府が提供する財・サービスは国民のニーズ
を基礎としています。もちろん，財・サービスの提供には財源が必要ですか
ら，無制限にニーズが充足されるわけではありません。まず優先されるもの
として，司法や治安維持，道路橋りょうのように，国民生活に必要不可欠で
も，民間では供給できない公共財とよばれるものが挙げられます。また，教
育のように国の発展に不可欠で民間において提供可能であっても，民間だけ
に任せていた場合には，十分な教育機会を与えられない危険性がある，とい
うような価値財とよばれるものも大切でしょう。

●派生的役割

　財政の役割のもう1つが，派生的なものです。派生的な役割は，2種類あ
るいは3種類挙げることができます。第1は，所得の再分配です。その背景
には，市場による分配が必ずしも公平なものとはいえないという点に加え，
治安や秩序の維持，セーフティ・ネットの用意といった社会の安定の面から
も，再分配が望まれることがあります。もちろん，再分配をどこまですべき
かという点には多くの議論がありますが，完全に不要と考える人はわずかで
しょう。第2には，経済の安定化が挙げられます。景気が過熱してインフレ
が強く懸念される場合，財政支出の抑制などを行います。一方，景気が低迷
している状況では，財政支出を増やすことなどを行います。そのほか財政の
役割に含めるべきか議論が分かれるものとして，経済成長の創造が挙げられ
ます。財政による経済成長の創造が望ましいかという点に加えて，そもそも

そうしたことが可能か，悪影響のほうが大きいのではないかといった議論も
あります。

●歴史的推移

　財政がカバーすべき政府活動の範囲は，歴史的にみて変化しているうえに，
そもそもの考え方も様々です。財政がカバーすべき政府活動を最も小さく捉
える考え方は，経済学の父といわれる18世紀のスミス（Adam Smith）に
代表されるいわゆる夜警国家観とよばれるものです。夜警国家観において政
府の果たすべき役割は，国民が夜安心して眠れるようにすることです。具体
的には，国防，治安維持，大規模公共事業に政府の役割を限定します。

　このように政府の役割を極めて小さく考えると，財政規模はおのずと小さ
いものになります。現在の日本でいうと，防衛関係費，警察費，消防費，公
共事業のうち国直轄事業費といった程度で，これに議員の歳費などを加えて
も合計20兆円にもならないでしょう。20兆円といえば，2021年度当初予算の
消費税収が20兆円ですから，その他の税金や公債発行等がなくても賄うこと
ができてしまいます。

　こうした政府の役割を限定する考え方に対して，第二次世界大戦後主流と
なっているのは，政府が国民生活全般に対して積極的な役割を担うべきとい
う考え方です。例えば，福祉や社会保険などの社会保障は，ほとんどの主要
先進国において整備されています。社会資本の整備についても，夜警国家で
想定した極めて大規模な公共事業に限らず，街路や公園などについても，基
礎的自治体の仕事として行うべきといった考え方が主流になっています。

　政府の役割を積極的に捉える考え方を基本にしますと，現在の日本や欧州
諸国のように，財政規模は夜警国家の場合と比べ大きくなります。日本の財
政規模の推移をみても，それは明らかです。特に福祉国家とよばれる北欧諸
国の財政は，大きなものになっています。

　第二次世界大戦後，日本を含む多くの主要先進国において，財政の役割は

拡大を続けました。しかし最近では，夜警国家は極端としても，政府の役割を縮小して，財政規模をスリム化する「小さな政府」を志向する考えも台頭しています。こうした流れは，イギリスのサッチャー首相（在任1979〜1990年）やアメリカのレーガン大統領（在任1981〜1989年）の登場が契機でした。そして，福祉国家を標榜する国でも，政府の役割が再検討されるようになっています。一方，先進国のなかでも小さな政府の指向が強いアメリカでも，リーマン・ショック後や新型コロナウイルス対策などでは，大規模な政府支出を行っています。

　こうした政府が果たすべき役割，そして財政規模には，正解といっものはありません。歴史的・経済的背景などから，国民が決めることです。

▶図表3‑1　日本における国の一般会計歳出決算額のGDP比の推移

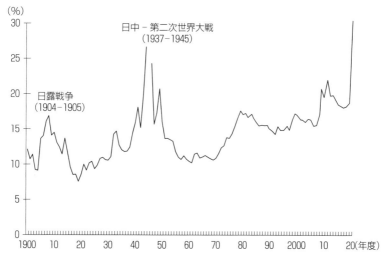

（注）　1．1964年度までGNP比，65〜79年度は1968SNAのGDP比，80〜2019年度以降は2008SNAによるGDP比(93年度までは簡易遡及)，20年度は内閣府年央試算によるGDP比。
　　　　2．2020年度歳出額は第二次補正予算後のもの。
（出所）総務省統計局監修『日本長期統計総覧』日本統計協会，財務省主計局「令和2年度補正予算（第2号，特第2号及び機第2号）等の説明」，参議院予算委員会調査室編『財政関係資料集』，内閣府「令和2（2020）年度 内閣府年央試算」により作成

第1章
予　算

Introduction

　財政資金の流れを最もよく示すものが，予算です。予算は一会計年度（通常は1年間）の資金の流れを予め作成したもので，政府の一会計年度の支出を歳出，一会計年度の収入を歳入とよびます。予算の内容や変化をみることで，政府に関わるお金の動きや政策の方向性，そして金融市場への影響などを予測するのに役立ちます。

　ここでは予算の全体像を学び，第2章，第3章でそれぞれ歳入，歳出について詳しくみていきましょう。

1. 予算の構造

(1)　予算の種類

　財政資金の動きを端的に表すものとして，1年間の支出や収入を示す予算があります。そして，予算にも，様々な種類があります。

　国の財政は，一般会計と特別会計，そして政府関係機関（沖縄振興開発金融公庫，日本政策金融公庫，国際協力銀行，国際協力機構有償資金協力部門）に分けることができます。このうち一般会計は，政府活動の基本的な経費を賄っています。報道などで財政や予算といった場合，一般会計を指すことが多いです。一方，特別会計は特定の事業を営む場合など，一般会計と区分経理する必要のある場合に設けられます。

　地方の場合も，一般会計と特別会計に区別している点は国と同じです。さらに，上下水道事業など，公営企業を経理する企業会計があります。ただし，地方自治体によって特別会計や企業会計の種類および内容が異なるので，一律の基準でまとめたものとして，普通会計（一般会計と特別会計の一部）と地方公営事業会計（企業会計と特別会計の一部）の区分があります。

　そのほか，国の財政には，俗に「第2の予算」とよばれる財政投融資（本編第4章参照）があります。一般会計や特別会計は，原則として税金など無償の資金（国債は元利償還の必要があるものの，その財源を税と想定しているため，ここでは無償資金に区分される）を原資として行政活動を行いますが，財政投融資は，国の制度や信用に基づいて調達された有償の資金を原資として投資や融資を行います。

(2)　一般会計歳出の概要

　国の一般会計において歳出をみるには，まず分類の方法を知る必要があり

ます。分類方法には，使途別，主要経費別，所管別と3種類あります。

　ただし，このうち使途別分類については，最近ほとんどみかけなくなりました。使途別分類は，国民経済への還流形態で区分するもので，人件費，物件費，施設費，補助費，他会計へ繰入などで構成されます。みかけなくなった理由は，最大の他会計へ繰入が全体の5割以上を占めているからです。他会計とは特別会計のことで，最終的には人件費や物件費などになるはずですが，それがみえてきません。

　最もよく用いられるのが，主要経費別分類です。これは，歳出の内容を施策で区分するものです。2021年度当初予算における最大費目は社会保障関係費で，歳出全体の34％を占めます（図表3-2）。これに続く国債費（22％），地方交付税交付金（15％）までがとても規模の大きい費目で，3大費目などとよばれることもあります（詳しくは本編第2章参照）。

　主要経費別分類の推移をみれば，重点施策の変遷がわかります（図表3-2）。例えば，社会保障関係費は，1960年度で歳出全体の11％にすぎず，文教及び科学振興費（14％）より少額でした。その後，社会保障制度の整備や高齢化の進展から，2021年度当初予算では全体の3分の1強を占める最大費目になりました。一方，文教及び科学振興費は，少子化の影響等で5％まで低下しています。

　所管別分類は，中央の府省ごとに所管経費を区分するものです。予算規模の大きい省として，社会保障関係費を所管する厚生労働省，国債費所管の財務省，地方交付税交付金を所管している総務省が挙げられます。

　国の予算書では，所管別に区分し，府省の組織ごとに主要経費別に項を計上します。予算書に添付されている予算参照書（議決の対象外）では，さらに目のレベルまで計上されています。例えば義務教育の教科書は教科書無償措置法にもとづき無償で配布されますが，これを予算書では，文部科学省（所管）の文部科学本省（組織）における初等中等教育振興費（項）の教科書購入費（目）で計上しています。さらに予算参照書では，付されたコード

▶図表 3 - 2　主要経費別分類でみた一般会計歳出額の内訳の推移（当初予算）

（単位：％）

年　　　度	1960	70	80	90	2000	05	10	15	20	21
社会保障関係費	11.4	14.3	19.3	17.5	19.7	24.8	29.5	32.7	34.9	33.6
文教及び科学振興費	13.6	11.7	10.6	7.7	7.7	7.0	6.1	5.6	5.4	5.1
国債費	1.7	3.7	12.5	21.6	25.8	22.4	22.4	24.3	22.7	22.3
恩給関係費	8.4	3.8	3.9	2.8	1.7	1.3	0.8	0.4	0.2	0.1
防衛関係費	10	7.2	5.2	6.3	5.8	5.9	5.2	5.2	5.2	5.0
公共事業関係費	18.3	17.7	15.6	9.4	11.1	9.2	6.3	6.2	6.7	5.7
経済協力費	0.3	1.0	0.9	1.2	1.2	0.9	0.6	0.5	0.5	0.5
エネルギー対策費	—	—	1.0	0.8	0.7	0.6	0.9	0.9	0.9	0.8
食料安定供給関係費	0.6	4.8	2.2	0.6	0.3	0.8	1.3	1.1	1.0	1.2
予備費	0.5	1.4	0.8	0.5	0.4	0.4	1.5	0.4	0.5	5.2
地方特例交付金	—	—	—	—	1.1	1.8	0.4	0.1	0.4	0.3
地方交付税交付金	18.3	20.9	17.4	23.1	16.5	17.7	18.5	16.0	15.3	14.6
その他	16.9	13.5	10.6	8.5	8.0	7.1	6.6	6.4	6.8	5.6
合　　計	100.0	100.0	100.0	100.0	100.0	100.0	100.0	100.0	100.0	100.0

（注）2021年度の予備費には，新型コロナウイルス感染症対策予備費を含む。
（出所）参議院予算委員会調査室編『財政関係資料集』により作成

番号を読み解くことで，多くの情報を入手できます。例えば教科書購入費であれば，11（所管：文部科学省）-006（項：初等中等教育振興費）-15（主要経費別：文教及び科学振興費の教育振興助成費）-071（目的別：学校教育費）- 2（財政法公債金対象非対象別：非対象）-14（経済性質別：現物社会移転）- 3（使途別：物件費）-09（従来の目番号）です。

(3)　一般会計歳入の概要

　次に，一般会計歳入の概要をみてみましょう。歳入の位置づけは，一会計年度における収入の見通し額です。事前決議の原則によって厳格に金額が定められる歳出とは異なり，外れても法的な問題はありません。仮に予算における見通し額よりも現実の歳入額が大きかった場合，何もしなければ剰余金

となり，国民への返済は不要です。予想外に多かった歳入を使用するには，補正予算の編成が必要です。逆に現実の歳入額が予算を下回った場合，追加課税は許されず，補正予算の編成が基本となります。ただし，歳入額の不足の判明が年度末に近いか過ぎてしまった場合，歳入欠陥として処理します。

　2021年度当初予算における一般会計歳入額107兆円の内訳は，税収が44兆円，国債57兆円，その他収入6兆円です。このうちその他収入は，外国為替特別会計の剰余金など特別会計からの受入金，日本銀行やJRA（日本中央競馬会）など課税義務はないが一定の収益を上げる法人からの各種納付金，国有財産売却などを含みます。

　一般会計の歳入の中心は，本来税収のはずですが，歳入に占める比率は4割程度にすぎません（図表3-3）。1980年度以降でみると，最も高かったのはバブル景気のピーク直後にあたる1991年度の88%，以降も1998年度までは4分の3が税収でした。それがここまで低くなった原因は，コロナ禍の影響が大きいです。しかし，そもそも景気の低迷や増税の回避による税収の伸び悩み，そして各種の景気対策と高齢化による歳出額の膨張があり，2020年

▶図表3-3　一般会計歳入の内訳（2021年度当初予算）

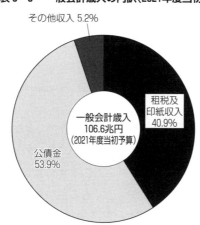

（出所）参議院予算委員会調査室編『財政関係資料集』により作成

度当初予算でも6割程度に留まっていました。

　一般会計歳入をみるうえでは，当初予算と補正予算で大きく異なることがある点に注意が必要でしょう。その原因は，景気の転換期に多い景気見通しの誤り，そして景気対策による公共事業拡大や減税を国債で賄うことなどです。これまで当初予算と補正予算の乖離が最大だったのは2020年度の国債で，当初予算の32.6兆円が第三次補正予算後の時点で112.6兆円まで膨らみました。これは，新型コロナウイルス関連の対策費によるものでした。二番目に乖離幅の大きかったのは，当初予算の33.3兆円が補正予算で53.5兆円まで膨らんだ2009年度の国債で，リーマン・ショックによる税収減と減税，公共事業追加が原因でした。

　税収は，補正後と決算でも乖離することがあります。補正予算と決算の乖離が最大だったのはバブル前期の1987年度で，補正予算よりも決算が3.7兆円も膨らみました。一方，補正予算よりも決算が最も少なかったのは，バブル崩壊直後の1992年度で，3.2兆円も不足しました。

　諸外国をみると，アメリカやイギリスのように歳入を予算として計上しない国や，フランスのように予算計上するが公債を含まず歳出入が不均衡の国もあります。ドイツは日本同様に歳入を予算計上したうえで，歳出入を均衡化させますが，公債は純債務調達（公債発行額から債務償還分を控除したもの）としての計上になります。

(4)　特別会計

　国の場合，2021年度における特別会計は13あり，2021年度当初予算の歳出規模でみると，国の一般会計の107兆円に対して，特別会計は494兆円にのぼります（図表3-4）。ただし，特別会計のなかには国債の発行や償還，借り換えなどを行い，おのずと規模が大きくなる国債整理基金特別会計（歳出額247兆円）も含まれており，規模の大小と重要性は直結しません。

　特別会計設置の理由は，一般会計では財政の明確化に反する場合で，特定

の事業を行う（社会保険など），特定の資金を保有しその運用を行う（財政投融資など），特定の歳入を特定の歳出に充て区分経理の必要がある（東日本大震災復興など），といったケースに限られます。

特別会計には，会計内でさらに経理を分けるものもあります。これを勘定とよび，各勘定に歳出と歳入があります。6の特別会計で，各3～7勘定が設けられ，特別会計における歳出入の組合せ数は33にのぼります。

特別会計の全会計を単純合計した2021年度当初予算の予算規模は，歳出494兆円，歳入496兆円です。このことからもわかるように，予算段階でも歳出入が一致するとは限らないことも，特別会計の特徴の1つです。歳出入が不一致のものは11の歳出入の組合せで，すべて歳入が歳出を上回っています。

特別会計には，問題点もあります。まず，資金の流れが複雑で，財政の実態がつかみづらいという点です。2021年度の歳出合計額は約500兆円ですが，

▶図表3-4　特別会計の内訳と歳出入額（2021年度当初予算）

特別会計名	勘定数	歳入額（億円）	歳出額（億円）
交付税及び譲与税配付金	―	519,818	518,047
地震再保険	―	1,074	1,074
国債整理基金	―	2,467,893	2,467,893
外国為替資金	―	24,650	10,793
財政投融資	3	728,983	726,240
エネルギー対策	3	140,541	140,541
労働保険	3	76,855	76,094
年　金	6	965,123	965,123
食料安定供給	7	12,250	12,164
国有林野事業債務管理	―	3,616	3,616
特　許	―	1,838	1,562
自動車安全	4	5,297	4,528
東日本大震災復興	―	9,318	9,318
合　計		4,957,255	4,936,992

（出所）財務省編『令和3年度予算及び財政投融資計画の説明』により作成

純計額は約250兆円です。これは，特別会計間や特別会計内での勘定間取引や，国債整理基金特別会計での国債の借り換えがあるからです。また，予算審議は一般会計中心で，特別会計へのチェック機能が働きにくいことも問題です。個別の特別会計では，交付税及び譲与税配付金特別会計のように，本来存在すべきではない借入金が歳入中最大の特別会計があることも問題でしょう。

2. 予算の仕組み

(1) 予算制度

　予算は，様々なルールの下で作成，執行されます。そうした各種のルールのことを，予算制度とよびます。予算制度の背景には，財政民主主義の観点から，明確性，健全性，網羅性，正確性などの確保があります。

a　予算の計上に関するルール

　政府の予算は，現金の授受の時点で損益を整理計算する現金主義が基本です。企業会計では，財産価値の減少・増加・移動の事実が発生したときを基準に整理計算する発生主義が一般的です。例えば，借金をして建物を建設した場合，企業会計では複式簿記のもと，貸借対照表（BS）上の資産の部に建物の時価が計上され，負債の部には建設のために借りた債務が計上されます。損益計算書（PL）には，減価償却費として建物の年々の減価分や，債務の支払利息，建物が生み出した売上などが計上されます。一方，政府の予算では，単式簿記のもと（一部の特別会計および政府関係機関には予算参照書において複式簿記もある），建物を建設した年度に一括して，歳出には建設費，歳入には公債収入が計上されます。

　歳入と歳出を相殺せず，両建てで計上する総計予算主義も大切です。例えば，国が直轄事業として公共事業を実施した場合，関連する地方自治体に事業費の一部を負担金として課すことがあります。その場合，事業費全体を計上し，歳入に地方自治体からの負担金を計上します。

　また，予算単一の原則といって，予算は単一の会計での一体経理が基本です。その意図は，網羅性と健全性の確保です。予算単一の原則により設置されるのが一般会計，例外として設置されるのが特別会計です。

　これらのルールの背景には，国民や国民の代表者にとって，予算がわかり

やすいものでなければならないという考えがあります。

b　予算の執行に関するルール

政府が予算を使用することを，執行といいます。予算は，議会による議決がなければ，執行できません。これを事前決議の原則とよびます。財政処理に必要な権限は国民にあり，国民の意思決定を経なければ政府は経済行為を行えないという，財政民主主義を担保するための原則です。

事前決議の原則の例外は，予備費です。予備費は，自然災害や海外での経済事変など，予期せぬ事態に備え，予算の機動性を一定範囲内で担保するためのものです。ただし，事後に国会の承諾を必要とします。

c　会計年度に関するルール

会計年度に関しては，各会計年度の経費を当該年度の歳入で支出し，他の年度と明確に区分する会計年度独立の原則が重要です。その意図は，健全性の確保にあります。例外には，前年度剰余金受入などがあります。ただし，会計年度独立の原則は，必ずしも国際標準のルールとはいえません。

会計年度独立の原則と間違いやすいのが，予算の単年度主義です。これは，国会における予算の議決を各年度で行い，その時々の国民の意思を反映させるというもので，民意の反映に力点が置かれた原則です。諸外国をみると，ドイツをはじめ複数年度にわたる予算編成が可能な国もあります。

なお，日本は会計年度といえば4月1日〜3月31日のことで，教育年度と一致しています。しかし，諸外国をみると必ずしもそれが標準的とはいえません。日本と同じ4月〜3月の国は，イギリスやカナダなどですが，教育年度とは一致しません。暦年と同じ1月〜12月とする国には，フランス，ドイツ，スイスなどがあります。また，スウェーデン，オーストラリアは7月〜6月，アメリカは10月〜9月など，様々です。

d　予算関連書

一般的に予算書とよばれるものは，厳密にみると国会に提出され議決の対象となる憲法で規定された部分を予算，そして予算審議の参考となるものを

あわせて予算関連書と呼びます。議決対象としての予算は，一般会計・特別会計・政府関係機関に分けられます。そしてそれぞれにおいて，まず予算全体に関わる事柄を条文形式でまとめた予算総則があり，甲号歳入歳出予算，乙号継続費，丙号繰越明許費，丁号国庫債務負担行為と続きます（特別会計では乙号がなく，政府関係機関では乙号・丙号・丁号がない）。甲号歳入歳出予算は予算の中核をなす部分で，一般会計の甲号歳入歳出予算が予算全体のなかでもっとも注目度の高いものでしょう。

継続費は，予算の単年度主義の例外として複数年度にわたる支出を議決するもので，現在では防衛関係費の潜水艦と甲型警備艦の建造費のみに使用されています。繰越明許費は，経費の性質上または予算成立後の事由で年度内に支出が終わらない見込みがあり，あらかじめ国会の議決を経て翌年度に繰り越すもので，昨今その規模が拡大する傾向にあります。国庫債務負担行為は，国が複数年度にわたる支出の義務を負うものですが，議決対象は限度額と当該年度計上分だけで，後年度分は議決から外れる点が継続費と異なります。国庫債務負担行為は幅広い事業に活用され，2021年度当初予算では一般会計だけで総額18.1兆円にのぼり問題視されるようになってきています。

議決対象外のものでは，一般会計・特別会計・政府関係機関それぞれに歳入予算明細書，各省各庁予定経費要求書等からなる予算参照書，そして財政法第28条等による予算参考書類があります。予算参照書のとくに各省各庁予定経費要求書には，予算より一段階詳しい内容が明示され，本章1節(2)でみたようにかなり詳しい情報を入手できます。また，特別会計の予算参照書には，財政投融資計画も含まれており，より幅広い政府活動を見ることができます。財政法第28条等による予算参考書類には，一般会計と特別会計の純計表や国債の償還計画，国庫債務負担行為や継続費の詳細などのほか，政府出資主要法人のBSやPL，国有財産の現在高など予算の参考となる情報が多岐にわたり掲載されています。

(2) 予算の流れ

a 予算編成

　国の予算を編成して国会に提出できるのは，憲法第86条の規定から内閣だけです。予算は同条において特別の議決形式と位置づけられており，提出権はじめ法律とは異なる扱いをします。そして，内閣のなかで実際に予算編成を担うのは，財務省です。

　予算編成を順に追うと，通常であれば前年度の夏前頃，いわゆる骨太方針において翌年度予算の編成の大枠が示され，夏初旬頃には予算要求の基準が決まります。一方，各府省は予算の見積もり作業を本格化します。そして，8月末に各府省からの予算要求にあたる概算要求を財務省に提出します。それを受けて，財務省は主計局を中心に，内容の査定を開始します。

　12月後半には閣議で翌年度の経済見通しと経済運営の基本的態度が了解され，予算編成方針を決定します。それらを踏まえて最終案を財務大臣が閣議に提出し，政府の予算案として決定します。例年であれば政府予算案の決定は年末で，翌年の1月下旬に内閣が通常国会に提出します。

　予算は規模が大きく企業活動や国民生活に重大な影響を及ぼすため，注目しておく必要があります。政府予算案が閣議決定される12月末（20日頃が多い）や国会に提出される1月下旬など，新聞はじめマスメディアで大々的に報道されます。それらをチェックし，より詳しく知る必要のある部分があれば，財務省のWebサイトで調べることができます。

b 国会審議

　衆議院の予算先議権（憲法第60条第1項）といって，予算はまず衆議院に提出され審議を受けます。予算が提出されると，財務大臣がその編成方針や内容の説明のため，財政演説を行います。その後，予算委員会および本会議で審議・議決されます。審議の過程で修正することも可能です。修正には，国会が修正する場合と，修正要求を受けて内閣が修正する場合があります。

ただし，国会修正の場合，予算の提出権は内閣にあるので，抜本的な変更はできません。予算全体に同意できない場合，予算案を否決する必要があります。

　衆議院で議決された後，参議院でも同様の手続きが行われます。もしも参議院が衆議院と異なる議決をした場合，両院協議会を開きますが，それでも一致しない場合，憲法第60条第2項の定めにより衆議院の議決が優先されます。また，参議院が衆議院の可決した予算の受領後30日以内に議決しないときも，衆議院の議決が自動的に国会の議決となります。

　審議が紛糾して予算が前年度中に可決されないなど，予算の成立が，新年度の開始に間に合わないことがあります。その場合，予算成立までの必要最低限の経費とその財源を計上した暫定予算を組み議決します。暫定予算は，予算成立時に失効し，成立した予算に吸収されます。

　予算が成立すると，各府省に予算が配布され，執行に移されます。予算は，様々な状況の変化に応じて修正が必要になります。年度途中で修正したものを，補正予算とよびます。内閣による提出や国会審議など，手続きは当初予算と同様です。財政法が施行された1947年度以降，補正予算が行われなかった年は2020年度まで一度もなく，逆に複数回の補正予算が組まれたこともあります。例えば，東日本大震災発生直後の2011年度は4回，コロナ禍に見舞われた2020年度は3回の補正予算が組まれました。

c 決算

　年度末は3月末日ですが，歳出入の整理の猶予期間として，出納整理期間があります。歳出金の支出や歳入金の収納期限は翌年度の4月30日，経理事務の期限は7月31日です。経理事務が終わると，歳出や歳入の実績をとりまとめた決算の作成となります。各府省は，翌年度の7月31日までに歳入・歳出の報告書を財務大臣に提出します。そして，財務大臣はそれらをとりまとめて決算を作成します。

　決算は会計検査院によるチェックを受け，内閣が翌年度中に国会へ提出し

ます。会計検査院は憲法第90条の規定により，内閣から独立した地位を与え
られており，歳出や歳入の中身について合法性，正確性，妥当性，そして効
率性などの見地から検査し，その結果を検査報告書にまとめて内閣に送付し
ます。検査報告書では，法令や予算に違反する事項，不当事項の是正や再発
防止の改善処置の要求，法令や制度などについての意見表示や改善処置の要
求などが示されます。決算に対して審議は必要ですが，予算と異なり，議決
は不要です。また，国会における審議も予算の執行についてその効力を左右
するものではありません。あくまで決算は予算の執行状況をチェックし，以
降の予算作成などに生かすためのものです。

第2章
歳　　　出

Introduction

　国の一般会計歳出には，数多くの歳出費目があり，それぞれ
に各種の制度があります。資金の流れとともに，そうした制度
にも理解が必要でしょう。大規模費目である，社会保障関係費，
国債費，地方交付税交付金の理解は必須です。それ以外にも，
景気と関係の深い公共事業関係費や，人材育成や基礎研究の促
進に欠かすことのできない文教及び科学振興費など，われわれ
の生活に欠かせない重要な費目があります。

1. 社会保障関係費

(1)　社会保障制度の全体像と公的扶助

　社会保障制度は，国民の健康の確保や生活の安定などに貢献するためのもので，公的扶助，社会保険，社会福祉，公衆衛生で構成されています（図表3-5）。社会保障制度の公費負担分等を，国の財政で支出するのが社会保障関係費です。

　公的扶助制度は，憲法で国民の権利として示された「健康で文化的な最低限度の生活」（第25条）を確保するためのもので，最終的なセーフティ・ネットの役割を果たします。具体的には，生活，住宅，教育，医療，介護，出産，生業，葬祭の8種類の扶助制度に細分化され，医療扶助と介護扶助が現物給付で，ほかは現金が給付されます。生活保護制度という名称のほうが，よく知られているでしょう。資産や扶養義務者の扶養などをすべて活用してもなお生活に困窮する人に対し，困窮の程度に応じて必要な保護を行います。

　公的扶助の事務を担うのは，基本的に市町村です（福祉事務所のない町村は都道府県）。これは，住民に身近な政府が，各人の状況を把握するのに適しているからです。しかし，公的扶助は憲法で国民全体に保障されているものなので，費用の4分の3を国が負担し，国の予算に生活扶助等社会福祉費

▶図表3-5　社会保障制度の概要

・公的扶助	生活，住宅，教育，医療，介護，出産，生業，葬祭
・社会保険	医療保険——国民健康保険，組合管掌健康保険など 年金保険——国民年金，厚生年金など 労働保険——雇用保険，労働者災害補償保険など 介護保険
・社会福祉	児童，母子，老人，身体障害者，知的障害者など
・公衆衛生	結核等，感染症，精神保健，難病，環境衛生，公害，保健所など

のなかの生活保護等対策費などとして計上しています（残りの4分の1は普通交付税で措置)。

(2)　社会保険

　社会保険は，保険原理適合分野に，原則として保険加入者の負担で給付を賄う制度です。保険原理とは，疾病や加齢による無所得，失業などのリスクに対して，予め加入者が少額ずつの保険料を負担し集めておき，リスクが顕在化したらそこから給付を受ける仕組みです。リスク分散の考え方で，その安定や維持には母数を大きくする必要があります。そのために，強制力を使って国全体に適用したものが，社会保険です。

　日本の社会保険制度には，医療，年金，介護，労働（雇用，労働者災害補償）があります。医療保険は怪我や病気，年金保険は高齢時の所得減，介護保険は要介護状態，雇用保険は失業，労働者災害補償保険は業務災害などのリスクに対応します（第2編第2章参照)。社会保険の給付財源には多額の国費負担分があり，それを社会保障関係費の年金給付費，医療給付費，介護給付費，そして雇用労災対策費で支出しています。

(3)　社会福祉・公衆衛生

　社会福祉は，児童，母子，老人，障害者等が社会生活に必要な能力を育成，補強，回復するための制度です。社会保障という言葉から，まず福祉を連想する人が多いかもしれません。保育所や児童養護施設の管理運営，障害福祉サービスの提供など，様々な社会福祉関連の施策があります。社会保障関係費では生活扶助等社会福祉費のなかの社会福祉等諸費が相当し，そのなかに児童保護費，母子福祉費，老人福祉費，身体障害者保護費，障害者自立支援給付諸費などがあります。

　公衆衛生は，疫病の予防や医療供給体制の整備などを行うものです。インフルエンザをはじめとする感染症の予防や対策など，われわれの健康に直結

する施策を行っています。公衆衛生のかなりの部分は地方自治体が担っており，国の社会保障関係費では，保健衛生対策費が対応しています。

⑷　社会保障関係費の内訳と推移

　2021年度当初予算における社会保障関係費の総額は36兆円で，一般会計の３分の１強を占める最大費目です。このうち４分の３強は年金・医療・介護給付費で，その多くが年金特別会計の関連する勘定に繰り入れられます（図表3-6）。

　社会保障関係費は，年々増加傾向にあります。なかでも医療，年金，介護の３分野が顕著です。その原因は，高齢化の進展，介護保険導入（2000年度），基礎年金の公費負担割合引上げ（2009年度）などです。今後，高齢化は一層進むと予想されているため，現行制度を前提にすれば，年金・医療・介護給付費を中心に，社会保障関係費はさらに増加することが予想されます。

▶図表3-6　社会保障関係費の内訳（2021年度当初予算）

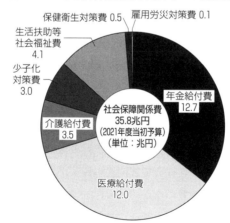

（出所）参議院予算委員会調査室編『財政関係資料集』により作成

2．国債費

⑴　規模と内訳

　国債費は，過去に発行した国債や借入金の元利払いの費用（2021年度当初予算，債務償還費15兆円と利子及び割引料9兆円）および国債発行等の事務取扱費（0.02兆円）に分けられます。一般会計で2番目の規模をもつ国債費は，そのほとんどが国債整理基金特別会計に繰り入れられ，そこで実際の償還や利払いなどが行われます。

　債務償還費は，大きく3つに分かれます（図表3-7）。第1は，前年度首の国債発行残高の100分の1.6に相当する金額の定率繰入で，これが債務償還の根幹となります。日本の国債償還の原則は，60年償還ルールといわれるもので，ある時点で発行した国債を60年間かけて全額償還します。定率繰入の繰入率が60分の1に相当する100分の1.6なのは，そのためです。第2は，予算繰入などです。予算繰入とは，定率繰入対象外の債務（交付国債など）の

▶図表3-7　債務償還費の内訳(2021年度当初予算)

費　目	金額(兆円)
公債等償還	14.9
定率繰入分	14.0
社会資本整備事業特別会計整理収入等相当額繰入分	0.1
年金特例公債償還分	0.3
予算繰入分	0.6
借入金償還	0.3
定率繰入分	0.2
予算繰入分	0.2
合　計	15.2

（出所）財務省『令和3年度予算及び財政投融資計画の説明』により作成

償還や，国債の早期償還など必要に応じて繰り入れられるものです。第3は，前々年度の決算剰余金の2分の1以上と定められた剰余金繰入です（2021年度当初予算ではゼロ）。

　利子及び割引料は，利付国債と借入金の利子，そして割引国債の割引料です。国債整理基金特別会計において借換償還が行われるため，債務償還費は実際に満期が来る国債の債務償還額と一致しませんが，利子及び割引料は実際に発生するすべての利子や割引料が一般会計に計上されます。

(2)　推　移

　国債費は，国債発行残高に強い影響を受けます。1947年の財政法施行以降，1965年度当初予算まで，一般会計における財源調達のための国債は不発行でしたが，同年度の補正予算で発行に踏み切り，翌1966年度から本格的に国債が発行され現在に至ります。

　一般会計歳出に占める国債費の割合は，1975年度まで5％以下で推移していましたが，1976〜1985年度頃まで急速に上昇しました。これは，1966年度以降の本格発行した国債の多くが10年利付債で，その償還が開始されたからです。歳出に占める国債費の比率の上昇により，結果として他の費目を圧迫することを，財政の硬直化とよびます。

　1986年度以降は，長期的にみると上昇傾向ですが，伸びは緩やかです。上昇傾向が緩やかな要因は，金利の長期下落傾向にあります。1990年代以降，国債発行残高が累増する一方，利払費の抑制によって，国債費全体はそれほど増加しないで済んでいます。普通国債の残高は，2021年度末当初見込みで990兆円にのぼります。そのため，金利が上昇に転じた場合，利払費が大幅に膨張します。例えば加重平均利率が1％ポイント上昇すれば，消費税収で4％分近い規模に相当する利払費の増加になります。

(3) 一般化されたドーマーの法則

一般化されたドーマーの法則とは，国債の利払費を通じて財政破綻が起こる可能性を指摘した法則のことです。プライマリー・バランス均衡（本編第3章3節を参照）が達成された状態でも，歳出（元利償還費を除く）と歳入（国債収入を除く）の伸び率が等しく，かつ利子率が歳入の伸びより高い場合，利払費の増加を通じて国債残高の歳出に対する比率が時間の経過とともに無限に上昇します。また，歳入（国債収入を除く）の伸びが名目GDPの伸び率と同じと考えれば，国債の加重平均利率が名目GDPの伸び率を上回る場合，国債発行残高の名目GDP比が上昇します（図表3-8）。

近年の日本の名目GDPの伸び率をみると，1988～1990年度や2013～2015年度などを除いて国債の加重平均利率を下回っています。そのため，法則が示すとおり構造的な赤字累増状態に陥っています。仮にプライマリー・バランス均衡が達成されても，債務が自動膨張する可能性が高いということです。

▶図表3-8　一般化されたドーマーの法則が成立するメカニズム

【例】GDP500兆円，債務残高1,000兆円，債務残高GDP比200%
　　①名目GDP伸び率1%，国債の利率1%　　②名目GDP伸び率0%，国債の利率2%
　　　　　　　　　　　　↓

プライマリー・バランス均衡：歳出（元利償還費を除く）・歳入（国債収入を除く）が同額

　　翌年度 ↓
　①´GDP505兆円，債務残高1,010兆円　　②´GDP500兆円，債務残高1,020兆円
　　債務残高GDP比200%　　　　　　　　　債務残高GDP比204%

∴国債の利率＝GDP伸び率　⇒　債務残高GDP比は一定
　国債の利率＞GDP伸び率　⇒　債務残高GDP比は上昇←ドーマーの法則成立

3. 地方交付税交付金

(1) 地方交付税の必要性

　地方交付税交付金は，国から地方自治体に移転される地方交付税の財源となります。地方交付税は，地方自治体の財源の均衡化と，計画的な行政執行の財源保障を目的とする一般財源です。

　地方自治体は，自主財源である地方税を中心に運営すべきかもしれませんが，単一制国家のもと，例えば，小中学校の設置運営や警察，消防など，全国的に一定の水準の定められた多くの行政サービスを地方自治体が担っています。地方税だけでは大きな税収格差があり，必要な行政サービスを賄うことができない地方自治体が続出するでしょう。県でさえ，歳入に占める地方税の比率が約1割しかないところがあるほどです。そのため，使途が特定されている，いわゆる補助金である国庫支出金に加え，使途が限定されない地方交付税が地方自治体に交付されます。

(2) 地方交付税の総額

　地方交付税は，前年度中に総額が決まり，それを当該年度に各地方自治体へ配分します。地方交付税の総額は，総務省中心に国が予算とあわせて作成し国会に提出する地方財政計画で決定されます。

　その決定方法を単純化すると，以下のようになります。まず，翌年度の歳出見込額を，国が考える地方財政全体のあるべき姿や見通しなどをもとに算定します。歳入では地方税収，地方譲与税，その他収入（手数料など）の翌年度見通し額を，標準税率などに基づき見積もります。次に，国庫支出金を国の予算との関係から，地方債を地方財政計画歳出の投資的経費に起債充当率を乗じるなどして，それぞれ算定します。こうして得られた歳入（地方交

付税を除く）を歳出額から控除し，歳入の不足分が地方交付税の総額となります。そのため，地方財政計画における歳出の増加や，地方税収等の減少，国庫支出金の削減などがあれば，地方交付税の総額は増加します。

　なお，昨今はこの算定に地方特例交付金と赤字公債（臨時財政対策債）が加わります。地方特例交付金は，地方交付税総額算定前の歳入に加わり，臨時財政対策債は，地方交付税総額の一部を肩代わりする役割を果たします。

(3)　地方交付税交付金

　地方自治体に交付される地方交付税の総額と，国の一般会計の費目である地方交付税交付金の額は一致しません。地方交付税全体の収入や支出を経理するのは，交付税及び譲与税配付金特別会計（交付税特会）です。交付税特会における地方交付税関連の主な歳出は，各地方自治体に配分される地方交付税です。一方，主な歳入が，国の一般会計から繰り入れられる国税4税（所得税，法人税，酒税，消費税）の一定割合（19.5〜50％）と地方法人税の全額です（図表3-9）。このうち地方法人税は一般会計を経ず，つまり地方交付税交付金とは無関係に，交付税特会へ直入されます。

　国税4税の一定割合と地方法人税の合計が地方交付税の総額を上回ればよいのですが，国税収入が低迷する一方で必要な地方交付税総額が拡大しており，財源が不足しています。不足分は，一般会計からの加算，交付税特会での借入金（現在は新規分ゼロ），そして2001年度以降は臨時財政対策債で交付税総額を抑制してしのいでいる状態です。

　2021年度当初予算における一般会計の地方交付税交付金は，国税4税の一定割合分と地方法人税の合計が15兆円となっています。一方，2021年度の臨時財政対策債は5兆円です。交付税特会借入金は，地方交付税の枠内で地方が返済すべきもので，残高は31兆円（2021年度末見通し）ありますが，処理の目途は立っていません（2052年度に完済となる計画はあるものの実現性は乏しい）。また，臨時財政対策債は，その元利償還分のすべてを地方交付税

で算定することになっており，まさに「臨時」のものでした。しかし，発行開始から20年経過し残高は53兆円（2021年度末見通し）にのぼり，すでに過去発行した臨時財政対策債の元利償還分を新たな臨時財政対策債の発行分で穴埋めしている状況に陥っています。

▶図表 3 - 9　　地方交付税率の推移

年度	所得税	法人税	酒税	たばこ税	消費税	地方法人税
1954	19.874%	19.874%	20%			
55	22%	22%	22%			
56	25%	25%	25%			
57	26%	26%	26%			
58	27.5%	27.5%	27.5%			
59	28.5%	28.5%	28.5%			
	↓	↓	↓			
62	28.9%	28.9%	28.9%			
	↓	↓	↓			
65	29.5%	29.5%	29.5%			
66	32%	32%	32%			
89				25%	24%	
					↓	
97		↓			29.5%	
99		32.5%				
2000		35.8%				
		↓				
07		34%				
14	↓	↓	↓	↓	22.3%	
15	33.1%	33.1%	50%	（廃止）		100%
19	↓	↓	↓		20.8%	↓
20	↓	↓	↓		19.5%	↓

（出所）地方交付税制度研究会編『地方交付税のあらまし』（各年度版）地方財務協会により作成

4．その他重要費目

(1) 公共事業関係費

a 日本の社会資本整備

　2019年（日本は2018年）のG7各国における一般政府の総固定資本形成（公共事業費から用地費等を除いたものに近い）の名目GDP比は，イタリア2.3%，ドイツ2.5%，イギリス2.8%，アメリカ3.3%，フランス3.7%，カナダ3.8%，日本3.8%です。日本は主要先進国のなかで規模の大きい国ですが，1996年度には6.1%あったので，かなり低下しています。

　低下傾向とはいえ，依然として日本の公共事業の水準が高い理由は，社会資本整備の歴史が欧州諸国より短い，山が多く地震の多い国土のため費用が高い，社会資本整備の場所の偏りがある，下水道整備率や都市公園など生活密着型の社会資本整備の水準が低い，などが考えられます。

　日本の社会資本整備は，長期的な視点に立った計画と毎年度の予算との連携で成り立っています。最も重要なものは，社会資本整備重点計画です。社会資本整備重点計画は，13分野（道路，交通安全施設，鉄道，空港，港湾，航路標識，公園・緑地，下水道，河川，砂防，地すべり，急傾斜地，海岸）について，目標を定め5年間で計画的に整備を進めていくものです。

　こうした社会資本整備重点計画などに基づいて，各年度で計画的に公共事業関係費等を予算化し，社会資本を整備します。計画的な整備という長所の反面，計画が既成事実化し見直し困難になるという短所があります。

b 公共事業関係費の動向

　公共事業関係費は，国の一般会計歳出費目のなかで，いわゆる3大費目からみると小さいものの，2021年度当初予算で6.1兆円にのぼります（図表3-10。社会資本整備としては，このほかに一般会計の他費目に各種施設費

▶図表 3-10　公共事業関係費の内訳(2021年度当初予算)

	金額(億円)	構成比(%)
治山治水対策	9,320	15.4
道路整備	16,634	27.4
港湾空港鉄道等整備	3,969	6.5
住宅都市環境整備	6,872	11.3
公園水道廃棄物処理等	1,412	2.3
農林水産基盤整備	6,114	10.1
社会資本総合整備	14,851	24.5
推進費等	760	1.3
災害復旧等	762	1.3
合　計	60,695	100.0

(出所) 参議院予算委員会調査室編『財政関係資料集』により作成

等，特別会計に空港整備事業や復興分などもある)。最大のものが，道路整備（1.7兆円，幹線道路の整備など）です。これに続くのが，社会資本総合整備（1.5兆円）です。これは，地方自治体が一定の対象範囲内で使途を選択できる交付金で，防災・安全交付金（8.5兆円）と社会資本整備総合交付金（6.3兆円）に分かれます。そして治山治水対策（0.9兆円，ダム建設など）が続きます。

　公共事業関係費は，景気対策に用いられることや，災害復旧事業も多いことから，補正予算で追加されることが頻繁にあります。2020年度までで当初予算と補正予算の乖離が最大であったものは1998年度で，当初予算の9.1兆円が補正で5.8兆円追加され，14.9兆円になりました。

(2)　文教及び科学振興費

　教育や科学技術の進歩は，国の発展にとって欠かせないものでしょう。こうした教育や科学技術の進歩のための予算が文教及び科学振興費です。2021年度当初予算で総額5.4兆円，一般会計の５％を占めています（図表 3-11）。

▶図表3-11　文教及び科学振興費の内訳（2021年度当初予算）

	金額(億円)	構成比(%)
義務教育費国庫負担金	15,164	28.1
国立大学法人運営費交付金	10,790	20.0
高校生等への修学支援	4,335	8.0
育英事業費	1,235	2.3
その他文教関係費	8,772	16.3
科学技術振興費	13,673	25.3
合　　計	53,969	100.0

（出所）参議院予算委員会調査室編『財政関係資料集』により作成

a　教育関係予算

　教育関係予算は，4.0兆円（2021年度当初予算）です。内容をみると，全体の28％を占めるのが，義務教育費国庫負担金です。これは，小中学校の義務教育に必要な経費（多くは教職員の給与費）の一部を国が負担するもので，少子化と国庫負担比率引下げにより，減少傾向にあります。

　このほか，全体の20％を占める国立大学法人運営費交付金は，国立大学法人の運営経費を用いられます。また，育英事業費は，日本学生支援機構による無利子貸与事業（第一種奨学金）などのための費用です（有利子貸与事業の財源は財政投融資による）。

b　科学技術振興費

　科学技術振興費は総額1.4兆円で，文教及び科学振興費の約4分の1ですが，その重要性や期待度は金額や構成比以上のものがあります。

　科学技術振興費は，明日の日本および世界の発展の基礎となるような事業に支出されています。その内訳は，本省等課題対応型研究開発等経費，国立研究開発法人等経費，各省等試験研究機関経費となっています。本省等課題対応型研究開発等経費は，科学技術基盤の充実・強化とイノベーション改革などを推進するための経費です。国立研究開発法人等経費は，宇宙航空研究

開発機構（JAXA）による月・惑星探査や，海洋研究開発機構による深海地球ドリリング計画など，最先端の科学技術研究などを実施する国立研究開発法人等に配分されています。

　厳しい財政事情のなか，科学技術振興費はこれまで重点的に配分されてきた費目の1つです。こうした成果もあって，日本の政府負担研究費総額の水準は，主要先進国と肩を並べ追い越すようになっています。

⑶　予備費

　予備費は事前決議の原則の例外費目です。財政の機動性を確保するために計上され，国会の議決を経ずに内閣の責任において緊急の支出などに充当されます。もちろん，事後に国会の承諾を得る必要があり，政府が好き勝手に使用できる訳ではありません。

　予備費の金額には，法的な制約はありません。予備費は憲法で設けることができるとされているので，計上しなくても構いません。一方，上限についての規定はありませんが，事前決議の原則が大前提のため，多額の計上は憲法の趣旨に反します。2020年度当初予算まで一般会計における予備費は最大でも1兆500億円（2016年度補正後）にすぎませんでしたが，2020年度第二次補正予算において10兆円の予備費が新型コロナウイルス感染症対策予備費として追加されました。財政演説によってそのうち5兆円分の使途について大まかな説明はあったものの，明らかに不適切な規模で財政民主主義に反したものです。2021年度当初予算でも予備費5,000億円に加え，新型コロナウイルス感染症対策予備費として，5兆円もの不適当な額が計上されています。

　2012年度より，予備費は東日本大震災復興特別会計でも計上されています。2021年度当初予算では，復興加速化・福島再生予備費として1,500億円です。

第3章
歳　　入

Introduction

　歳入は，国や地方自治体が提供する財やサービスの財源を調達するものです。あるべき姿としては，多くを税によって賄うべきですが，現実には公債発行抜きには考えられません。税や公債の発行は，様々な市場にも影響を及ぼします。税は，経済活動を縮小させる可能性をもち，公債発行は長期金利をはじめとする金融市場に強い影響力をもっています。税制改正や公債発行状況に，関心を払う必要があるでしょう。

1. 税　金

⑴　税とは

a　税の機能

　税の役割は，公共サービス提供のための財源調達にあります。財源調達が，税の本源的機能といえます。税には派生的機能もあり，その1つが所得再分配機能です。市場による所得や資産の分配は，必ずしも努力や能力に比例するものではなく，例えば運や遺産の有無によっても違いが出ます。そこで所得再分配が求められ，所得が一定金額に満たない場合に課税を免除したり，所得が多いほど税を負担する比率を高めたりすることで，市場による分配を一部補正します。

　経済安定化機能も，税の派生的機能の1つです。累進所得課税や法人所得課税は，景気を安定化させる機能をもちます。例えば，景気後退期に個人所得が減少しても，適用税率が下がれば税引き後の所得の減少幅は，税引き前の所得の減少幅より小さくなります。逆に，景気が過熱してインフレになるような場合には，名目所得の増加に応じて適用税率が上昇して，税引き後の名目所得の伸びは抑制されます。

b　税の特徴

　税には，多くの特徴があります。第1に，公益性です。公共サービス提供が求められるため，一定の収入を継続してあげることが必要になります。第2に，権力性です。税は一方的に課徴され，逃れることは許されません。そのため，新税の導入や増税にあたっては，法律の制定や改正を必要とする租税法律主義がとられています。第3の特徴は，非対価性です。これはノン・アフェクタシオンの原則ともいい，税を負担しても特定の反対給付はありません。受益は，公共サービス全体から得ると考えます。第4の特徴として挙

げられるのは，応能性です。例えば，所得がなければそれに課税できません
し，消費する力がなければ消費課税はかかりません。資産課税にしても，対
象資産の保有に担税力を見出します。第5の特徴は，金銭徴収の原則です。
公共サービス提供のために課税するので，現金等でなければ直ちに使用でき
ません。例外として，相続税納税の際，土地等による物納が認められていま
す。

(2)　税の種類

　日本の総税収は99兆円（2021年度当初予算および地方財政計画，以下同
じ）にのぼり，税目も多数あります。税制の特徴をみるには，いくつかの視
点からの種類分けが有効です（図表3-12）。

　まず，税を課す主体による分類で，国税・地方税に分けられます。国税は
61兆円の税収があります。地方税は，さらに道府県税と市町村税に分けられ
ます（東京は区部において市町村で課す税の一部を東京都で賦課する特例が
あるため，制度上は道府県税とよぶ）。2021年度地方財政計画における地方
税は38兆円で，国税と地方税の比率は，おおむね6対4です。地方税のうち，
道府県税が17兆円，市町村税は21兆円です。

　次に，よく使われる分類として，担税力を見出す対象で区分する課税ベー
スによるものがあります。個人所得課税，法人所得課税，消費課税，そして
資産課税があり，個人所得課税と法人所得課税を合わせて，所得課税と一括
りにすることもあります。日本の2021年度では，個人所得課税は32%，法人
所得課税が16%，消費課税35%，資産課税16%です。これを欧米主要国でみ
ると，欧州諸国は付加価値税の税率の高い国が多いため，消費課税のウェイ
トが高く，アメリカでは個人所得課税のウェイトが高くなっています。

　さらに，申告等を行い国などに実際に税を納める納税者と，税を実質的に
負担する担税者が一致しているかどうかの分類もよく用いられます。納税者
と担税者の一致を予定する税を直接税，不一致を予定する税を間接税といい

▶図表 3-12　国税・地方税の税目（2021年 1 月）

		国　税	地方税	
			道府県税	市町村税
普通税	直接税 · 個人所得課税	所得税 復興特別所得税	道府県民税（所得割・個人均等割・利子割・配当割・株式等譲渡所得割） 事業税（個人）	市町村民税（所得割・個人均等割）
	直接税 · 法人所得課税	法人税 地方法人税 特別法人事業税	道府県民税（法人税割・法人均等割） 事業税（法人）	市町村民税（法人税割・法人均等割）
	直接税 · 消費課税		自動車税 鉱区税	軽自動車税 鉱産税
	直接税 · 資産課税	相続税 贈与税	不動産取得税 固定資産税（特例分）	固定資産税 特別土地保有税
	間接税 · 消費課税	酒税　地方揮発油税　たばこ特別税 たばこ税　揮発油税　石油ガス税 自動車重量税　とん税　特別とん税 関税　国際観光旅客税	道府県たばこ税 ゴルフ場利用税	市町村たばこ税 入湯税
	間接税 · 資産課税	登録免許税 印紙税		
目的税	直接税 · 資産課税		水利地益税	事業税 都市計画税 水利地益税 宅地開発税 共同施設税
	間接税 · 消費課税	消費税 航空機燃料税 電源開発促進税 石油石炭税	地方消費税 軽油引取税 狩猟税	

(注)1．法定外税及び課税停止中の税目は除きます。
　　2．目的税には，税法以外で使途を定める特定財源を含みます。
　　3．地方消費税は地方税法 4 条 2 項で普通税とされていますが，税率2.2％のうち1.2％分は同法72条116項により社会保障財源となるので，目的税としています。なお，1 ％分は使途の定めがありません。
(出所)財務省主税局編『税制主要参考資料集』，地方税務研究会編『地方税関係資料ハンドブック』により作成

ます。そして，直接税と間接税の割合のことを，直間比率とよびます。直接税の例としては所得税や相続税，間接税の例としては消費税や揮発油税が挙げられます。一致・不一致を「予定する」とは，例えば，固定資産税は直接税ですが，現実には土地や建物の所有者が家賃に固定資産税分を上乗せして貸す可能性があるように，想定どおりではないことがあるからです。2021年度の直接税の税収は63兆円（国税33兆円，地方税30兆円），間接税は36兆円（国税28兆円，地方税8兆円）です。

このほか，予め使途を定めている目的税と一般経費に充当する普通税の区分や，人的側面に着目して課税する人税と物的側面に着目する物税の区分，国内産業の保護を目的とした関税と税収確保を主目的とした内国税といった区分があります。

(3) 国民負担率

税や社会保険料などの負担を測る指標の1つに，国民負担率があります。国民負担率とは，国民所得に対する税の負担分を示す租税負担率と，社会保障の負担分である社会保障負担率の合計です。このほか，国民負担率に財政赤字分を含めた潜在的国民負担率という指標もあります。これは，財政赤字が将来の負担によって賄われているのではないかという観点によるものです。

日本の国民負担率は，2020年度当初予算のもので44.6％，そのうち租税負担率が26.5％，社会保障負担率が18.1％です。潜在的国民負担率は，財政赤字の国民所得比5.3％を加えた49.9％です。なお，2020年度は第三次補正予算までに国債を80兆円積み増したので，潜在的国民負担率は18％ポイントほど高くなっていると考えられます。他の主要先進国と比較すると，租税負担率はアメリカに近く最低水準にあります。国民負担率では，アメリカよりは高くなりますが，欧州諸国に比べるとかなり低い水準にあります（図表3-13）。

日本の国民負担率は，1980年代まで上昇傾向にあった後，おおむね横ばいもしくは若干の上昇で推移しています。しかし，租税負担率と社会保障負担

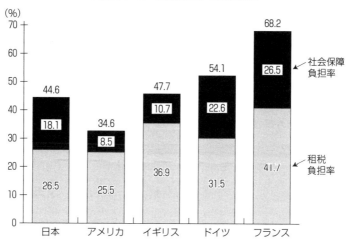

▶図表3-13　国民負担率の国際比較

(注) 日本は2020年度当初予算および地方財政計画，他は2017年実績。
(出所) 財務省Webサイト「国民負担率の国際比較」により作成

率に分解すると，かなり傾向が異なります。租税負担率は，1970年代後半か
ら1980年代は上昇し，1990年代以降は長らく低下傾向にありましたが，2010
年代に入りやや上昇に転じています。一方，社会保障負担率は，高齢化の進
行などで恒常的に上昇傾向にあります。

(4)　法人税制

　法人所得課税は，企業の利益など法人の所得に担税力を見出し課す税です。
長所は，経済の発展とともに税収も伸びる伸張性に富むこと，そして景気変
動を緩和する景気調整機能をもつことです。短所は税収が不安定なこと，そ
して課税の対象となる税源が偏在し逃げやすいことです。また，昨今では取
引が国際化・複雑化し，所得の捕捉や適正課税が困難になったり，国際的な
税の引下げ競争が行われるようになったりしています。

a　法人所得課税の種類

日本の法人所得課税は，2021年1月時点において6税目で構成されています。国税には，法人税，特別法人事業税，地方法人税があります。このうち法人税は古くからある基幹税の1つですが，特別法人事業税は地方法人特別税を改組して2019年10月以降に開始する事業年度に課税されるようになったもので，全額が地方譲与税として人口を基準に都道府県に配分する税です。地方法人税は，地方交付税の財源として道府県民税と市町村民税の一部を改組して2014年度に始まった税です。地方税は3税目あります。道府県税では事業税（法人）と道府県民税（法人税割），市町村税では市町村民税（法人税割）があります。

b　課税所得の範囲

法人所得課税は，法人の種類によって，課税所得の範囲が異なります。まず，法人を外国法人と内国法人に区分します。国内に本社や主たる事業所をもたない外国法人は，国内に源泉のある所得のみに納税義務があり，海外で得た所得には日本の法人所得課税はかかりません。一方，国内に本社等をもつ内国法人は，原則として全世界で得た所得に日本の法人所得課税の納税義務があります。ただし，海外で納めた税額分は，原則として日本での税額から控除して二重課税を避けるようになっています。

内国法人はさらに区分され，株式会社などの普通法人や生協などの協同組合は，全所得に課税されます。一方，地方自治体，独立行政法人，公庫などの公共法人は，一切課税されません。学校法人，宗教法人，社会福祉法人などの公益法人は，本来の設立目的に関する収益については非課税ですが，それ以外の事業のなかで限定列挙された物品販売や不動産貸付，旅館など34業種の収益は課税されます。

c　税率

日本の法人所得課税において，実際に所得にかかる税率を示す実効税率は，合計29.74%（東京都における資本金1億円超の外形標準課税適用企業の場合，

2021年度）です。

　中小・零細企業や協同組合，公益法人には，軽減税率が適用されます。例えば，法人税の表面税率でみると，大企業であれば23.2％のところ，資本金１億円以下の企業であれば，年間所得800万円以下の分には2021年度において15％（本則は19％）が適用されます。

　実効税率の推移をみると，1966〜1984年度までは上昇していましたが，1987年度以降は断続的に下落しています。その背景には，高度成長から低成長に移ったことや，国際的に法人所得課税の税率を引き下げる，いわゆる税の競争などがあります。企業が所得を再投資し企業活動の拡大を目指す場合，税が少ないほど有利なため，法人所得課税は，企業の国際競争力に影響を与えるといわれます（図表３-14）。そのため，税率を引き下げることによって，外資系企業をよび込んだり，国内企業の海外移転を防止したりすることが各国で行われるようになっています。これが税の競争です。ただし，各国の法

▶図表３-14　法人所得課税の実効税率の国際比較（2020年１月）

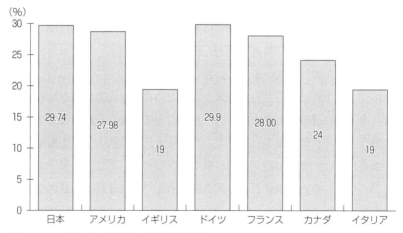

（注）１．日本は資本金１億円超の外形標準課税対象となるケース。
　　　２．アメリカはカリフォルニア州の例。ドイツは全ドイツ平均。カナダはオンタリオ州。
（出所）財務省Webサイトにより作成

人所得課税の課税ベースや特例に違いがあるので，実効税率だけで一概に比較はできません。

d　課題

日本の法人所得課税の構造的な問題は，6税目（2021年度）もある税目の多さです。税目の多さは複雑さを生みます。なかでも地方税の税目が多く，税率も高いことが特徴です。他の主要先進国では，国税の1税目だけか2税目までです。税源の偏りや行政サービスの対価としての応益性の欠如等から法人所得課税は本来，地方税に不向きです。

課税法人の少なさも，重大な問題です。全法人の3分の2近くが，課税上の赤字法人となっています。バブルのピーク期でも半分が課税上の赤字法人で，日本の法人所得課税の構造的な問題といえるでしょう。

(5)　相続税・贈与税

a　相続税・贈与税の性格と類型

相続税は，死亡により移転する資産に担税力を見出し，贈与税は贈与により移転する資産に担税力を見出す税です。

相続税を課税する目的には，いくつかの考えがあります。まず，遺産の有無による機会の不平等を一部補正することです。世代を超えて富の集中が続くのは，社会の活力を維持するうえで望ましいことではないでしょう。次に，個人所得課税の補完です。譲渡所得，金融所得，事業所得など，捕捉が完全とはいえない所得があります。そこで被相続人（死んだ人のこと）の生前所得について，相続税で課税の清算を行うという考え方です。さらに，扶養の社会化にあわせて遺産も社会化するという目的を掲げる識者もいます。日本では介護保険が2000年度にスタートし，それまではたとえ介護状態になっても私的扶養が基本でしたが，その一部を社会全体で代替するようになっています。私的扶養の代償としての相続という動機もありますが，介護自体の社会化に伴い，相続も社会化すなわち課税すべきというものです。

　相続税には，相続する財産そのものに着目する遺産税，財産を相続した人に着目する遺産取得税の2つの類型があります。遺産税は，イギリスやアメリカ，遺産取得税はドイツやフランス，そして日本でみられます。遺産税の場合，どのような立場の者がどれだけの相続を受けるかは税額に関係がありません。一方，遺産取得税の場合は，誰がどれだけの遺産を受けるかで税額が変化します。

b　相続税の基本的仕組み

　日本の相続税の基本的仕組みをみてみましょう。まず，原則として相続財産すべてを時価で合計します。その際，債務は相殺されます。財産から除かれるものは，墓所や仏具，国や地方自治体等への寄付分，生命保険金や死亡時退職金の一部，葬式費用などです。現金や上場株式など時価が明確なもの以外の時価評価は，財産評価基本通達等によって決められます。土地の時価は路線価などで決まるものの，特例があり，同居や事業継承を条件として，330㎡までの居住用宅地あるいは400㎡までの事業用地であれば路線価等の80％が時価から控除されます。

　時価で合算した相続財産から，3,000万円に法定相続人1人当たり600万円を加えた基礎控除が差し引かれます。例えば夫婦子2人で夫婦のいずれかが死亡した場合，4,800万円が控除されます。この時点でゼロ以下になれば，相続税を納める必要はありません。

　次に，相続人ごとに税率を適用します。税率は10～55％の8段階で，超過累進税率となっています。そして得られた各人の税額から，税額控除分を差し引きますが，配偶者の相続財産が法定相続分であればどれほど高額の遺産でも全額が控除され，納税額はゼロになります。あるいは配偶者の相続財産が1億6,000万円以下であれば，法定相続分を超えていても，納税額はゼロとなります。そして，相続人ごとに税額が決定され，相続人がそれぞれ納税します。

c　贈与税の仕組みと相続時精算課税制度

　相続税の補完税である贈与税の仕組みは，相続税よりは簡素です。課税対象となるのは，１年間に受贈した財産の時価から，基礎控除額である110万円を差し引いてプラスになった分です。税率は10〜55％の８段階で，超過累進税率となっています。税率は相続税と同じですが，適用される金額が小さく，基礎控除後受贈額が3,000万円（子や孫などの直系卑属は4,500万円）超で最高税率が適用されます（相続税の最高税率は控除後相続額６億円超で適用）。これは，相続は一度だけなのに対して，贈与は毎年でも可能なためで，分割して贈与すれば課税を逃れる，あるいは低い税率で済むことがないような税率構造になっています。

　贈与税に関しては，相続税と一体化した相続時精算課税制度が2003年より実施されています。この制度は，生前贈与時の非課税額を拡大し，相続時に精算するものです。生前贈与を促進し資産移転を早め，結果として経済を活性化することを目的としています。相続時精算課税制度を利用できる対象者は，贈与者が60歳以上で，受贈者は20歳（2022年４月以降は18歳）以上の子あるいは孫でなければなりません。こうした条件をクリアすれば，控除限度額を贈与者ごとに累積で2,500万円まで拡大できます。この制度の利用によって，限度額まで贈与税が非課税となり，また非課税枠を超えた額にも一律税率20％の課税で済みます。そして，贈与者の死亡時に相続財産としてその分を含めて相続税の計算をすることになります。このほか，贈与税については，一定の要件の下での住宅取得資金，教育資金，結婚・子育て資金などについて，非課税措置があります。

2．税制改正

(1)　租税原則

　税制改正にあたり，よって立つ原則が存在します。それが，租税原則です。租税原則として有名なものは，スミス（Adam Smith）の4原則，ワグナー（Adolph Wagner）の9原則，マスグレイブ（Richard Abel Musgrave）の7条件です。共通点は公平性や明確性，徴税費用の最小化などです。一方，優先順位や経済運営との関わりなどの相違点もあります。スミスが税を課される立場，ワグナーは課す側，といったスタンスの相違もあります。

　日本で税制改正を論じる際，望ましい条件として3つの原則を掲げることが多いです。それが，公平・中立・簡素です。

　このうち議論が分かれるのは，公平です。公平には，水平的公平と垂直的公平の考え方があります。水平的公平とは，同じ経済力の人は同じ税負担という一見わかりやすいものですが，経済力の定義が難題です。所得の種類の違いや各人の状況の違いなどを，どこまで反映すべきかが議論になります。垂直的公平とは，経済力の大きさに応じた税負担という考え方です。経済力の定義に加え，どこまで経済力に応じた税負担にすべきかがポイントです。一定の比率で課税する比例税率か，高い経済力にはより高い税率での税負担を求める累進税率か，累進税率もどの程度の累進度かが問題になります。また，税負担を求める最低の経済力，すなわち課税最低限にもあるべき姿について明確な答えはありません。

　中立は，税が経済行動にできるだけ影響を及ぼさないという原則です。課税すれば，産業構造や消費者行動，雇用などに何らかの影響を与えることは避けられませんが，それを最小化すべきという考え方です。

　簡素とは，納税者にとって税がわかりやすく納税が簡便であり，徴税側に

とっても費用が最低限で済む税が望ましいというものです。

(2) 潮流

　日本のシャウプ勧告（1949年）を反映した抜本的な税制改正（1950年）以降の税制改正について，その潮流をみていきましょう。

　まず個人所得課税の大きな変化は，1980年代後半から1990年代にかけてです。直接税から間接税へという流れのなか，個人所得課税の税率の引下げや税率構造のフラット化が行われました。その後，2006年度改正において国税から地方税への税源移譲もあり，個人住民税は10％の比例税率化しました。一方，法人所得課税は，1952年の税率引き上げ後，1950年代後半から1960年代半ばまで，高い経済成長率などを背景として数次にわたり税率を引き下げ，法人税率でみると1952年の水準に戻りました。それが1970年代から1980年代半ばまでは，財政再建における税収確保などのため，一転して税率を引き上げるようになります。しかし1980年代後半からは，いわゆる税の競争などによって税率の引き下げが続いています。

　シャウプ税制以降の税制改正で，もっとも劇的な変化を遂げたのは消費課税でしょう。大きく変わったのは，1989年度の物品税等廃止と消費税の導入です。それまでも幾度か現在の消費税に相当する税の導入を試みた政権はありましたが，1989年度にようやく３％の税率で導入されました。シャウプ税制における直接税中心主義を転換する，抜本的な税制改正でした。その後，1997年度に消費税率の引き上げとともに地方消費税を導入（計５％），2014年度（計８％）と2019年10月（消費税率7.8％と地方消費税率2.2％の計10％）にも税率を引き上げました。また，10％への引き上げ時には，酒類・外食を除く飲食料品と定期購読契約に基づく新聞（週２回以上発行）への軽減税率（消費税率6.24％と地方消費税率1.76％の計８％）の導入もありました。

　消費税導入前，国税の基幹税目といえば所得税と法人税でした（図表3-15）。なかでも所得税は，これまでほとんどの年度で国税の最大税目でし

▶図表3-15　国の一般会計主要税目の推移（決算）

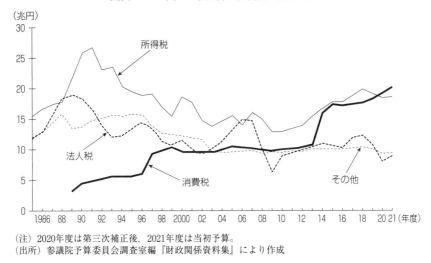

（注）2020年度は第三次補正予算後，2021年度は当初予算。
（出所）参議院予算委員会調査室編『財政関係資料集』により作成

た。しかし，現在はバブル期の税収に遠く及ばず，2020年度当初予算では消費税の税収を下回りました。高齢化に伴う社会保障関係費のさらなる増加の財源調達や膨張した財政赤字の縮小の必要性などから，増税が必要となることは明白でしょう。所得税や法人税では増税の余地は小さく，今後も消費税に頼らざるを得ず，今後の税制においてより重要な地位を占めるようになるでしょう。一方，バブル期の1988年度とリーマン・ショック前の2006年度には，最大税目にもなったことのある法人税は，現在消費税や所得税よりかなり少ない税収となっています。

(3)　2020年度・2021年度の動き

　望ましい税とは，時代背景や経済状況などによって異なるものです。また，税はわれわれの生活や企業活動に強い影響を与えることが多いので，急激にではなく，徐々に改正されていきます。こうしたことから，税制改正は

毎年度実施されており，チェックは必須といえます。

　最近の税制改正で比較的大規模だったのは，2016年度のものです。とくに，法人所得課税と消費税等に比較的大きな改正が行われました。法人所得課税では，税率の引下げと課税ベースの拡大などが実施されています。また，大法人に適用される事業税（法人）の所得割の部分を減らし外形標準課税部分を拡大したほか，企業版ふるさと納税制度の創設などを実施しています。消費税等については，10％引上げ時の軽減税率の創設が決まったのも2016年度改正でした。年度改正とは別ですが，2016年度中の改正ということでは，消費税等の税率10％への引上げが延長され，これに伴って自動車取得税の廃止と車体課税における環境性能割の導入，住民税（法人税割）と地方法人税の税率引上げ，地方法人特別税の廃止と法人事業税への復元も延長されました。いずれも，2019年10月に実施されました。

　以降の税制改正は，比較的小振りといえるでしょう。2020年度改正は，個人所得課税において，婚姻歴の有無や性別で扱いが違っていた寡婦（寡夫）控除について，すべてのひとり親家庭に同様の控除が適用されるようになりました（図表3-16）。比較的注目度の高いものとして，NISAの拡大があります。一般NISAを二階建ての制度に見直し，つみたてNISAとともに期間を5年延長しました。低未利用地の活用促進のため，一定の条件の低未利用地について譲渡益から100万円を控除することができるようになりました。法人所得課税では，オープンイノベーションの促進に係る税制や5G導入促進税制の創設が重要でしょう。また，全国で所有者不明土地が問題になっていますが，固定資産税について対応策ができました。土地や家屋に関する登記簿上の所有者が死亡し相続登記されるまで，実際に所有している相続人等に，氏名や住所等の必要事項を申告させることが可能になりました。さらに，調査してもなお固定資産の所有者が一人も判明しない場合，使用者を所有者とみなして固定資産課税台帳に登録し課税できるようになります。そして，話題性では，輸出用清酒の製造免許の新設もあげられます。

第3章

歳入

349

▶図表 3 -16　最近の主な税制改正の内容

年度	税目等	内　容	実施時期
2020	個人所得課税	寡婦（寡夫）控除の公平化	2020年（住民税：2021年度分）〜
		一般NISAの二階建て化と 5 年延長・つみたてNISA 5 年延長	二階建ては2024年〜2028年
		低未利用地の譲渡益から100万円を控除	2020年 7 月〜2022年末の譲渡
	法人所得課税	事業会社が一定のベンチャー企業へ出資した場合に取得価額の25%分の所得控除	2020年 4 月〜2022年 3 月
		投資や賃上げを促す措置の厳格化	2020年 4 月〜2021年 3 月
		5G導入促進税制の創設	2020年 4 月〜2022年 3 月
		連結納税制度のグループ通算制度への移行	2022年 4 月〜
		企業版ふるさと納税の拡充と適用期限 5 年延長	2020年 4 月〜
	たばこ税	軽量葉巻たばこの本数課税化（段階的引き上げ）	2020年10月・2021年10月〜
	酒税	輸出用清酒の製造免許の新設	2021年 4 月〜
	固定資産税	調査を尽くしても所有者が明らかでない場合に使用者を所有者とみなし台帳登録し課税	2020年 4 月〜
2020新型	全税目（事業者向け）	2020年 2 月以後の 1 ヵ月以上で前年同期比20%以上の収入減があった場合 1 年間納税を猶予	2020年 2 月〜2021年 2 月に納期限（遡及適用可能）
	法人所得課税	資本金 1 億円以下の法人のみ可能な青色欠損金の繰戻し還付を10億円以下の法人に適用	2020年 2 月〜2021年 1 月
		テレワーク等のための設備投資を中小企業等経営強化税制に適用	2020年 4 月〜2021年 3 月
	個人所得課税	中止等されたイベント入場料等の払戻請求権放棄者への寄附金控除適用	2020年 2 月〜2021年 1 月
		住宅ローン控除の適用要件の弾力化	2021年末までに入居など

コロナウイルス対応	消費税	1ヵ月以上の売上が前年同期比50%以上減少の場合，課税期間開始後の課税選択適用変更可能	2020年2月～2021年1月
	印紙税	特別貸付けに係る契約書の非課税	（遡及適用可能）
	固定資産税・都市計画税	中小事業者の売上高が2020年2月～10月の3ヵ月間（任意）に前年同期比30%減以上で償却資産・事業用家屋分の1/2，50%減以上で全額減免	2021年度課税分
	固定資産税	生産性革命実現に向けた償却資産に係る特例措置の適用対象・適用期限2年延長	2020年4月～2022年度
	自動車税・軽自動車税	環境性能割の臨時的軽減の延長	2019年10月～2020年9月
2021	個人所得課税	住宅ローン控除の特例延長や適用要件の拡大	2022年末までに入居など
	法人所得課税	コロナ禍による売上高減少下で研究開発費増額の場合の税額控除割合上限引き上げなど	2021～2022年度
		大企業向け賃上げ・投資促進税制の要件見直し	2021～2022年度
		繰越欠損金の控除上限の特例措置	産業競争力強化法改正～1年間
		経営資源集約化税制の創設	産業競争力強化法改正～
		デジタルトランスフォーメーション投資促進税制	産業競争力強化法改正～2022年度末
	贈与税	教育・結婚資金援助など生前贈与の優遇延長	2021～2022年度
	自動車重量税	エコカー減税の2年間延長と対象区分の見直し	2021年5月～2023年4月
	自動車税・軽自動車税	環境性能割の臨時的軽減の延長	2021年4月～2021年末
	固定資産税	地価上昇分の課税額据え置き	2021年度課税分
		負担調整措置と減額制度の継続	2021～2023年度

（注）2021年度は与党税制改正大綱によります。
（出所）財務省主税局『税制主要参考資料集』，財務省「新型コロナウイルス感染症緊急経済対策資料（国税関係）」，総務省「地方税法等の一部を改正する法律の概要」，自由民主党・公明党「令和3年度税制改正大綱」により作成

　2020年度中の改正で注目すべきは，新型コロナウイルスの影響に対応するものでしょう。まず，事業者向けの全税目について，納税猶予制度の特例が実施されました。2020年2月以後の1ヵ月以上で前年同期比20％以上の収入減があった場合，担保不要で延滞税は免除という条件で，1年間の納税猶予が可能となりました。また，従来は資本金1億円以下の中小企業法人のみ認められる青色欠損金の繰戻し還付が，資本金1億円超10億円以下の中堅企業でも適用可能になります。さらに，中小企業等が特定経営力向上設備の取得等をした場合に即時償却等の税額控除が可能な対象に，テレワークのための設備投資が加えられました。個人所得課税では，中止等されたイベントの入場料等の払戻請求権を放棄した場合に寄附金控除が受けられるようになり，住宅ローン控除の適用要件も弾力化されました。地方税のみのものとしては，固定資産税及び都市計画税において，売上の減少した中小事業者等が所有する償却資産や事業用家屋に対する軽減措置，固定資産税について生産性革命の実現に向けた特例措置の拡充・延長がなされています。また，自動車税及び軽自動車税の環境性能割の臨時的軽減が延長されました。

　2021年度税制改正も，抜本的なものではありません。コロナ禍に対応するための措置の延長が，多くを占めています。個人所得課税では，住宅ローン減税の特例の2年間延長や，対象物件の範囲が拡大されます。法人所得課税においては，研究開発や賃上げなどを促進する税制の延長や，デジタルトランスフォーメーション（DX）促進税制の創設などが目立ちます。固定資産税では，3年ごとの評価替えにあたりますが，地価上昇地点では税額据え置きの一方，下落地点はそのまま税額を減額することになります。また，負担調整措置と減額制度も2年間延長されます。自動車関連税制では，グリーン化をより促進するものとなっています。贈与税でも，教育や結婚の資金などを子や孫に援助をした場合に非課税にする優遇措置を，2年間延長することになりました。その他には，納税環境のデジタル化促進のため，税務関係書類の押印義務の廃止も盛り込まれました。

3. 公 債

(1) 公債の種類

　公債は，発行から償還までが一会計年度を超えるものと，資金繰りのために年度内に償還されるものに区分することができます（図表3-17）。

a 一会計年度超の公債

　発行から償還までが一会計年度超のものには，債務の形態が債券方式の公債，債務の形態が証書方式の借入金，そして政府保証債務があります（地方債は定義が異なる，本編第5章2節(4)参照）。債務の中心は，金融商品としての優位性から将来の金利負担を軽減できる可能性の高い公債で，その発行の会計と発行根拠法によって，さらに細分化されます。

　一般会計では，財政法第4条但し書きに基づいて発行される建設公債（4条公債）と，特例法を根拠として発行される赤字公債（特例公債）があります。これらのように一般会計で発行され償還までが一会計年度超の公債は，歳入に計上され新規財源債（新発債）ともよばれます。将来の税収が元利償還財源で，国の課税権が事実上の担保です。

　公債は，特別会計でも発行されます。東日本大震災復興特別会計で発行する復興債は，復興特別所得税などが元利償還財源になります。また，財政投融資特別会計では，財政投融資の原資となる財投債を発行しています。財政投融資を通じた資金運用収入が，元利償還財源です。さらに，国債整理基金特別会計では，満期が来た公債のうち現金償還する分を除いた借換償還のために借換債を発行します。最近では，この借換債が最大規模で，2021年度は147兆円の発行を予定しています。

　新規財源債，借換債，財投債などの公債は，いずれも国が元利償還を保証するもので，購入者にとって差はありません。満期までの期間である年限の

▶図表 3-17　公債・政府短期証券の発行額等（2021年度当初予算）

種　類	会計等	名　称	発行・限度額（億円）
公　債	一般会計	4条（建設）公債	63,410
	一般会計	特例（赤字）公債	372,560
	財政投融資特別会計財政融資資金勘定	財投債	450,000
	東日本大震災復興特別会計	復興債	2,183
	国債整理基金特別会計	借換債	1,471,929
政府短期証券	一般会計	財務省証券	200,000
	エネルギー対策特別会計エネルギー需給勘定	石油証券	14,686
	エネルギー対策特別会計原子力損害賠償支援勘定	原子力損害賠償支援証券	114,997
	食料安定供給特別会計食糧管理勘定	食糧証券	3,163
	財政投融資特別会計財政融資資金勘定	財政融資資金証券	150,000
	外国為替資金特別会計	外国為替資金証券	1,950,000

（注）公債は発行額，政府短期証券は限度額。
（出所）『令和 3 年度一般会計予算』『令和 3 年度特別会計予算』により作成

違いや金利の付き方（利付債か割引債か，固定利率債か物価連動債か市場連動債かなど）などによって，金融商品としての違いが出てきます。

　このほかにも，公債には交付公債や出資・拠出公債，日本国有鉄道清算事業団債券等承継公債，株式会社日本政策投資銀行危機対応業務公債などがあります。これらは，債券を発行しても国庫に収入が計上されるわけではなく，交付などされた相手が一定の条件の下，必要に応じて現金化し，その時点で償還されます。こうした公債は，無利子で譲渡禁止が一般的です。

　機動性などの理由から，一部ですが借入金でも財源調達が行われています。また，政府保証債務というものもあります。これは，独立行政法人等が資金調達する際に政府が債務を保証するもので，資金調達の形態によって政府保

証債と政府保証借入金に分けることができます。

公債，借入金，そして政府保証債務は，それぞれの限度額が毎年度の一般会計や特別会計の予算総則で定められ，国会での議決を必要とします。

b　年度内に償還される公債

資金繰りのために調達され当該年度内に償還するものには，政府短期証券（融通証券）と一時借入金があります。金額でみた中心は政府短期証券で，財務省証券，財政融資資金証券，外国為替資金証券，石油証券，原子力損害賠償支援証券，食糧証券があります。これらは償還財源に違いはありますが，国の元利償還保証という点で信用力は同じで，金融商品としての差は発行時期や満期期間などです。2009年2月からは，政府短期証券と割引短期国庫債券を国庫短期証券（T-Bill）という統一名称で発行しています。これらは，歳入には計上されませんが，利払費が歳出に計上されます。また，限度額が毎年度の予算総則で定められ，国会での議決を必要とします。

(2)　財政赤字

一般的に，財政の収支尻において支出が収入（公債や借入金を除く）を上回る状態を財政赤字といいます。また，そうした毎年度の赤字の蓄積をいうこともあります。財政赤字を示す指標には，様々なものがあります。

まず，毎年度の収支尻を示すフローの財政赤字としてよく用いられる指標が，一般会計の新規財源債の発行額です（新規財源債のうち，赤字国債のみを指すこともある）。予算と直結しわかりやすい反面，財政状況を的確に示していない欠点があります。借入金の存在や，歳出に国債償還費が含まれ結果として国債が国債償還財源の一部に充当されていることなどが，その理由として挙げられます。その点，純資産（負債）増加額を意味する財政収支は，財政状況を的確に示しています。財政赤字では負債が増加し，均衡下では不変です。しかし，財政収支はSNA（国民経済計算）から算出するため，わかりづらく，確定値を得るまでに時間が必要です。また，歳出削減や税収増

がどのくらいあれば均衡するのかといったことが，予算段階ではよくわかりません。さらに，経済の拡大に応じて許容される財政赤字も大きくなるはずですが，財政収支ではそれを示すことが難しいです。

　財政再建目標として注目されるのが，プライマリー・バランス（基礎的財政収支）です。歳入から公債収入を控除したものと，歳出から元利償還費を控除したものの差額で示されます。プライマリー・バランスの均衡下において名目GDPの伸び率と国債の加重平均利率が等しいと，国債発行残高の名目GDP比が一定になります。プライマリー・バランス赤字の場合には，国債発行残高の名目GDP比が上昇し，黒字では下落します。短所は，財政収支同様わかりづらく，予算作成時点にどの程度の歳出削減が必要なのかなどがよくわからないこと，「名目GDPの伸び率と国債の加重平均利率が等しい」という前提条件が崩れると，均衡下でも国債発行残高の名目GDP比が変化することが挙げられます。

　ストックでは，国債発行残高，あるいは国債と地方債，そして借入金の残高を加えた政府長期債務残高が頻繁に用いられます。また，政府保有の金融資産と相殺する政府純債務をみることもあります。このほか，実物資産を含め広範囲に財務状況をみるものとして，政府のバランスシートもあります。

　OECD（経済協力開発機構）による2020年12月の見通しでは，2020年の日本の財政収支は，GDP比10.5％の赤字です。新型コロナウイルス対応で巨額の支出をしているうえ，税収減も生じていることから，赤字幅の大幅拡大が想定されています。プライマリー・バランスでは，日本はGDP比10.4％赤字です（図表3-18）。元々財政が比較的健全なドイツに加え，イタリアもプライマリー・バランスの赤字は比較的小さいです。一方，イタリアの財政収支は長らく大幅な赤字を続けています。これは，政府債務残高の大きさと高い金利による利払費の多さに由来しています。

(3) 国債依存度

　一般会計において，財源調達を国債にどれだけ頼っているか示す指標とし
て，国債依存度があります。国債依存度は，歳出に占める国債収入の割合と
定義されますが，予算段階では歳出入が一致することから，歳入に占める国
債収入とされることもあります。

　国債依存度は一般会計のものなので，対象となる国債は，一般会計におい
て財源調達のために発行される新規財源債（新発債）です。新発債には，建
設国債と赤字国債があり，国債依存度の算出には，両方の合計額が用いられ
ます。このほか，国債には国債整理基金特別会計で発行される借換債や財政

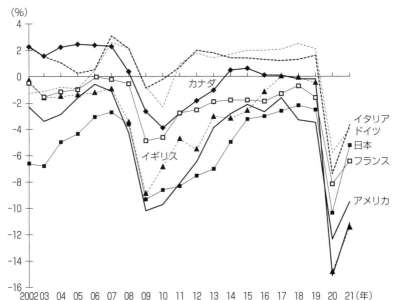

▶図表3-18　一般政府のプライマリー・バランス（名目GDP比）の推移

（注）2020・21年はOECDによる見通し。
（出所）OECD, *Economic Outlook 108（Dec., 2020）*. により作成

投融資特別会計で発行される財投債，東日本大震災復興特別会計の復興債も
ありますが，国債依存度の算出には含まれないので注意が必要です。また，
日々の資金繰りなどの目的で発行される国庫短期証券も，国債依存度には含
みません。もちろん，歳出額は一般会計のものだけです。

　2021年度当初予算の国債依存度は，41％と一般会計の3分の1強を占めて
います。1990年代終わり頃から，こうした傾向が続いています（図表3-19）。
一般会計の財源の中心は本来税のはずなので，異常な高水準が継続していま
す。なお，国債依存度は当初と補正後で大きく異なることがあります。これ
は，補正予算で国債発行を用いた景気対策の実施が多いことなどが理由です。
2020年度は，新型コロナウイルス関連の支出により第三次補正後予算におい
て，国債依存度が64％に達しています。これは，リーマン・ショック直後の
2009年度を上回り，財政法施行後最も高いものです。

▶図表3-19　国債依存度の推移

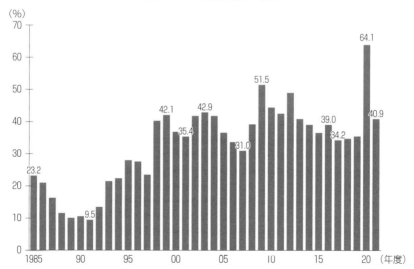

（注）2019年度までは決算，2020年度は第三次補正後，2021年度は当初予算。
（出所）参議院予算委員会調査室編『財政関係資料集』により作成

第4章
財政投融資

Introduction

　財政投融資とは，国の制度や信用を利用して集めた有償資金を原資に行う政府の投資や融資のことです。国民生活への影響は大きく，第2の予算などとよばれることもありますが，その内容は予算とかなり異なります。最大の違いは，原資として有償資金という，金利を付けて将来返済する義務のある資金を用いる点にあります。予算では，返済義務のない無償資金，すなわち税金が原資です（公債も将来の税収で償還されるので，予算の枠組みでは無償資金の一部と解される）。使途も，投資や融資に限定しています。

(1) 役 割

　財政投融資の役割は，対象となるべき資格を備えた事業に対し，国の制度や信用を利用して有償資金を民間などから調達し，投資したり長期安定資金を融資したりすることです。財政投融資の活用によって社会資本整備が進み，政府系金融機関を通じて中小企業が振興され，地方自治体での下水道整備などが進みます。そして，社会資本の利用料や奨学金の回収金などによって，財政投融資の対象機関が国に金利を付け返済し，国は有償資金として調達した原資の元利を返済します。このなかで，税は原則として不要です。

　それに加え，財政投融資に景気調整機能を期待することもあります。景気対策では，財政投融資の追加が盛り込まれることも多くあります。

　欧米の主要国において，日本の財政投融資制度に直接該当するものはありません。特に欧州主要国では，有償資金を財源調達して，投資や融資を実施するプログラムはありません。ただし，政府による個人向け住宅融資や中小企業向けの融資制度，州・地方政府の社会資本整備等への融資は存在します。しかし，その規模は，日本の財政投融資と比較すればかなり小さいです。

　アメリカでは，連邦信用計画において，かなり大規模な民間部門向け貸付制度があります。連邦の予算から融資部分を抜粋したもので，日本のようにそのための有償資金を調達し運用するものではありません。融資の対象は，住宅建設資金や農業資金などで，その多くは民間信用の補完として用いられます。

(2) 対 象

　財政投融資の対象事業は，国民生活に必要なものだけです。その点，予算と同様です。しかし，有償資金が原資ですから，一定の収益を上げられる事業に限定されます。ただし，民間が十分に行うことが可能な事業に政府が乗り出すのは，民業圧迫で不適当です。そのため，民間では実施困難な巨額資

金を必要とする大規模事業や，長期にわたり資金回収できない長期事業など
が対象となります。

　例えば，学生に貸与する奨学金は，ニーズが高く社会的意義があり，一定
の収益が期待できる事業です。しかし，民間金融機関では，学生の保護者へ
の教育ローンは提供できても，学生本人への貸付は困難です。特に家庭が豊
かでない学生ほど奨学金を必要としますが，その場合に保護者が民間金融機
関から低利かつ長期に融資を受けるのは大変です。そこで，有利子奨学金に
ついては，財政投融資が活用されています（無利子奨学金は一般会計）。

　財政投融資の対象は，時代とともに変化します。現在，長期間低金利で提
供する住宅ローンは，民間金融機関が数多く手がけています。しかし，金融
技術が発展する前は，長期の住宅ローンを広く一般に提供できる民間金融機
関は少なかったため，財政投融資を活用したものが一般的でした。

(3)　国の予算との関係

　財政投融資は，5年以上の長期運用分が「財政投融資計画」として国の予
算とあわせて作成されます。そして，予算とともに国会に提出されますが，
その位置づけは予算審議の参考資料であり，財政投融資計画そのものが議決
の対象になるわけではありません。その理由は，税や公債のように，現在あ
るいは将来に国民の負担となるわけではないからです。

　ただし，原資である財政融資資金や産業投資は，財政投融資特別会計に計
上されているため（(6)で詳述），財政投融資計画の一部は，予算に組み込ま
れているとみることができ，結果として国会の審議や議決の対象になってい
ます。また，運用実績についても決算と同じように，会計検査院による検査
を受け，その結果を国会に提出することになっています。

(4)　規模と財投機関

　財政投融資計画は，2021年度当初計画が40.9兆円ですから，国の一般会計

▶図表 3 -20　財政投融資計画の対象機関（2021年度当初計画）

区　分	機　関	金額(億円)
特別会計	食料安定供給特別会計	10
	エネルギー対策特別会計	112
	自動車安全特別会計	1,178
公庫等	(株)日本政策金融公庫	252,307
	沖縄振興開発金融公庫	5,159
	(株)国際協力銀行	116,650
	(独)国際協力機構	6,784
独立行政法人等	日本私立学校振興・共済事業団	291
	(独)日本学生支援機構	6,209
	(研)科学技術振興機構	40,000
	(独)福祉医療機構	16,898
	(独)国立病院機構	1,801
	(研)国立がん研究センター	15
	(研)国立成育医療研究センター	10
	(研)国立長寿医療研究センター	31
	(独)大学改革支援・学位授与機構	541
	(独)鉄道建設・運輸施設整備支援機構	3,492
	(独)住宅金融支援機構	2,631
	(独)都市再生機構	4,927
	(独)日本高速道路保有・債務返済機構	6,200
	(独)水資源機構	10
	(研)森林研究・整備機構	51
	(独)石油天然ガス・金属鉱物資源機構	348
地方公共団体	地方公共団体	36,847
特殊会社等	(株)日本政策投資銀行	9,000
	(一財)民間都市開発推進機構	350
	中部国際空港(株)	221
	(株)民間資金等活用事業推進機構	500
	(株)海外需要開拓支援機構	120
	(株)海外交通・都市開発事業支援機構	1,078

（株）海外通信・放送・郵便事業支援機構	285
合　計	409,056

の107兆円と比べ，規模の面でも第２の予算とよべる大きさでしょう。その
規模は，これまでのピークだった1996年度（0.5兆円）を超えました。これは，
新型コロナウイルスに関する対策を盛り込んだためで，財投改革以降2020年
度当初計画までは10兆円台が当たり前でした。それが，2020年度の第三次補
正計画額は65兆円と過去に例を見ない巨額にのぼりました。

　財政投融資計画の対象機関のことを，財政投融資機関，略して財投機関と
よびます。2021年度の財投機関は，国の特別会計がエネルギー対策特別会計
など３会計，日本政策金融公庫はじめ政府系金融機関である政府関係機関は
４機関，独立行政法人等が16団体，地方公共団体，そして特殊会社等は７機
関です（図表３-20）。

(5) 使　途

　財政投融資計画がどのような政策に用いられるかは，使途別分類表に示さ
れています。そこでは，中小零細企業，農林水産業，教育，福祉・医療，環
境，産業・イノベーション，住宅，社会資本，海外投融資等，その他に10分
類されています。ただし，財政投融資はあくまで有償資金を原資として行う
ものなので，事業性を有する対象への投資や融資になります。例えば，道路
でいえば，高速道路の建設は将来利用料が見込めるので財政投融資の対象と
なりますが，一般道は利用料を徴収できませんから，一般会計の公共事業関
係費で支出します。

　2021年度当初計画における使途別での最大規模は，日本政策金融公庫など

が中小企業に融資する「中小零細企業」です（図表3-21）。リーマン・ショック後の2009年度以降の増加が顕著でしたが，最近は減少傾向にありました。しかし，コロナ禍のなか2020年度の三度にわたる補正計画で積み増され2021年度も日本政策金融公庫向けのものが多くを占めています。

　過去に比べ大きく低下しているのは，「住宅」です。住宅はかつて圧倒的規模を誇りましたが，民間金融機関での住宅ローンの普及に伴い大幅に減少しています。

⑹　原　資

　財政投融資の原資は，国の制度や信用で集めた有償資金であり，財政融資，産業投資，政府保証で成り立っています（図表3-22）。

　財政投融資計画における原資全体の9割強を占めるのが財政融資で，そのすべてが財政融資資金です。財政融資資金の財源の多くが，財政投融資特別会計債（財投債）の発行によるものです。財投債は，財政投融資特別会計が政府の信用で発行する国債の一種です。

　産業投資は，産業の開発や貿易の振興のために財政投融資特別会計投資勘定が行う投資（内容はすべて出資）です。その原資は，国が保有するNTT株やJT株の配当金，国際協力銀行の国庫納付金などです。政府保証は，政府保証債のことで，財投機関が民間から資金調達のために債券を発行する際，国が元利償還を保証するもので，原資全体の1割弱を占めています。

　原資ごとに，投融資の対象機関が決まっています。財政融資は，国の特別会計，政府関係機関，地方公共団体，独立行政法人等，そして日本政策投資銀行が対象です。産業投資は産業開発と貿易振興が目的のため，石油天然ガス・金属鉱物資源機構や海外需要開拓支援機構などが対象となります。政府保証は，各機関の設立法で政府保証を受ける規定が存在する機関が対象です。

　財政投融資計画の枠外の資金調達手段として，財投機関債の発行があります。財投機関債は，各財投機関が自らの信用で，市場公募により発行します。

▶図表3-21　財政投融資計画の使途別内訳の推移

年度	2000		2010		年度	2015		2021	
	(億円)	(%)	(億円)	(%)		(億円)	(%)	(億円)	(%)
住宅	127,619	34.1	6,044	3.3	中小零細企業	34,476	23.6	145,207	35.5
生活環境整備	66,526	17.8	31,275	17.0	農林水産業	3,743	2.6	7,593	1.9
厚生福祉	15,642	4.2	5,060	2.8	教育	10,357	7.1	48,594	11.9
文教	8,484	2.3	11,346	6.2	福祉・医療	7,731	5.3	20,422	5.0
中小企業	62,719	16.7	56,732	30.9	環境	609	0.4	571	0.1
農林漁業	8,807	2.4	4,044	2.2	産業・イノベーション	9,390	6.4	12,134	3.0
国土保全等	7,001	1.9	2,434	1.3	住宅	7,421	5.1	7,920	1.9
道路	34,782	9.3	24,258	13.2	社会資本	39,066	26.7	30,647	7.5
運輸通信	6,925	1.8	4,359	2.4	海外投融資等	13,778	9.4	20,293	5.0
地域開発	10,933	2.9	4,409	2.4	その他	19,643	13.4	115,675	28.3
産業・技術	6,831	1.8	19,071	10.4	合　計	146,215	100.0	409,056	100.0
貿易・経済協力	18,391	4.9	14,538	7.9					
合　計	374,660	100.0	183,569	100.0					

(注)　1．当初計画。
　　　2．国土保全等は，正式には国土保全・災害復旧。
(出所)　財務総合政策研究所編『財政金融統計月報（財政投融資特集）』，財務省主計局・理財局
　　　『令和3年度予算及び財政投融資の説明』により作成

▶図表3-22　財政投融資原資見込(2021年度当初計画)

原　資	金額(億円)	構成比(%)
財政融資（財政融資資金）	383,027	93.6
産業投資（財政投融資特別会計投資勘定）	3,626	0.9
政府保証	22,403	5.5
政府保証国内債	10,648	2.6
政府保証外債	11,340	2.8
政府保証外貨借入金	415	0.1
合　計	409,056	100.0

(出所)　財務省主計局・理財局『令和3年度予算及び財政投融資計画の説明』に
　　　より作成

第4章　財政投融資

財投機関債の発行を通じて無駄な事業を排除し，一定の収益が得られるもの
を厳選する業務運営の効率化が期待されています。2021年度に財投機関債を
発行する予定の財投機関は14あり，合計 4 兆円です。

(7)　残　高

　財政投融資は，文字どおり投資や融資をするものなので，償還されていな
い投融資の残高があります。2021年度当初計画時点での2021年度末見込みで
の財政投融資の残高は，216兆円です。2000年度末の418兆円がピークで，そ
れ以降減少傾向にありますが，コロナ禍により2020・21年度は増加に転じて
います。残高の規模の大きい財投機関には，さまざまな種類の地方債の引き
受けに用いられる地方公共団体や，日本政策金融公庫はじめ政府系金融機関
があります。

　問題は，残高のなかにいわゆる不良債権を含むおそれがあることです。特
に公庫等の政府系金融機関にそのおそれが強いです。残高の一部が国に返済
できなくなった場合でも，国はその制度や信用で資金調達をしているため，
財政投融資計画自体を国会で議決していなくても金利を付けて返済する義務
があります。その財源として，結局は一般会計による補填が必要になります。
実際，これまでにもそうした例は珍しいとはいえません。そのため，財投機
関には，厳しい情報公開と厳格な使途の選定が求められています。

第 5 章
地 方 財 政

Introduction

財政といえば国に注目しがちですが，地方財政も重要です。実際に支出している金額でいえば，地方が国をしのぎます。しかし，地方の支出の財源には，国からの移転財源が多く含まれており，そこに多くの問題があるといわれます。地方財政には，国の財政と同じルールのものもあれば，地方財政独自のものも多くあります。例えば，国債といえば債券方式のもののみを指すのに対して，地方債は証書方式によるものも含め一会計年度超の債務全般と定義されています。国と地方の違いなどをきちんと把握し，理解することが必要です。

1. 地方自治体

(1)　日本の地方自治体

　日本における，国と地方の役割から考えてみましょう。日本は，主権が1つの単一制国家で，国権の最高機関である国会において定める法の下，一定の自治を保証される形で地方自治体が存在しています。

　国の役割は，国全体で統一的に関わる行政の企画や執行，国全体のグランド・デザインの描写，外交など国を代表して行う事柄などにあります。都道府県は比較的広域の行政サービスに対応し，市町村は生活に密着したサービスを提供します。安全に関連する分野を例にとれば，国の仕事は外交，防衛，司法，刑罰，都道府県は警察，市町村は消防，戸籍，住民基本台帳などです。2000年施行のいわゆる地方分権一括法で，機関委任事務の廃止をはじめ国と地方の権限はかなり明確になりましたが，実際の行政事務での重複等は残っています。

　日本の地方自治体は，普通地方公共団体と特別地方公共団体の2つに分けることができます。一般的に地方自治体は，都道府県（47）と市町村（792市743町183村，2021年1月）からなる普通地方公共団体を指します。市は，人口を要件に自治体の申し出にもとづき政令で指定されると，可能な事業が変わります。人口50万人以上の政令で指定された政令指定都市は20市，人口20万人以上が中核市で60市，過去の制度の施行時特例市は25市あります。特例市は都道府県事務のうち市街化区域の開発行為の許可等，中核市ではそれに保育所の設置の認可・監督や保健所の設置等，政令指定都市はさらに都市計画決定や児童相談所の設置等ができます。

　一方，特別地方公共団体は，特別区，地方公共団体の組合，そして財産区からなります。特別区は都に設置される基礎的自治体で，市町村の事務のう

ち都が一体処理の必要があるもの（消防や都市計画決定など）以外を行い，財源も市町村税のうち固定資産税や市町村民税（法人分）などが都税となります。地方公共団体の組合は，一部事務組合及び広域連合を指します。このうち一部事務組合は，事務の一部（ごみ処理，消防，退職手当等）を共同処理するため複数の自治体で設置されます。広域連合は，広域にわたり処理することが適当であると認められる事務（後期高齢者医療や介護区分認定審査など）を処理するために設置され，国や都道府県から権限や事務の委譲を受けることができます。財産区は，自治体の一部が土地，施設，権利等を保有する法人です。

　地方財政で大切な点のひとつが，多様性です。例えば人口（2020年7月1日）は，都道府県最多の東京都1,400万人に対し，最少の鳥取県は55万人です。市町村では最多の神奈川県横浜市の376万人に対し最少の東京都青ヶ島村は163人と2万倍強の差です。政令指定都市と離島の村では行政サービスの内容に差はありますが，同じ市町村としてひとつの制度の下で運営する難しさがあります。

(2)　国家財政と地方財政の比較

　国と地方の関係を，財政規模で比較してみましょう。税収についてみると，2021年度当初予算・地方財政計画における日本の総税収は99兆円で，このうち国税が61兆円，地方税は38兆円（うち道府県税17兆円，市町村税21兆円）で，地方税の比率は39％です。ただし，国税のなかには地方交付税分（5税の一定割合）と地方譲与税分（7つの譲与税）として，地方自治体への移転が決まっている分が，合計17兆円含まれます。これを地方分として計算し直すと，国分が44兆円，地方分は55兆円となり，地方の比率は2分の1以上になります。

　国と地方，あるいは地方（都道府県と市町村）間における歳出の重複分（国の補助金として歳出計上された後，地方でも歳入・歳出に計上されるな

ど）を除いた歳出純計額は，2018年度決算で169兆円です。歳出統計学のうち最終的に支出したのは，国の72兆円に対して地方が97兆円となり，地方の割合が58％になります。

　施策で区分して，国と地方の歳出を比較すると，国が多いのは100％の外交費と防衛費のほか，恩給費，農林水産業費，公債費などです。そのほかの費目の多くは地方の歳出規模が大きく，なかでも，衛生費，一般行政費，司法警察消防費，教育費，災害復旧費は特に地方の割合が多くなっています。ただし，歳出額が大きいからといって地方の権限が大きいとは限らないこと，歳出の財源に国からの移転財源が多く含まれていることに留意すべきでしょう。

2. 地方財政計画にみる歳出入

(1) 地方財政計画とは

　地方財政といっても，47都道府県と1,718市町村（2021年1月）などそれぞれに予算があり，地方自治体全体としての予算というものはありません。地方財政全体の予算にある程度代替できるのが，地方財政計画です。

　地方財政計画とは，国が作成する翌年度の地方財政全体の歳出・歳入見込み額のことで，国の予算とともに国会に提出されます。地方財政計画は各地方自治体の予算編成の集約ではなく，人件費の伸びなど地方財政のあるべき姿が提示されることや，地方交付税や地方債などの総額が示されることで，逆に各地方自治体の予算に影響を及ぼしています。地方財政計画作成の目的は，翌年度の地方交付税総額の算定が第一ですが，あるべき地方財政の姿を地方自治体へ提示すること，地方債の計画的発行と財源の確保，国による地方財政規模の把握などもあります。

　地方財政計画（通常収支分）の規模は，2021年度で90兆円です。2001年度まではほぼ一貫して増加傾向でしたが，以降は一転して減少傾向となり，2013年度から再び増加していましたが，2021年度は減少しています。この他，地方財政計画には，東日本大震災分（0.3兆円）があります。

(2) 歳　出

　地方財政計画では，歳出の内訳は機能で区分されています（図表3-23）。規模の大きな費目として，一般行政経費，給与関係経費，公債費，投資的経費があります。

　一般行政経費は経常経費から人件費と公債費を除いたもので，福祉や産業振興など幅広い施策に充当されます。補助，単独，国民健康保険・後期高齢

▶図表3-23 地方財政計画歳出(2021年度，通常収支分)

区 分	金額(兆円)	構成比(%)
給与関係経費	20.2	22.4
一般行政経費	40.9	45.6
（補助）	(23.0)	(25.6)
（単独）	(14.8)	(16.5)
（その他）	(3.1)	(3.5)
公債費	11.8	13.1
維持補修費	1.5	1.6
投資的経費	11.9	13.3
（直轄・補助）	(5.7)	(6.4)
（単独）	(6.2)	(6.9)
公営企業繰出金	2.4	2.7
不交付団体水準超経費	1.2	1.3
合 計	89.8	100.0

(出所) 総務省編『令和3年度地方財政計画』により作成

者医療制度関係事業費などに分けられ，合計41兆円（2021年度）です。補助は国からの補助金が付く事業費，単独は付かない事業費のことです。給与関係経費は20兆円で，計画上，地方公務員は231万人と想定されています。このうち一般職員等が98万人，教育教職員91万人，警察官25万人，消防職員16万人です。

　投資的経費は，道路や橋，建物などストックとして残るものに対する費用のことで，直轄，補助，単独に分けられます。直轄とは直轄事業負担金のことで，国の直轄事業に対して関連地方自治体が一部費用負担する分です。

　公債費として，地方債の元利償還費が12兆円計上されています。ここでの公債費は，国の一般会計の国債費が実際の償還費の一部のみ計上されるのとは異なり，当該年度に満期が来る償還分すべてと利払費が計上されます。

(3) 歳　入

　地方財政の歳入は，自主性，使途，継続性の観点からの区分が可能です。自主性では，地方自治体が自主的に集めることができる地方税や使用料・手数料など自主財源と，それ以外の依存財源に分けられます。依存財源はさらに，地方交付税，地方譲与税，国庫支出金など国からの財源である移転財源と，地方債などその他に細分化されます。使途の観点からは，使途の自由な財源を一般財源とよび，地方税や地方交付税などが含まれるのに対して，予め使途が決まっている地方債（臨時財政対策債を除く）や国庫支出金を特定財源とよびます。継続性では，継続的かつ安定的な財源である地方税，地方譲与税，普通交付税などを経常財源といい，臨時的・突発的な財源である地方債や特別交付税，寄付金などを臨時財源とします。

　地方税は，本来地方自治体の行政費に必要な財源を自主的に充足するものと位置づけられますが，実態は2021年度地方財政計画において総額38兆円で，全体の４割強にすぎません（2019年度決算では40％）。道府県税（17兆円）は，極端に税収の大きい税目はなく，地方消費税，道府県民税（所得割），事業税（法人），自動車税などが主な税目です。一方，市町村税（21兆円）では固定資産税が全体の４割強，課税ベースの似た都市計画税をあわせると約５割を占めます。これに約４割弱を占める市町村民税（所得割）を加えると，税収の９割弱になります。ちなみに，他の主要先進国の州・地方税をみると，課税ベースの構成は各国様々ですが，日本とは違い法人所得課税のウェイトの低さが共通点として挙げられます。日本と同じ単一制国家であるイギリスやフランスの地方税には法人所得課税がなく，連邦制国家でも税収に占める比率は低いです。その理由は，税源が偏在しているうえに不安定で応益性にも欠けることから，地方税に不適当とされているためです。

　移転財源は，歳入全体の４割弱を占めます。規模の大きいものから，地方交付税，国庫支出金，地方譲与税，地方特例交付金です。地方交付税は，地

方自治体間の地方税など財源の均衡化と，計画的な行政執行の財源保障が目的です。国庫支出金は，義務教育や生活保護など特定行政の全国水準を確保するための負担金，国政選挙など国の事務を代行する委託費，特殊な財政需要への補助金などです。地方譲与税は，本来地方税とすべき税を徴税の利便性などの理由から国税として課税し，一定の基準で地方に譲与するものです。地方特例交付金は，地方税の減収額補填のために交付されます。

　地方税および移転財源以外で最大規模のものは，地方債です。地方債のほかは，使用料及び手数料，雑収入となっています。使用料は公営プールなどの公共施設利用時，手数料は住民票の写しの交付など特定サービス提供時にそれぞれ徴収するもので，特に市町村にとって貴重な財源となっています。

⑷　地方債

　地方の財源のなかで，金融機関と関係の深いものの1つが，地方債でしょう。地方債とは，収入補填のための債務で履行（発行から償還まで）が一会計年度超のものをいいます。一会計年度内の資金繰りに用いる一時借入金は含みません。また，債券発行に限らず，証書借入の形態であっても地方債とよぶ点が，債券方式のみを意味する国債との定義上の大きな違いでしょう。

　地方債も，国債同様に公共事業，出資金，貸付金などに充当する建設公債のみ発行可能が原則です（地方財政法第5条）。しかし，2001年度以降，地方交付税総額圧縮のために毎年度赤字公債（臨時財政対策債や退職手当債）が発行されています。地方債の発行にあたっては，総務大臣または都道府県知事の同意を必要とする事前協議制が採用されています（一定の要件を満たす自治体が特定の地方債を起債する場合，協議を必要とせず事前届け出で済む仕組みがある）。同意なしでも法定対象（公共事業など）であれば発行可能ですが，政府資金等の利用や交付税措置されない不利益があり，2019年度までに不同意債の発行実績はゼロです。

　地方債は，発行目的別と借入先別（資金区分）で区分できます。発行目的

別は，充当する使途で区分するものです。このうち最大は，臨時財政対策債
です。そのほか，一般単独事業債などが大きな割合を占めます。

　借入先別では，市場公募，銀行等引受，財政融資資金，地方公共団体金融
機構資金に分けることができます（図表3-24）。市場公募は，広く投資家に
購入を募る方法で発行される地方債で，このうち全国型市場公募地方債（個
別債）は38の都道府県とすべての政令市が発行しており，5〜30年債があり
ます（2020年度）。市場公募には，道府県や政令市36団体（2020年度）が共
同で発行する共同発行市場公募地方債や，地域住民に限定した住民参加型市
場公募地方債もあります。銀行等引受は，指定金融機関を中心として証書・
債券いずれの方式を問わず，地方自治体から直接引き受けるものを指します。

　財政融資資金は，財政投融資の枠組みを利用して地方債を引き受けるもの
です。地方公共団体金融機構資金も，重要な資金源となっています。地方公
共団体金融機構は，全地方自治体が出資し設立された地方共同法人で，地方
自治体向けの融資（同意・許可債に限る）を主な業務としています。

▶図表3-24　地方債の借入先別内訳(2021年度，通常収支分)

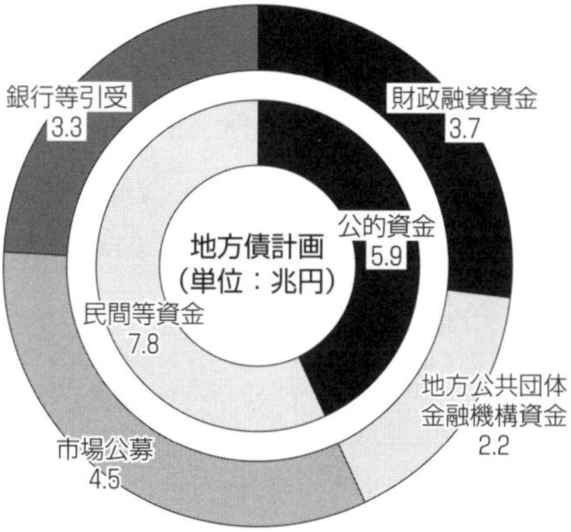

（出所）総務省編『令和3年度地方債計画』により作成

3. 地方財政健全化法

(1) 健全段階・早期健全化段階・再生段階

　地方自治体の財政状況を判断する指標等には様々なものがありますが，まずは地方財政健全化法に基づく指標や区分をみるべきでしょう。地方財政健全化法は，地方自治体の財政の健全性に関連した指標を公表し，地方自治体財政の早期健全化や再生，公営企業の経営健全化に資することを目的としています。

　地方財政健全化法では，4つの財政指標を用いて各地方自治体を3段階に区分します。当面問題ないのは，健全段階です。一方，早期健全化段階の自治体（財政健全化団体）では自主的な改善努力が求められ，財政健全化計画を自主的に策定します。再生段階に区分された自治体（財政再生団体）は，国等の関与による確実な再生が求められ，財政再生計画を策定し，原則，総務大臣の同意が必要です。財政再生計画では歳出入にわたる極めて厳しい財政再建を盛り込むことが求められ，自治が大きく制限されます。

　2019年度決算による区分では，財政健全化団体はなく，財政再生団体が夕張市（北海道）のみとなっています。また，2008年度本格施行後，財政健全化団体は減少を続け2014年度にはゼロ，その後はそれを維持しており，地方財政健全化法が効果を発揮しているといってよいでしょう。

(2) 4つの財政指標

　地方財政健全化法における4つの財政指標の第1は，実質赤字比率です。普通会計の資金繰りを測るもので，収入に公債を含む点に特徴があります。赤字でなければ資金が当面充足し，問題ないことになります。赤字だと資金不足で，一定以上になると財政健全化団体や財政再生団体になります。

第2は連結実質赤字比率です。資金繰りを測る点では実質赤字比率と同じですが，上下水道をはじめ事業性を有する公営企業会計を含む全会計をみる点が違います。夕張市が財政再建団体（当時）になった際，普通会計以外の観光事業会計および病院事業会計で大幅な資金不足となった反省に基づいて設定された指標です。実質赤字比率同様，赤字でなければ問題はなく，赤字が一定以上だと財政健全化団体や財政再生団体になります。

　第3の指標は，実質公債費比率です。これは，元利償還の重さを測るもので，数値が大きいほど公債費の負担が重いことを表します。やはり数値が一定以上で財政健全化団体や財政再生団体になります。

　指標の第4は，将来負担比率です。負債の重さを測るもので，唯一のストック指標です。数値が大きければ負債が大きいことを意味し，一定以上で財政健全化団体になります（この指標で財政再生団体にはならない）。

(3)　公営企業会計

　地方財政健全化法では，地方自治体の各公営企業会計についても，1つの財政指標で健全・経営健全化の2段階に区分します。指標は資金不足比率で，事業規模に対する負債等の割合で測ります。数値が大きいほど負債が大きいことを表し，20％以上で経営健全化段階になります。経営健全化段階になると，経営健全化計画を策定しなければならなくなります。

　2019年度決算において経営健全化段階にある公営企業会計は，全6,285会計中，5会計です。宅地造成事業，観光施設事業，下水道事業があります。

(4)　地方財政健全化法以外の重要指標

a　財政力指数

　地方自治体の財政状況を知るには，健全化判断比率以外にも重要な指標があります。まず，財政力指数です。これは，自治体の財源の豊かさを示し，自前の税収等でどれだけ支出を賄えるか測ります。財政力指数は，地方交付

税で算定される基準財政収入額（地方税の75％など）を基準財政需要額（合理的で標準的な行政を行うのに必要な経費）で除したものの3年間平均値です。

　数値が大きい程，地方税などが多く財政力の強さを示します。とくに1以上はおおむね普通交付税が不交付で，かなり豊かと考えられます。財政力指数は格差が大きく，2019年度は都道府県で1以上は東京都のみ，愛知県・神奈川県が0.8以上に対し，島根県，高知県，鳥取県が0.3未満です。

b　経常収支比率

　次に，財政構造の弾力性を測る経常収支比率をとりあげましょう。経常収支比率は，使途の自由な一般財源のうち，義務的性格を持つ経常経費にどれだけ充当しているかをみるものです。

　経常収支比率は，経常経費（人件費，扶助費，公債費等）充当一般財源を経常一般財源（地方税や普通交付税等）で除して求めます。数値が高いほど財源の余裕度が小さく，財政構造が硬直化していることになります。経常収支比率は，かつて70％か75％が一種の分岐点とされましたが，現在では扶助費の増加等により90％台が当たり前です。

c　ラスパイレス指数

　各地方自治体の給与水準を知るには，各自治体の一般行政職の給与水準を国家公務員の一般行政職と比較した，ラスパイレス指数をみます。

　ラスパイレス指数は，職員構成を学歴別と経験年数別に区分し，各自治体の職員構成が国と同じと仮定します。そして，学歴別，経験年数別の平均給料月額に国の職員数を乗じ，その合計額を国の俸給総額で除し，加重平均値を算出します。国家公務員の一般行政の俸給月額を100として，各自治体の給与水準を示します。2019年度では，都道府県平均が99.8で，95.3の鳥取県から102.3の静岡県までありました。

4. ふるさと納税制度

(1) 仕組み

　いわゆるふるさと納税制度は，地方自治体に寄附をする際，一定の上限まで所得税や住民税（所得割）の控除を行うことが可能な制度で，2008年度税制改正により始まりました。自治体への寄附については，1994年度分から住民税（所得割）の所得控除の対象でしたが，所得控除であることに加え，適用下限額が10万円とかなり高かったため，利用実績は乏しいものでした。ふるさと納税制度の導入によって，寄附者にとって有利な税額控除に変わったうえ，適用下限額は5,000円と大幅に下げられました。その後，適用下限額は2,000円になりました。ふるさと納税制度とは通称で，住民税（所得割）や所得税の寄附金控除制度の一部です。

　納税者が自治体に寄附をすると，寄附金のうち2,000円を超える部分について，原則として次のとおり，所得税と住民税（所得割）から全額が控除されます。

> 所得税からの控除：
>
> 　（寄附金額－2,000円）×所得税率　（総所得金額等の40%が上限）
>
> 住民税（所得割）からの控除（基本分）：
>
> 　（寄附金額－2,000円）×10%　（総所得金額等の30%が上限）
>
> 住民税（所得割）からの控除（特例分①）：
>
> 　（寄附金額－2,000円）×（100%－10%（基本分）－所得税の税率）　（この特例分が住民税（所得割）額の2割を超えない場合）
>
> 住民税からの控除（特例分②）：
>
> 　住民税(所得割)額×20%　（特例分①で計算した場合の特例分が住民税（所得割）額の2割を超える場合）

　ただし，自己負担額が最小の2,000円となるには，収入に応じて寄附金額の上限があります。例えば，独身あるいは共働き（子供なし）の場合，給与収入のみ年間500万円であれば約61,000円，1,000万円であれば約176,000円で，それぞれ上限額を超える寄附をすると自己負担額が増加します。

　なお，寄附対象の自治体は，生まれ故郷や応援したい自治体など，どこでも可能です。また，寄附をした翌年の確定申告が原則ですが，ふるさと納税ワンストップ特例制度を利用できれば不要になります。

(2)　推移と問題点

　ふるさと納税制度の受入件数・受入額は，導入直後の2009年度に6万件7,773億円でしたが，2019年度は2,334万件4,875億円になっています。増加の背景には，制度の浸透，ふるさとを思う気持ちなどもあるでしょう。しかし実際には，返礼品の存在が大きいと思われます。制度導入当初の返礼品は，礼状や簡素なグッズ程度でしたが，カニ，メロン，牛肉，菓子といった各地の名産品やギフト券まで，寄附額に応じて贈られるようになり，高価な返礼品で有名になった自治体向けの寄附額が急増しました。そこで総務省は，2019年に返礼品を寄附額の3割以下としギフト券を禁じるなど基準を設けました。しかし，返礼品の競争は続いています。

　現状は，各自治体の行動は合理的でも地方財政全体でみれば非合理的な結果になる，合成の誤謬の典型例です。各自治体にとって，例えば10万円の寄附をした人に3万円分の商品を贈っても，残りの7万円分は実質的な収入の増加になり，3万円分の商品に地元の特産品を使えば，地域振興に役立ちます。寄附者も，2,000円の自己負担額で3万円分の商品を得れば，それだけ得をします。しかし，財政全体でみれば，商品代の3万円と広報や手続きの費用分だけの税収が，他の本来使うべき行政サービスに回せなくなります。また，所得再配分に歪みを生じさせています。廃止を含め，制度の抜本的な見直しが必要でしょう。

コラム／マクロ・プルーデンス政策と中央銀行

　2008年のリーマン・ショック以降，マクロ・プルーデンス政策が重視されてきました。そこで賢明な読者は，「そもそも中央銀行の政策目的の1つに物価安定とともに金融システムの安定があったではないのか」という疑問をもつでしょう。それは正しい疑問です。中央銀行は，個別金融機関の考査等のミクロ・プルーデンス政策のほかに，リーマン・ショック以前から，経済全体の信用不安を抑えるためのマクロ・プルーデンスを担ってきました。

　例えば，銀行等の不良債権比率が高いときには，中央銀行は金融を緩和して短期金利を引き下げ，銀行等の預金等での資金調達コスト低下を通じて金融機関の収益基盤を強化することがあります。逆に，銀行等が，過剰なリスクをとって積極的に資産を拡大しているときには，中央銀行は金融を引き締め金利を引き上げ，銀行等の積極的な投融資を抑えます。すなわち，中央銀行は，景気の繁閑（需給ギャップ）の調整だけでなく，金融システム安定のためにも，金融緩和・引締めを発動するのです。

　景気が悪く物価が安定しているときには，通常は金融機関の財務も悪化するので金融は緩和すればよいでしょう。また景気が過熱しインフレ懸念のある際には，金融を引き締めればよいでしょう。そこには，中央銀行の迷いはあまり生じません。

　問題は，景気（インフレ）と金融システムが，逆方向の政策を求める場合です。例えば，インフレ懸念があるなかで，銀行等の財務が悪化する状況です。インフレ懸念があれば中央銀行は金融引締めを続け金利を高く保ちますが，そうなると金融システムは痛みます。このジレンマに対処するには，中央銀行以外の政策当局が「マクロ・プルーデンス」に責任をもち，行動しなければいけません。例えばバーゼルⅢにおいて，資本保全バッファーやカウンター・シクリカル・バッファーといった調整弁が設けられているのは，そうした理由によるのです。

　金融プルーデンス政策のなかで，中央銀行をどう位置づけるかは，今後重要な議論となるでしょう。

（本コラムは第1編第7章に関連）

索　引

〔ア〕

〔カ〕

【著者紹介】
益田 安良（ますだ・やすよし）
東洋大学情報連携学部教授，博士（経済学）
◆経歴
　1958年生まれ。京都大学経済学部卒業後，富士銀行（現みずほ銀行）入行。富士総合研究所（現みずほ総合研究所）に転出し，ロンドン事務所長，主任研究員，主席研究員などを歴任。2002年4月から2016年3月，東洋大学経済学部（兼同大学院経済学研究科）教授，2016年4月，国立国会図書館専門調査員。2018年4月より現職。専門は，金融システム論，経済政策論，国際金融。
◆主な著書
　『経済再興のための金融システムの構築』（金融財政事情研究会，2020年）
　『「わかりやすい経済学」のウソにだまされるな！』（ダイヤモンド社，2013年）
　『中小企業金融のマクロ経済分析』（中央経済社，2006年）
　『反常識の日本経済再生論』（日本評論社，2003年）
　『金融開国』（平凡社新書，2000年）
　『グローバルマネー』（日本評論社，2000年）
　［編著］『グローバル・エコノミー入門』（勁草書房，2011年）
　　　　　『ユーロと円』（日本評論社，1998年）他

浅羽 隆史（あさば・たかし）
成蹊大学法学部教授
◆経歴
　1965年生まれ。中央大学大学院経済学研究科博士後期課程中退。富士総合研究所財政・税制統括，白鴎大学教授などを経て，2015年より現職。専門は，財政学，地方財政論。
◆主な著書
　『新版　入門財政学』（同友館，2016年）
　『入門地方財政論』（同友館，2015年）
　『建設公債の原則と財政赤字』（丸善，2013年）
　『格差是正の地方財源論』（同友館，2009年）
　『手にとるように財政のことがわかる本』（かんき出版，2001年）
　［共著］成蹊大学法学部編『教養としての政治学入門』（ちくま新書，2019）
　［共著］石村耕治編『現代税法入門塾　第8版』（清文社，2016年）
　［共著］片桐正俊編『財政学　第3版』（東洋経済新報社，2014年）
　［共訳］緒方俊雄監訳『市場と計画の社会システム』（日本経済評論社，1994年）

三訂　金融経済の基礎

2014年3月20日　　初版第1刷発行	
2016年3月20日　　第2刷発行	
2017年3月25日　　改訂版第1刷発行	
2018年4月20日　　第2刷発行	
2021年3月25日　　三訂版第1刷発行	

著　　者　　益　田　安　良
　　　　　　浅　羽　隆　史
発 行 者　　志　茂　満　仁
発 行 所　　㈱経済法令研究会
〒162-8421　東京都新宿区市谷本村町3-21
電話 代表 03(3267)4811　制作 03(3267)4823
https://www.khk.co.jp/

（検印省略）

営業所／東京03(3267)4812　大阪06(6261)2911　名古屋052(332)3511　福岡092(411)0805

カバーデザイン／Design Office Notch　制作／横山裕一郎　印刷／日本ハイコム㈱　製本／㈱ブックアート

©Yasuyoshi Masuda, Takashi Asaba, 2021　Printed in Japan　ISBN978-4-7668-3441-3